「国学今用」系列

姜正成 编著

孟子 与 我聊使命

郑州大学出版社

图书在版编目（CIP）数据

孟子与我聊使命/姜正成 编著 . —郑州: 郑州大学出版社，
2016.8（2021.7重印）

（国学今用）

ISBN 978-7-5645-3082-2

Ⅰ . ①孟… Ⅱ . ①姜… Ⅲ . ①孟轲（前390– 前305）
– 哲学思想 – 通俗读物 Ⅳ . ① B222.5–49

中国版本图书馆 CIP 数据核字（2016）第 125564 号

郑州大学出版社出版发行

郑州市大学路 40 号　　　　　　　　邮政编码：450052

出版人：张功员　　　　　　　　发行部电话：0371-66658405

全国新华书店经销

北京洲际印刷有限责任公司印制

开本：710 mm×1 000 mm　1/16

印张：15.75

字数：229 千字

版次：2016 年 8 月第 1 版　　　　印次：2021年7月第2次印刷

书号：ISBN 978-7-5645-3082-2　定价：49.80元

本书如有印装质量问题，请向本社调换

前　言

　　孟子（公元前372－前289），名轲。汉族，战国时期邹国人，鲁国庆父后裔。齐宣公四十八年（公元前408年），齐国攻破了孟孙氏的食邑郕城，孟孙氏子孙遂分散开来。孟子的祖先就从鲁国迁居到邹国（今山东省邹县），于是孟子自此成了邹国人。相传其父名为激，字公宜，其母亲的姓氏也有仉氏与李氏之说。据说，孟子三岁丧父，孟母艰辛地将他抚养成人，孟母管束甚严，其"孟母三迁"、"断杼教子"等故事，成为千古美谈，是后世母教之典范。

　　孟子是中国古代著名思想家、教育家，战国时期儒家代表人物，孟子及其门人著有《孟子》一书。孟子继承并发扬了孔子的思想，成为仅次于孔子的一代儒家宗师，对后世中国文化的影响全面而巨大，有"亚圣"之称，与孔子合称为"孔孟"。他曾仿效孔子，带领门徒游说各国，但是不被当时各国所接受，退隐与弟子一起著述。有《孟子》七篇传世，篇目为：《梁惠王上、下》，《公孙丑上、下》，《滕文公上、下》，《离娄》，《万章上、下》，《告子上、下》，《尽心上、下》。其学说出发点为性善论，提出"仁政"、"王道"，主张德治。南宋时朱熹将《孟子》与《论语》、《大学》、《中庸》合在一起称"四书"，从此直到清末，"四书"一直是科举必考内容。

　　孟子的文章说理畅达，发挥详尽气势充沛，并长于论辩。孟子不管在做人还是在治国之道上，都说过很多划时代的贤言名句，他的这些至今还在滔滔历史长河中散发着智慧光芒的至理名言，在历史上产生了深远影响，对我们如今提倡的以人为体、构建和谐社会是一个极大的启示，对我们每个人的现实人生有着重要的指导意义。

　　本书通过孟子的聊天为开端，突出了其思想的本质，聊天内容依据现代社会的热点问题展开，通过详细的阐述和精彩的分析，把人生使命之道展现了出来，书中有丰富的案例和得当的点评。本书体例新颖，分类合理，语言通俗易懂，是一本深入了解孟子及其儒家思想的佳作。本书将帮助读者轻松品味经典的魅力，为读者深入思考人生提供一条捷径。

目　录

第一章　孟子与我聊领导者的使命

使命就是领导在自我实现中所应担当的角色和责任。孟子宣传王道，反对霸道，认为"仁者无敌"，君主不推行"仁政"，非不能也，是不为也。孟子把人民看作是国家政治的根本，明确提出了只有"保民"，才可以"王"天下。孟子的王道思想正体现出领导者的使命，其思想不仅适用于治理国家，对管理同样有效。

第二章　孟子与我聊领导用人法则

人才是企业的核心，任何企业单位都必须重视人才。用人应该本着"用人不疑，疑人不用"，坚持唯有量才适用的原则，大材小用，小材大用，都不是理想的用人之道。领导者唯有把合适的人用到合适的位置，才能充分发挥人才极大的能量。领导者要知人善任，用人所长，用对人才能做对事。

第三章 孟子与我聊领导隐忍之道

忍让是一种豁达的人生气度，它能像一泓清泉那样浇熄哀怨、嫉妒的火焰；忍让是一种大智大勇的谋略，拥有忍让智慧的人往往不计较一时的高低和眼前的利益，而是放眼全局，胸怀未来；忍让是一种美德，拥有忍让美德的人，拥有宽广的胸怀和无私的心灵，他们懂得容纳人、感化人、团结人。

第四章 孟子与我聊人生挫折应对

人的一生中，总会遇到形形色色的人和事，挫折也好，成功也罢，总会遇到。而人生最精彩的章节，并不是你在哪一天拥有了多少金钱，也不是你在哪一刻获得了美妙的爱情，而是你在某一关键的瞬间，咬紧牙关战胜了自我。我们的生活需要挫折，所有的成功者有一个共同特点，那就是在挫折中奋起，越挫越勇、百折不挠。

第五章 孟子与我聊人生姿态胸襟

每个人生存在世上，都有他自己的一种生存模式，无所谓正确与否，然而我们提倡积极的人生态度，做人就应该坦坦荡荡，坦荡像一朵即将绽放的花朵，无意中增添了愉快的心情。坦荡又像潺潺不断的流水，管道离心泵，洗涤着人们受伤的心灵，使烦恼消失得无影，使苦闷变为高兴，何不用坦荡面对人生，瞻望自己美好的人生。

第六章 孟子与我聊人生进取之道

每个人都渴望成功，都渴望成就一番事业，却又谈何容易。因为每一件事的成功办理，背后都绝不会是偶然的。正如我们知道，每一个成功人士的背后，除了鲜为人知的艰辛外，一定还有无数的策略和技巧。孟子告诉我们的诀窍就是创新，只有不断创新、勇于变革才能不断地适应市场，赢得竞争的胜利。

第七章 孟子与我聊做人操守骨气

人争一口气，佛争一炷香。做人绝不能没有骨气。有骨气的人，面对强权不卑不亢。有骨气的人，笑对贫穷，不食嗟来之食。有骨气的人，保持本色，威武不屈坚定不移。骨气表现出的不仅是一种气节，还是一种其他东西不可取代的人格魅力。一个铁骨铮铮的人无论物质有多么贫穷，生命有多么短暂，他们熠熠生辉的人格魅力，永远能穿越历史的沧桑，让人铭记……

第八章 孟子与我聊做人胆略智慧

孟子认为凡事要运筹帷幄，做事要勇敢踏实，并懂得选择，"无以小害大，无以贱害贵。""二者不可得兼，舍鱼而取熊掌者也。"要想成为一个强者，成为一个成功者，不只需要有良好的战略判断，更是需要有超人的胆略。

第一章

孟子与我聊领导者的使命

　　使命就是领导在自我实现中所应担当的角色和责任。孟子宣传王道，反对霸道，认为"仁者无敌"，君主不推行"仁政"，非不能也，是不为也。孟子把人民看作是国家政治的根本，明确提出了只有"保民"，才可以"王"天下。孟子的王道思想正体现出领导者的使命，其思想不仅适用于治理国家，对管理同样有效。

以德立身处世

【聊天实录】

我：孟老先生，我曾读到你的一句话，是这样说的：惟仁者宜在高位。不仁而在高位，是播其恶于众也。这句话怎么解释呢？

孟子：只有仁德的人才应该处于领导地位。如果不够仁德的人处于较高的位置，那么他就会把自己的罪恶传播给民众。

我：这主要给我讲的是什么呢？

孟子：我认为：具有"仁"的首先修养，是天子、国君必须具备的品质。强调统治者应以"不忍"之"仁"来治理国家，处于领导地位的，应该是有德有才的仁人、贤人，这就是那个时代我的思想。但在今天看来，这一观点可以为我们所用，启迪管理者：强将手下无弱兵，只有优秀的管理者才有带出好的队伍。这就需要管理者要提升自身的内在素养，树立自己的良好形象。

我：打造良好的形象，一方面要注重自己外在的形象，比如穿戴、举止、礼仪、与人交往等方面。另一方面还要不断提高个人的内在修养，一个人的内在素质必然反映在外在的表象上。如何提高个人的内在修养呢？

孟子：以德立身处世。

【使命解读】　　　　　 **以德立身，以德修行**

做人经以德才能立身安命。古人说"上德不德，下德执德"，意思是说，品德好的人绝对还会执着功德和名利，只有品德不好的人才会计较功德和利益。行德的人，难免会执着向德，等到修养的功夫到炉火纯青的时候，就可以超越名利的束缚和牵累了。

做人要有道德，道德是成就事业的第一步，没有道德，就不能完善自我。做人要有才学，才学是成就事业的关键，没有才学就会流于平庸，成为凡夫俗子。

人的品行德行就是"德"，自古"才"与"德"并重，形容一个人最好的词语就是"德才兼备"。

一个品行不端、德行糟糕的人很难能结识真正的朋友，获得长久的事业成功。这样的人很难有人能与之长期合作，因为这种人不是搞一锤子买卖，就是过河拆桥；这种人在家庭中，也会做出不道德的事情，极有可能造成对方和孩子的痛苦和不幸；他们还甚至可能因为某种利益驱动，铤而走险而落入法网。

要走向成功，需要以德立身，这是一个成功者必须确立的内在标准，没有这个内在标准，人生之路就会失去支撑，最终导致失败是必然的。

但必须知道，以德立身，还必须以自律为前提，一味讲"哥们儿意气"并不在以德立身之列。俗话说"近朱者赤，近墨者黑"，在社会上，缺德之友最终会成为自己成功路上的定时炸弹。如果被缺德之人利用，必然会毁了自己的前程。

以德立身贯穿于每个人的人生全部过程，是一个人做人最根本的原则。在人生的不同阶段，道德对于人的要求虽有着不同的变化，每个人体验和经历的内容也不一样，但是，"以德立身"的人生支柱是不变的，它对每个人人生大厦起着支撑作用的定律是不变的。

叶圣陶是我国知名编辑、作家、教育家，他却告诉大家："如果有人问起我的职业，我就告诉他：第一是编辑，第二是教员。"

臧克家同志曾经谈过他对于叶老的印象："叶老为人敦厚诚朴，对人彬彬有礼，真是蔼蔼然长者之风。去拜望他，说到他的好处，他总是温和而含笑地高声说：'不敢当！不敢当！'辞别时，他一定亲自下楼相送，近十度的一鞠躬。这不能做客套看，这是叶老先生的作风。"然而，在斗争中这位蔼蔼然的长者却成了一位勇猛的战士。1946年，他奋起投身于民主运动之中。

那一年7月，《文汇报》副刊《读者的话》因发表两封上海市警察的投诉而被罚令停刊一星期。叶圣陶立即致函该刊主编柯灵，建议："文汇停刊期满之日，弟以为出一特刊，至少两版，专载读者投函。……文字内容宜抒实感，宜就最具体方面言之，不做空洞之呼号……"果然，复刊第一天，《读者的话》整版发表慰问信，另有一整版，转载上海与外地中外报刊对这事件的评论。以后连续三天，还不断发表读者部分来信，以及来信未登的投诉名单。这一次抗议斗争，得到社会上的广泛支持。当闻一多被暗杀后，他在《民主》杂志上发表了《多说没有用，只说几句》一文，一针见血地揭露了李、闻案的罪魁祸首，并表示："'人生自古谁无死'，今天，为争取民主与和平而呼号的人士，也没有一个怕死的。"不久，这份《民主》杂志，又继《周报》之后被迫停刊。他在"休刊号"上发表了《又来挽"民主"》："……自然，多刺一刀，教我们痛得更厉害，可是，多刺一刀，也教我们恨得更深切……我们决不肯说'予谷无言'，我们要呼喊'记住这个恨'！"

作为一个编辑家，他最为人称道的，是在文坛上奖掖后进。他在编辑工作中，严格执行择优采用的原则，即使不是知名的作者，只要作品优秀，他们的作品也总是会被放在最显著的位置。因此，他在商务印书馆任编辑期间，发现并培养了一批作家。丁玲，就是他在主编《小说月报》时发现的。丁玲的第一篇小说《梦珂》，被排在头条，第二篇小说《莎菲女士日记》，又被排在头条，接着，第三篇《暑假中》、第四篇《阿毛姑娘》仍然是头条。这不仅鼓舞了一位向着文学高峰起步攀登的年轻姑娘，也引起文坛上的普遍注目。在连续发表了这四篇小说以后，叶圣陶又给丁玲写信，说可以出本集子。于是帮她向开明书店联系，出版了丁玲的第一个短篇集《在黑暗中》。就这样，一位文坛上的新秀被人们熟知了。

巴金的成名也与叶圣陶的发现分不开。1928年，巴金在巴黎把他的第一部中篇小说《灭亡》，抄在五本练习本上，转投到《小说月报》，叶圣陶一看，便为它写了内容预告，并将其作品在《小说月报》上连载，24岁的巴金，从此便踏上成名之途。

从叶圣陶的身上，我们可以看到一个优秀的人应该具备的德行。其实，世界上所有功勋卓越的人都是因为他们具备了优秀的品格才得到了周围人的支持，才获得了他人无法获得的成就。有时我们甚至可以说，一个人在别人心目中的形象和地位直接决定了一个人的前途。因为，没有人愿意和一个品德恶劣的人打交道，所以，这样的人在人际关系网上就相当于一个没有丝毫价值而又容易让拥有者为之付出巨大代价的次品。因此，我们应该注意要以德立身，永远不要成为人们心目中的次品。

一个有德行的人，时时处处都在尊重着自己也在尊重着别人。和一个有德行的人一起共事和生活，常常会使我们觉得如入香兰之室，身心愉悦畅达。

提高自己的道德

一个组织中，影响其成员积极性的因素有很多，诸如工资待遇、工作条件等。在各种影响因素中，领导者的个人品德是关键性的因素之一，它直接影响到领导的可信度和感染力。"桃李不言，下自成蹊"。领导者的个人品德行为在下属中起着表率作用。作为领导者应该以德服人，以德服人是指靠个人魅力来征服下属，使他们归顺、服从。那么，如何提高自己的道德呢？

(1) 谦和卑下

一个领导者之所以能做到这点，就源于对自己的正确认识。因为他知道一个人即使职位再高也没有傲慢和自负的理由，因为他总是很谨慎地看待自己的成就和能力，因为他明白自己所取得的成功，自己只占一小部分，而更多的则来自于员工的努力，来自于上天的眷顾和运气，所以，他才不会把自己无限地夸大。低调是一种境界，一种风度，一种修养，同时它也是一种去留无意的胸襟，一种宠辱不惊的情怀，它更是一种智慧。

(2) 抓住"拿自己开刀"的机会

任何一个领导者都难免出现这样和那样的失误，领导者抓住每一次拿自己开刀的机会，就可以让员工了解领导也和他们一样是个平凡的人，这样他们就不会期望有一个"高大全"的完美领导；同时，敢于拿自己开刀的领导，也会让员工从内心深处对其充满敬意；此外，这种做法还可以严肃纪律，成为全体员工的榜样。

(3) 敢作敢当，不文过饰非

真正成功的领导者敢于为自己的失误承担责任，接受惩罚，因为他们知道，生活原本就是一连串的过失与错误，再仔细、再聪明的人也有阴沟里翻船的时候。他们勇于反省过失，勇敢承担责任。

当你不小心犯了某个错误时，最好的办法是坦率地承认和检讨，并尽可能快地对事情进行补救。绝对不能对此遮盖掩饰，或是把责任推给下属，试图造成种"我的决定是正确的，只是下面的歪嘴和尚念错了经"的错觉。

(4) 培养应变的勇气及智慧

领导者在管理工作中，要有根据事物的发展变化审时度势、做出果断应变的能力。员工的工作行为往往受多种因素的影响，因此，领导者如何管理他们的工作行为，以及由此而调整工作计划、目标和办法都是领导者应变能力的体现。这是一种根据不断变化的主客观条件，随时调整领导行为的难能可贵的能力和智慧，也是确保领导者获得圆满成功的一个先决条件。

(5) "麻烦别人"足以激起对方的善意

"麻烦别人"实际上是一种正面的逆向思考，反而会激起对方的更多善意。适当地"麻烦别人"就可以加深和培养领导者和对方的善意，让对方喜欢自己。这是一种十分有用的管理策略，"麻烦别人"可以在双方的关系上产生强大而肯定的连接。从心理学的角度出发，我们可以得出这样的结论，麻烦别人所带来的人际关系卜的收益远远大于这种不愉快的体验带来的伤害。

(6) 不要认为自己比别人高明

当上了领导，千万别把自己孤立起来，更不要以为自己比别人高明，不能动辄以自己的头衔和地位压人，并靠此对别人施加影响，而是要像杰克·斯塔克所充分证明的那样去做，不摆架子，主动和员工接触，也可以取得显著的效果。

（7）守信，不承诺做不到的事

领导必须牢记，对下属许下的诺言一定要及时兑现，而且是完完整整、说一不二地兑现，即使一时达不到这种境界，也要让下属感觉到你在为你自己的诺言努力，如果做不到这一点，一开始就不要向下属做任何承诺。领导者要言必行，行必果，慎重承诺，谨言慎行，这样就会强化你在员工中的威望，做到令行禁止。

（8）成为优秀的领导者

很多情况下，企业的形象是通过其领导者来反映的。领导者的魅力越突出，企业所展示给世界的就越能够代表这种个人影响的穿透力。在他们身上，体现的是公司的精神魅力，在他们身上使公司精神中的人性化内容更加丰富。一位优秀的领导者在企业的发展中所发挥的巨大作用是他给企业带来的是一种精神，一种可移植到每位员工身上的理念，而这正是企业成功与否的巨大差别。

"内在素质"与"外在形象"一定要齐头并进，才能够培养出你的良好的形象气质。学会以德立身处世，你的个人修养提高了，整体的良好形象也打造出来了。

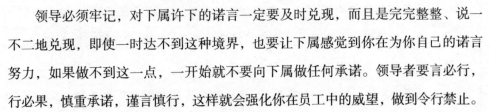

人生智慧

◇一个有德行的人，时时处处都在尊重着自己也在尊重着别人。

◇以德服人是指靠个人魅力来征服下属，使他们归顺、服从。

◇"内在素质"与"外在形象"一定要齐头并进，才能够培养出你的良好的形象气质。

责任感是领导者的基本素质

【聊天实录】

我：我曾在《孟子·公孙丑下》中看到：如欲治平天下，夫当今之世，舍我其谁。这句话怎么解释呢？

孟子：如果想天下太平，在当今这个世界上，除了我还有谁呢？

我：在这里，我们可以看到您"以天下为己任"的责任感和使命感，要施行仁政，要实现王道，就要有高度的责任感。

孟子：是的，作为一个管理者，你的肩头永远不要缺少了责任，否则，你永远也不会成为管理者！

【使命解读】   成功需要有关乎细微的责任心

布谷鸟一声声地啼叫着，它怕过了时节的种植会给农人们带来颗粒无收的叹息，带来生活上的困苦，这是它对农人们的生活放不下心的牵挂；布谷鸟一圈圈地在农田上空巡回飞翔，是它怕农人们的懒怠会让孕育着希望的田野变得荒芜，这是它对大地的丰收卸不下的希冀。

布谷鸟对农人疾苦的关心，对大地丰收的期待让人不能不感动，而这小小的鸟儿，怀着高度的责任感，震动双翅，带领农人走向田间的行为，更让人不能不敬佩。

在从事一定工作的人应当具备的品质中，责任感，是那样朴素而又十分可贵，没有责任感的人不仅不堪大用，即使小用，也令人担心。

责任感反映了一个人的精神境界。有责任感的人，突出的优点是他们绝不是个人中心主义者，他人的、团体的、公司的利益总是先于自己的利益。在平时工作的时候，有责任感的人总是毫不犹豫地负重前行，绝不会袖手旁观；在紧要关头的危急时刻，有责任感的人总是担负责任、挺身而出，绝不会逃避后退。

领导作为最高管理者，团队的带头人，他所具有的学识、能力、才华固然很重要，但如果缺乏责任感、责任意识和责任心，就会让团队止步不前，取得零的成绩，甚至最后崩溃解体。

责任感落实到日常工作中就是关乎细微的责任心。人们都熟悉的白衣天使南丁格尔，她的伟大来自平凡。她把护理工作看成是一种关乎人的生命、尊严乃至人类文明的神圣事业，而这些恰恰是通过诸如采光、通风、消毒、伙食、卧具等等细致周到的关爱体现出来。

德国一家工程公司签下了一个合同，是给一个小楼装修改造，公司老板多施内尔先生亲自带了两名工人来干。

他们工作十分认真而且每天收工时，都要用自己带来的吸尘器等工具将施工现场打扫得干干净净，把当天的施工废料全部带走，暂时拿不走的大型工具和材料也都码放整齐。

他们甚至抽烟都不在屋里，尽管当时是 1 月份，天气很冷，但每次抽烟他们都要跑到室外。老板说因为没有看到屋子里有烟灰缸，这说明主人不抽烟，所以他不能污染房主室内的空气。由于开始对施工难度估计不足，眼看快到要求完工的日期，但工程进度不理想。多施内尔先生和工人延长了工作时间，中午简单地吃点带来的三明治便马上继续工作。到了合同规定的最后一天，他们在征得了主人同意后，一直干到深夜两点，终于完工。

这之前，房主已经说过，他们可以先回去，明天再干，不算他们违约。但多施内尔先生说，他以后几天工作日程都已经排满了，如果今天这里不能完工，他就只能以后抽空来这里干，这样就会将工期拖延好几天。

这位德国人是如此细致、周到、认真、坚持原则，只是因为他有着高度的责任感。他要为工程质量负责，要为合同的约定负责，要为房主的利益负责，更要为给工人一个好的带头作用而负责。

一个有责任感的管理者，同时一定会具有勤奋、认真、忠于职守这些优秀的为人品质和良好的职业道德，因为强烈的责任感，会迫使一个人努力约束自己，养成许多好品质。

人们从事的工作不同，能力和作用不同，但无论是平凡岗位上的工作人员还是统管全局的领导者，系于责任的就绝对没有小事。

一颗道钉足以倾覆一列火车，一支火柴足以毁掉一片森林，一张处方足以决定一个人的生命。很多低级错误，包括一些本不该发生的重大安全事故，就是因

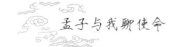

为缺少那么一点点责任心。

　　一个普通员工只有充满责任感，才会自觉地努力地去工作，为他本身也为单位而工作。一个管理者只有充满责任感，才会带动整个团队取得最大的成绩，创造最高的价值。

　　公司管理者主要工作是对员工进行管理。当老板认为需要增强员工对公司的责任感时，常常会与他们来探讨对策。然而，假如一个管理者与公司的其他员工一样，也是公司风险的逃避者，那么在处理员工责任感的问题上，管理者往往会处于一种非常尴尬的境地。

　　一方面，他们是老板对员工的代言人，有责任向员工宣传责任感的重要性；另一方面，他们自己时常又不会有这种责任感。管理者长期处于这样的境地，会使他们在责任感管理方面的工作难有成效。

　　所以，想成为管理者———企业的最高管理者，你必须要有高度的责任感。责任感是领导者基本素质的一个重要方面，一个企业的领导者有无责任感或责任感强弱，可以从他所带领的团队的精神面貌中清晰地表现出来。强大的团队往往具有高远志向、进取精神、严明纪律和一丝不苟的工作态度，当这个团队遇到困难和风险的时候，不止领导会站出来，员工们也会站出来，以奉献和牺牲来分担困难，排除风险，这样的团队无疑是不可战胜的。

　　如果一个人对事业、对家庭、对朋友不负责任，那他一定不会成功，一定为亲属所不齿，也一定难以在社会上立足。反过来，负责任的人，人人敬重。普通人都应该有责任感，更何况是一个企业管理者。

　　人 生 智 慧

　　◇没有责任感的人不仅不堪大用，即使小用，也令人担心。
　　◇责任感落实到日常工作中就是关乎细微的责任心。
　　◇如果一个人对事业、对家庭、对朋友不负责任，那他一定不会成功，一定为亲属所不齿，也一定难以在社会上立足。

学会红脸、白脸集一脸

我：您觉得作为管理者，在处理人际关系时，应该注意什么？

孟子：忍让，我曾在《孟子·告子上》中说道：闻诛一夫纣也，未闻弑君也。

我：这句话是什么意思呢？

孟子：我只听说杀了一个残暴的人，并没有听说是杀掉一个君王。

我：您的这一观点好像比孔子更为激进。

孟子：我认为，君王只有施行仁政才能安定天下，对一些"独夫"、"暴君"，残害百姓的君王，则要讨伐消灭。

我：从这里可以看出您刚烈的性格。

孟子：这一观点在企业管理中同样可用。作为管理者，在处理人际关系时，不能一味地忍让，该硬则硬，该软就得软。

【使命解读】 ❧ 软硬兼施，恩威并重 ❧

管人最有效的方法则是：学会红脸、白脸集一脸。高明的领导者，都会运用红白脸相间之策，就像高明的演员，会根据角色的需要适时变换脸谱。

众所周知，企业管理的核心是人，主要是人的管理，人管好了，其他都可以理顺，人是一切的根源。而管人管什么？管心！"俘获"了员工的心，其他的事自然水到渠成，但往往是人心最不好管，因为人不是物，是有血有肉、有七情六欲的高级动物，不同环境、不同地方的人，有着不同的性格，需求也不一样且很复杂，须认真加以研究，吃透才能领略其奥妙之处，用起来才能得心应手。

首先，了解员工的心，知道他在想什么，他想要什么，他的愿望、追求和目标，还有他的价值取向和面临的问题，知其所求，尽量的创造条件满足他，能力到了给他晋级，能独当一面的时候给他一方天地，给他提供内部创业的平台，但要建立在对企业、于公于私都有利有益的前提下。你给他的应该是他想要的，要学会对症下药。

其次，要真心关爱员工，不要高高在上，不要以老板雇主自称。优秀的员工是企业的一笔财富，是财富的创造者，是合作关系，不要简单地理解成是雇佣关系。当成雇佣关系，他就是"雇佣军"，而非"志愿军"，他应该是在为自己而做，而"雇佣军"仅仅是为了钱，为了那份薪水，谁给的钱多给谁干，因此要理顺这层关系。

关心员工，员工才会关心你，才能把你的事、公司的事当成自己的事去做，人都是有感情的动物，将心比心，"你敬我一尺，我敬你一丈"。要让员工为自己而工作，学会自动自发，自我管理，而这是企业最需要的。生活上关心，工作上支持，他会成长得很快，会创造的业绩更多。

第三，要学会善待员工，更要摆正自己的位置，扮好自己的角色，要学会公私分明。工作上严格要求，严把每一道工序，每一个环节，要教给他怎么正确地去做，心可"狠"一点，严师出高徒，他会成长得更快。严格执行各项制度，规范化、标准化管理，才会产生好的绩效。善待员工，但不能宠着员工，尤其在一些原则性的问题上，凡是对事不对人，要维护员工和企业双方的利益，"没有永远的敌人，没有永远的朋友，只有利益关系是永久的"，只有照顾到双方的利益才可能合作的长久。溺爱员工，无条件地放纵员工，只会害了他们。

人性化管理是个发展趋势，但要有理有度有原则，不能没有限制。有时不可能满足员工的所有需求，但可以抓主要的，最起码可以让他没有不满意的。没有不满意的就是个好的境界，在公司培训和企业文化氛围的熏陶下，让他发生改变，成为个职业化的员工，具有职业化的态度、观念和行为，直至产生好的业绩，为企业做出更大的贡献，这是企业的根本目的，真正地让员工与企业共同成长。

作为一个管理者而言，要想获得更大的成就与发展，就必须获得来自下属的更多支持。我们要想获得这种支持，就得去了解下属们的思想和需要，给他们安全感、尊重感、成就感，但是要切记以下几点：

1. 再小的公司、再小的部门，也不能让人情取代制度。

2. 不要自恃领导身份，让自己游离于团队之外和组织之上。

3. 自己的管理风格存在缺陷，就给自己找个能充黑脸或白脸的助手，以弥补自己的不足。

强势不好，低姿态"亲民"也行不通，提醒自己如"强"就"弱"一点，如"低"就"高"一点。因为刚柔并济、软硬兼施，奖罚分明是真理。

作为管理者，如果你摆不平某个经常和你抬杠的刺头，无须太过动气，你既然是规则的制定者，就用强力的规则去约束他，再或者是把他调离你的部门，甚至是找个机会开除他，而不是软弱地、怕得罪人地留下他与你作对。

上下级关系就是上下级关系，不要添加过多的复杂因素进去，这样会让自己处理起来的时候相对轻松。

施员工于"恩"，来"软"的，不是耍手段、手腕，而是从员工成长的角度，真正关心他，而不是纯粹地利用，让员工死心塌地为企业卖命，而是站在员工立场帮员工制订职业生涯规划，看他适合做什么，让他到合适的岗位上，并不断地进行各个层面的技能培训和素质培训，使他能茁壮成长，"芝麻开花节节高"，成为对企业、对社会有用的人、做出更大贡献的人。这是企业的责任，使用才是最好的培养。

人 生 智 慧

◇高明的领导者，莫不运用红白脸相间之策，就像高明的演员，会根据角色的需要适时变换脸谱。

◇上下级关系就是上下级关系，不要添加过多的复杂因素进去。

调和好领导与被领导者的关系

【聊天实录】

我：孟老先生，我曾在《孟子·尽心下》中看到："民为贵，社稷次之，君为轻。"一句，这句话是什么意思呢？

孟子：这句的意思是：百姓最高贵，然后是国家，国君最不重要。

我：也就是说，百姓的地位最为重要，国家的地位为其次，君主的地位最轻。

孟子：有一次，我和梁惠王见面的时候，梁惠王正在王室的大园林中散心游览。梁惠王站在一个大池沼上，抬头看看在树梢上栖息飞翔的鸿雁、野雁，低头看看园中安详的小鹿。从宫里出来，接触到大自然的景象，心里觉得舒畅而快乐。于是再看看我，然后对我说："讲究仁义道德的贤人先生们，是不是也喜欢这种园林风光？是不是也喜欢这些珍奇的飞禽走兽？"

我：梁惠王的问话中，包含了轻视的味道啊！

孟子：是的，我告诉梁惠王说："一个贤者，是要等到天下太平，大家都享受到安乐的生活之后，才会去享受这种园林的乐趣。可是一个不贤的人，即使有了这样的园林，也不会有真正的快乐，而且更不能永远享受。"

我：其实您这里讲的是作为领导，要心中有民众，才能从中体现自我。

孟子：没有一个领导是只领导自己的，他需要追随者，他吸引追随者，他也在改变追随者。那么是什么力量调和着领导与被领导者，使人们愿意追随于地，从而使领导得以脱颖而出，并能成为引领别人前进的力量？领导不仅是在引领众人前进，更多的是在引领自己的理想。然而，要让自己的理念为人所接受，使人追随，那么这个理念就必须符合他人的理念。使人感觉好像出于自己的心愿却又高于自己的能力，他们就渴望有人来领导他们，因为他们知道领导高于自己而又能接近自己，所以愿意尽心追随。

【使命解读】 ❧ **让员工温暖，员工还你温暖** ❧

1939 年，IBM 的创始人老沃森组织了 3 万名员工，去参加纽约世界博览会的"IBM 日"活动。他包了 10 列火车，打算把 IBM 职员从恩地科特工厂浩浩荡荡送到纽约。一路上职员们欢歌笑语，手舞足蹈，好不快活！然而就在这时，悲剧发生了，在员工们已经上路的那天晚上，一列满载 IBM 员工家属的火车在纽约地区撞上了另一列火车的尾部，不知有多少人伤亡。

当时正是深夜两点，老沃森一接到电话，二话没说就从床上爬起来，带着他的女儿坐上汽车向出事地点开去。还好，没人死亡，但是火车上的 1500 人里有 400 人受伤，有些人还伤得很严重。老沃森打电话向纽约总部发出指示，总部的领导们立刻忙碌起来。一些医生和护士源源不断地来到出事地点，一列新安排好的火车把那些没有受伤的人以及受了点轻伤但不妨碍继续乘车的人接往纽约。此时，天已大亮，老沃森和女儿一整天都留在医院里，与伤员们谈话，并确保他们得到最好的治疗护理。当员工到达纽约时，IBM 已把纽约人旅馆改造成一座设备齐全的野战医院。

老沃森直到第二天深夜才返回曼哈顿，回去后的第一件是就是命令部下为受伤者的家庭送鲜花。许多花店的老板不得不在深夜开始忙碌，以保证伤员在第二天清晨就能收到鲜花。

这件事对 IBM 全体员工的触动极深，从此以后，他们更加尽心尽力地为企业工作，终于造就了今天的"蓝色巨人"。

大凡聪明的管理者都懂得善待员工、重视员工、员工体谅、员工关心，视员工为知己、为良友、为自己人，要对为员工排忧解难，让员工时刻感受到温暖与关怀。

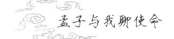

只有做到这些，管理者的工作才会变得轻松而有意义，管理员工才能更得心应手。

～◈ 以人为本，重在落实 ◈～

卢梭

卢梭说"人生而自由平等"，领导不是天生的，他来自于民众，所以，作为领导应让自己都清楚，自己是民众中的一员。每一个人都能成为领导，因为别人才能成就自己。

以人为本的企业管理正在成为许多企业的目标，但事实上，要真正做到以人为本，并不是轻而易举的事情，它包括对员工真正的关心和尊重，平等地对待公司中的每一个人。让每个员工都感到命运掌握在自己的手中，能充分发挥自己的能力并实现自己的价值，而由此激发出的劳动热情将是无穷无尽的。

惠普很早就已经开始实践"以人为本"的企业管理，早在20世纪40年代，公司的两位创始人休利特和帕卡德就下定决心，不让惠普成为一家只会"雇用人和解雇人"的公司，在当时那个电子工业还完全依赖政府支持的年代，这种做法是非常鼓舞人心的。后来，在20世纪70年代衰退时期，当公司的生意遭到严重打击时，休利特和帕卡德这一集体经受住了考验，他们并没有解雇员工，而是让包括自己在内的公司全体员工减薪10%，同时每人减少10%的工作时间。就这样，惠普在没有牺牲任何一个员工的情况下，成功地经受住了衰退期的风风雨雨。

惠普的这一用人哲学不但实行得早，而且还在不断地自我更新。公司的目标总是在改写和再版，并附上公司哲学的重申之后交给公司的每名员工。公司目标的第一句话就是："一个公司所取得的成就是每个人所取得的成就联合起来的结果。"惠普强调自己对那些富有创新精神的员工的承诺，这一哲学一直被认为是惠普取得成功的直接驱动力量："首先，我们公司到处都应有能力很强且富于创新的员工。第二，公司的各个阶层都应有激发员工热情的目标和领导。处于重要领导岗位的员工应该不仅能够激发自己的热情，他们在激发合作者的热情方面的能力也应是经得起挑战的。"修订后的公司目标陈述的导论总结道："惠普不应是一个紧张的、军事化的公司组织，而应是这样一家公司，员工们享有自由，并能选择最适合他们各自责任领域的方式去实现总体目标。"

从惠普公司实行的"开放式实验仓库"政策中就可以清楚地看出惠普对其员工是何等的信任。在惠普，实验仓库是用来保管电子和机械元部件的地方，这一政策意味着惠普的工程师们不仅可以自由动用这些设备，甚至还被鼓励把它们带回家去供私人使用。这个政策的主旨就在于：不管工程师们动用这些设备的目的是否与其工作的项目直接相关，他们的上司相信，通过在工作场所或家中摆弄一下这些设备，这些工程师会从中学到东西，并由此履行了公司致力于创新的承诺。曾有这么一个传说，有一次，休利特在星期六来参观一个车间，发现实验仓库区的门被锁住了。于是他立即到维修间取来钳子，接着就把仓库的门给撬开了。星期一早上，人们发现了他留下的一张字条，上面写着："请别再锁上这道门了。多谢合作！比尔。"

总之，惠普公司最与众不同的特征是始终如一地坚持"以人为本"的企业精神，维持对自己承诺的一贯性以及其办事方法与态度的连续性。因此，无论在惠普的哪个部门，人们都会看到员工们在谈论他们公司的产品质量，言语中可以感觉到他们对自己所取得的成绩是何等的自豪，而正是这种永无止境的精力和热情，才使惠普能获得众多令人瞩目的成功。

企业的活力归根结底来源于人，企业管理的中心也是人。"以人为本"不是一句口号，其关键在于如何在企业文化建设中具体地体现和落实。

1. 要做到对内以员工为本，对外以顾客、用户为本。

二者紧密联系，缺一不可，这样才能促进企业发展。

2. 要突出员工在企业的主体地位，全心全意依靠员工办企业

企业的构成主体是员工，他们是企业发展快慢、生产水平高低的决定因素。

特别是在市场经济条件下，员工是企业构成的主体，更是企业的主人，因此，以人为本就要全心全意依靠员工办企业。这样员工才会真正感到自己是主人，才会真正体现出"乐在工作"的价值观。

3. 要把培养、造就员工成才列为企业发展的目标

企业的发展取决于人才的成长，因此，企业发展的目标不仅要包括经济发展和效益增长，还要包括提高员工的素质，培养造就企业人才。

4. 创造良好的人际环境和企业环境

不断疏通和理顺各种关系，为各类人才得以展示其才、脱颖而出，创造良好的人际环境和企业环境。员工能动性的发挥，创造性成就的取得，往往会受到各种因素的制约和影响，其中企业文化和人际环境的和谐与否至关重要。因此，企业一定要创造良好的人际环境，使每个员工工作顺心和舒心，这样，员工才会乐在工作，才会有一种发自内心的自豪感和责任感。

人 生 智 慧

◇领导不仅是在引领众人前进，更多的是在引领自己的理想。

◇企业的活力归根结底来源于人，企业管理的中心也是人。

◇企业一定要创造良好的人际环境，使每个员工工作顺心和舒心。

凝聚人心，要从细节做起

【聊天实录】

我：常言道：得民心者得天下，民心确实很重要，您关于民心有什么见解呢？

孟子：我在《孟子·离娄上》提到：桀、纣之失天下也，失其民也；失其民者，失其心也。

我：这句话是什么意思呢？

孟子：桀和纣之所以失去天下，是因为失了老百姓的支持，之所以失去老百姓的支持，是因为失去了民心。

我：在这里您又一次强调了"民为贵"的仁政思想。

孟子：是的，无论是国家还是企业，都要以民为重，要赢得民心。

【使命解读】　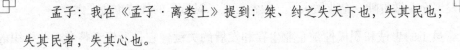 关心的动作请勿太大

从前，有一个牧羊人，他对待羊群像对待人一样关心。附近牧场上的草已经不新鲜了，他怕羊吃不好，就不辞职辛苦，赶着羊群到很远的牧场去。

牧羊人对羊关心的名声传到野山羊的耳朵里，它们当中几只山羊不相信牧羊人会关心羊群，就商量好到牧羊人那里去试探试探。

这一天傍晚，牧羊人见天色晚了，把牧场的羊往回赶，他发现有几只野山羊混在羊群里，心里高兴极了，也不声张，一起赶回来关在羊栏里。

第二天下起了大雪，无法放牧，羊只能待在羊栏里。牧人喂羊时像往常一样，把精饲料喂给每只羊。给那几只野山羊的饲料中，放了很多精饲料给它们吃。他的算盘打得很精，希望能把野山羊收服驯化，这样白白得到几只羊，多划算。接下来的日子，牧羊人仍暗中多喂精饲料给那几只野山羊。这样过了不久，这几只野山羊被牧羊人的诚心打动终于决定留下来。

牧羊人之所以厚待野山羊是别有用心，并非好客，他想笼络住山羊为自己造福利。

管理也是如此，对待职员需要用方法笼络住他们的心，若说这也是领导的别有用心，那就大错特错了。领导关心员工，是为了让员工安心工作，忠于企业，

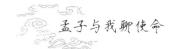

为发展企业做贡献，企业做大了，效益好了，对员工的优待也会更大。

员工的忠诚和积极性是企业生存和发展的关键，它是凝聚于整个企业组织的黏合剂，使企业得以赢得员工的信任。所以企业的领导一定要拿出笼络之方，关心每一位职员，关心的动作请勿太大，从一件小事开始就行：

（1）对工作上的关心，满足职工的个人需要。

（2）对职员家人的关心，虽然付出的不多，但收获很大。

（3）对职员健康关心慰问，能使职员深受感动。

（4）对工资的要求得以满足。

（5）常与雇员多谈心，沟通拉近彼此距离。

上下同心，方能创建成功的企业

有位伟人说过，身体是革命的本钱，因此，关心员工要从关心他的身体健康开始。这话听起来好像与企业无关，但细细推敲，就会发现它起着很大的作用。在世界手机行业占据"大哥大"地位的摩托罗拉公司的总裁保罗·高尔文，在他成功的企业中，就是从关心员工的身体健康下手，从而获得员工的心。

在摩托罗拉公司，不管员工本人或是员工的家人生病了，总裁高尔文说得最多的一句话是："你真的找到最好的医生了？如果有问题，我可以向你推荐这里看这种病的医生。"

一位大公司总裁能在对员工们这么真挚地表达他对员工的关怀和爱护，其情意会令任何一位员工都会感激涕零员工为报答总裁对自己的深情厚谊，会用加倍地工作来表明他们对企业的忠心。

常言说：有付出就有回报。高尔文对员工的付出和努力，感动了很多人，在行业中极有口碑。许多人出高薪请不来的专家被请来了，许多员工在摩托罗拉一干就是好多年。由于一流的专家和有经验的员工的全心竭力，摩托罗拉公司在短短的几年中，就在手机行业占据了龙头老大的地位。

而且在这种情况下，医生的账单可直接交给他，不需要向病人解释什么，像这样的故事在摩托罗拉公司发生实在是太正常了。

在经济不景气的年代，工人们最怕失业，为了保住饭碗，他们最怕生病，尤其怕被老板知道。比尔·阿诺斯是一位采购员，他现在的两个担心都发生了。他的牙病非常严重，不得已，只有放下紧要的工作，因为他实在无力去做了，而且，他的病还被高尔文知道了。

高尔文看到他痛苦不堪的样子，非常心疼，说："你马上去看病，不要想工作的事，你的事我来想好了。"

比尔·阿诺斯做了手术，但他从未见到账单，他知道是高尔文替他出的手术费用。他多次向高尔文询问，得到的直截了当的回答是："我会让你知道的。"阿诺斯的手术很成功，他知道凭自己的普通收入是难以承受手术费的。阿诺斯勤奋工作，几年后，他的生活大有改善。一次，他找到高尔文："我一定要偿还您代我支付的那个账单的钱。"

"你呀，不必这么关心这件事。忘了吧！朋友，好好干。"

阿诺斯说："我会干得很出色的，但我不是要还您钱……是为了使您能帮助其他员工医好牙病……当然还有别的什么病。"

高尔文说："谢谢，我先代他们向你表示感谢！"

一个公司成一个企业的发展和崛起，靠的是管理者聪明的经营才智和员工的齐心协力的扶持。如果说管理者是冲锋的元帅，那么员工就是强大的后盾。只有上下同心，才能创建成功的企业。关心员工吧，他们并不需要多高的报酬，需要的是领导者遇馨的慰问抚慰，关心员工吧，从关心他们的身体健康开始！

人生智慧

◇员工的忠诚和积极性是企业生存和发展的关键，它是凝聚于整个企业组织的黏合剂，使企业得以赢得员工的信任。

◇如果说管理者是冲锋的元帅，那么员工就是强大的后盾。只有上下同心，才能创建成功的企业。

领导必须能赢得员工的心

【聊天实录】

我：我曾在《孟子·滕文公下》中看到：民之望之，若大旱之望雨也。这句话怎么理解呢？

孟子：这句话的意思就是：民众盼望他们的到来，就像是久经大旱的地方期待下雨一样。

我：通俗些怎么讲呢？

孟子：民众之所以盼望商汤就像久旱的地方期待下雨那样迫切，是因为他们的国君葛伯不义，而商汤是一个仁义的国君，民众自然是想推翻失去民心的、不义的国君，让一个得民心的、仁义的国君来治理天下。我在此再次强调了自己的仁政思想——得民心者得天下。

我：这如果引用到现在企业的管理上，会是什么样？

孟子：对于现代企业的管理者来说，要想得到民心，得到员工对企业和自己的高度认同，那么要做的首要任务就是赢得员工的心，让他们感受到自己在中是受到重视的，自己的价值是可以通过所在企业得以彰显的，这就需要管理者关心员工，尊重员工，尊重员工的工作。

【使命解读】　❧　**尊重员工，就是尊重自己**　❧

　　两名旅客遭受到太阳的炙晒，正午时，他们在一棵大槐树下休息。一名旅客对另一名旅客说："槐树真是百无一用啊，既不能结果实，对人类也没有其他的实际利益。"槐树非常生气地说："真是忘恩负义的家伙，你在我的树荫下乘凉，享受我送给你的好处，嘴里却说我毫无益处！"

　　槐树的树荫让两个旅客防晒，但结果却被忘恩负义的旅客说成是百无一用。这给了管理者一个启示：对员工的成绩一定要给予肯定，千万不能口无遮拦地妄下评论，那样会伤害员工的心。给予员工一分的热情，你获得的是员工十分的报酬。

　　尊重你的员工是企业经营管理人员必须学会的一门功课，事实上，我们有许多领导者并没有做到对员工尊重，至少有一部分人不是真心的。

　　提到尊重，不得不提的便是对他们工作的尊重了，无论他们的工作在领导者眼里看起来多么不值一提，都是组织不可缺少的一个环节，而且他能做得很好，就要另眼相看。尊重员工的工作成果，再小的成绩，也许在你看来微不足道，对他来说却是尽了很大的努力，因此，你都应当给予积极的肯定和鼓励。

　　还有很重要的一点，即要尊重他们的工作方式以及思维习惯。我们的每位员工，他的文化背景不同，成长环境的不同，家庭教育的不同，都可能造成个人工作方法各异，一个企业领导应该注意到其员工的工作效果，而不只是工作方式方法。要和他们多沟通，多鼓励他们发表自己的见地，在不影响总体目标和成果的前提下，给他们一定的空间按照自己的想法去做，这样，他们无疑会喜爱他们的工作，他们的团队。

　　我们都知道被称为"全球第一CEO"——杰克·韦尔奇，他在通用电气二十年的任期内，将通用电气集团带入了辉煌，他所写的自传还被全球经理人奉为"CEO的圣经"。

　　而在韦尔奇接手通用电气之前，他只是集团一个分公司的经理，他是凭借什么获得后来的成就呢？让我们回顾一下韦尔奇在做中层管理时的经历：

当时他负责的分公司存在一个很大的问题，就是采购成本过高，几乎威胁到分公司的生存，韦尔奇为此头疼不已。后来他想到了一个很好的方法，不仅解决了成本问题，而且还给公司创造了很大的效益。

韦尔奇专门在自己的办公室里安装了一部单独的电话，这部电话对外不公开，专供公司的采购人员使用。只要某个采购员从供应商那里赢得了价格上的让步，他就可以直接打电话给韦尔奇。

此时，无论韦尔奇在做什么，哪怕是在谈一笔100万美元的生意，他都会立刻放下手头的工作接电话，并且说："这真是太棒了！"然后还会给这个采购人员起草一份祝贺信。

这方法看似简单，却非常有效。通过这种直接的沟通和鼓励，让采购人员感受到工作的重要性与荣誉感，使得采购人员的工作热情大幅上升，没过多久，公司的采购成本就降下来了。节约成本就是创造效益，韦尔奇用这种办法创造的效益，不仅体现在节约成本上，它对员工产生的激励作用，才是更大的效益。员工是公司的基础，员工的积极性在很大程度上决定了公司的效益。韦尔奇的电话不仅给公司带来了效益，更让员工感到自己的工作得到了尊重，工作的积极性自然就提高了，由此产生的凝聚力、向心力，更会使公司一本万利。

韦尔奇正是明白了这个道理：尊重员工、尊重员工的工作，就是尊重自己、尊重公司，这样不但使公司获得了短期的经济效益，更为公司赢得了长久的人力资源效益。

委婉地指出错误更容易让人接受

有许多人在真诚的赞美之后，喜欢加上"但是"两个字，然后再开始一连串的批评。举例来说，有人想改变孩子漫不经心的学习态度，很可能会这样说："杰克，

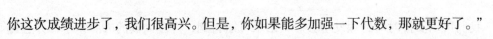

你这次成绩进步了，我们很高兴。但是，你如果能多加强一下代数，那就更好了。"

原本受到鼓舞的杰克，在听到"但是"两个字之后，很可能会怀疑到原来的赞美之辞，对他来说，赞美通常是引向批评的前奏。如此，不但赞美的真实性大打折扣，对杰克的学习态度也不会有什么助益。

如果改变一两个字，情形将会大为改观。我们可以这么说："杰克，你这次成绩进步了，我们很高兴。如果你在数学方面继续努力下去的话，下次一定会跟其他科目一样好。"

这样，杰克一定会接受这番赞美了，因为后面没有附加转折。由于我们也间接提醒了他应该改进的注意事项，他便懂得该如何改进，以达到我们的期望。

间接指出别人的错误，要比直接说出口来要温和，且不会引起别人的强烈反感。

玛姬·贾可布有次谈到，她是如何使懒散的建筑工人养成良好的事后清理的好习惯的。

贾可布太太请了几位建筑工人加盖房间，刚开始几天，每次她回家的时候，总发现院子里乱七八糟，到处是木屑。由于这些建筑工人的技术比较好，贾可布太太不想让他们反感，便想了一个解决的办法。她等工人们离去之后，便和孩子把木屑清理干净，堆到园子的角落里。第二天早上，她把领班叫到一旁，对他说："我很满意昨天你们把前院清理得那么干净，没有惹得邻居们说闲话。"从此以后，工人们每天完工之后，都会把木屑堆到园子的角落里，领班也每天检查前院有没有维持整洁。

许多后备军人在受训期间，最常抱怨的就是必须理发，因为他们认为自己仍算是普通老百姓。一级上士哈理·恺撒谈到这个问题时说：他有次奉命训练一群后备士官，按照旧时一般军人管理法，他大可对那群士官吼叫，或出言恫吓，但他并没有这么做，只是用迂回战术达到目的。

他这么说："诸位，你们都是未来的领导者，你们现在如何被领导，将来也要如何去领导别人。诸位都知道军队中对头发的规定，我今天就要按照规定去理发，虽然我的头发比你们的还短得多。诸位等一下可以去照照镜子，如果觉得需要，我们可以安排时间到理发室去。"结果可以料到，许多人真的去照镜子，并且遵照规定理好了头发。

管理的方法可分"限制"和"要求"两种。比如孩子在餐厅吵闹时，大人大声吼住是限制管教，这方法虽能吓阻孩子的行为，却会让孩子感到无所适从。相反，斥责后再指示该怎么做，便属于后者——要求管教。

美国的心理学家以八岁的孩子为对象，调查孩子的上进心与幼儿期的管教方式的关系。结果显示，有上进心的一组孩子，均是接受要求管教而成长的，而缺乏上进心的孩子，自小到大完全是接受限制管教。

为什么接受限制管教而长大的孩子缺乏上进心？因为行为受限制，自然会产生不满，使向上精神降低。行动被禁止或抑制，是表示欲求遭受阻碍，这会使人失去意愿，也会缺乏去改变行动的积极精神。限制管教法用久了，孩子便会丧失上进心。

只要能记取这些要点，对提高批评效果会有所助益。因为大多数的领导都误以为批评就是管理，也以为不常常批评下属反而会被下属轻视，所以，为表示自己的地位高于下属，便以批评作为管理的重要手段。

像这样以简单的批评来惩罚下属，不免会削弱下属的干劲，长此下去会使下属的欲求不满，上进心也随之减弱。基于这点，批评人之际，首先要确定批评内容，在脑海中先演示批评的经过情形，才能增加批评效果。

人生智慧

◇尊重员工、尊重员工的工作，就是尊重自己、尊重公司，这样不但使公司获得了短期的经济效益，更为公司赢得了长久的人力资源效益。

◇间接指出别人的错误，要比直接说出口来要温和，且不会引起别人的强烈反感。

学会关注自己员工

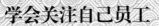

我：职场中，很多老板抱怨自己的员工："怎么就你家问题多？""偏偏你家里出现这样的问题！""谁叫你家里出现这样的问题！"这种现象是什么问题造成的，怎么解决呢？

孟子：常言说"家家都有一本难念的经"。在某一时候，一个公司也许只有某个员工的家里发生某一个问题，但是，家里发生这样那样的问题，是常见的，谁家都会出现这样如那样的问题。老板不关心甚至埋怨员工，是不近人情的，更谈不上同员工友好相处与调动员工的积极性了。作为管理者，首先要理解每一个员工的家里都有一本难念的"经"，其次是要善于帮助员工念好这本"经"。我在《孟子·梁惠王下》中曾提到"王如好货，与百姓同之，"就是这个观点。

我：这句话什么意思呢？

孟子：大王如果喜爱钱财，要想到老百姓也喜欢钱财。我通过比较来劝说梁惠王，希望梁惠王能将心比心，也知道老百姓的喜好。同理之下，管理者也应如此。在管理过程中，管理者要体察民情，关心员工，将心比心，了解员工的喜好与需求。

我：人是公司得以存在的基础，然而人不是机器，人是有感情的，所以，企业的管理者应该时时想着为员工分忧解难。这样，员工也一定会与企业忧患与共、共同进退。关心职工也许要付出更多的时间和金钱，但它能让员工以百倍的热情投入工作，员工为你创造的财富将远远高于你付出的，您觉得我说得对吗？

孟子：是这样的，企业的管理者应该牢牢树立"以人为本"的观念。作为一个人，如果当你悲伤时，有人替你分忧；当你快乐时，有人与你共享喜悦，那么你会把他当作你的知己。作为一个公司，如果管理者对员工悉心关照，想员工所想，急员工所急，就会有非常大的功效。从人作为感情动物的特性来说，你关注我，我也会想着你，如果上升到企业的高度，那么这就会形成员工与公司忧乐与共，共同进退。

【使命解读】 你与员工忧乐与共，员工与你同生共死

韩国鞋业大王梁正模成功地做到了与员工忧乐与共，致使大家愿意与他同生共死。

早期，梁正模在他父亲公司里做事，主要处理公司与代理商之间的有关事宜。在他的工作中，他并没有把人与人之间的关系看成简单的相互利用，相反总是特别诚心地对待别人，所以与那些代理商建立了良好的信任关系。梁正模突破了公司与代理商之间的"工具型"关系，更没有去算计别人，而是真心地和这些代理商交往。他总是能站在代理商的位置，替他们着想，充分照顾他们的利益，代理商们都愿意与他打交道。

这些人情资源成为梁正模创业初期的无形资产，而且这些无形资产迅速转化为有形资产。在他开始创业时，没有足够的资金，向银行贷款也很困难。以前的代理商们知道后，马上向他伸出援助之手，帮他渡过难关，这些分布在全国各地的代理商们筹足了钱，借给他，而且不要利息。在这些朋友的帮助下，梁正模的公司如期建成。

不幸的是，他的工厂又遇到了几次火灾，每次火灾后，他又奇迹般地站起来，这又是得益于代理商们的大力支持。

这就是"得人心者得天下"的道理，人心的获得是靠与别人同忧苦、共患难，工于心计的人是不可能获得人心的。

梁正模开办了自己的企业后，对员工也是关心备至。当他和工人接触时，总

是问他们在工作中和生活上有什么具体困难。在获悉困难后，他总是想办法替他们解决。

他的工厂里有一位技师朴明镇技术高超，是梁正模多花了好几倍的薪水才请过来的。朴明镇的家乡在平壤，由于朝鲜半岛南北分裂，他与家人被迫分离。对亲人的思念，使他非常痛苦，面对这种状况，又无能为力，只有每天以酒解忧。梁正模知道这件事后，每天陪着他一起喝酒，到半夜才回家。这样的以人之忧为己之忧，深深打动了这位技师，他晚上不再去喝酒了，而是把全部的身心都放在技术创新和技术改造上，使公司的产品在质量上大大提高，在竞争中处于非常有利的领先地位。

梁正模的成功，在很大程度上是他处理人与人之间的关系的成功。在韩国、日本、中国、东南亚等国家和地区，儒家文化的传统使得人与人之间重视亲情式的关系，这是一种良好的人员管理模式。

用关怀让公司成为温暖的家

企业是一个大家庭，作为管理者要努力营造良好的环境，把每个员工都当作家庭一员对待，营造家的温馨，才能形成亲和力和向心力。反之，只顾企业利益，只顾自己多获利，只愿员工拼命多干活，却不让员工分享利益，那么，这样企业的发展是不会有什么前景的。

社会文明虽在孜孜追求人性的境界，而社会竞争却使越来越多的企业管理者把员工看作是为自己赚钱的工具，无休止地要求其做事，从来不予以一定的关怀。美国著名的管理学家托马斯·彼得斯曾大声疾呼：你怎么能一边歧视和贬低员工，一边又期待他们去关心质量和不断地提高产品品质呢？无疑地，这样的管理者是不合格的，这样的企业终究不会长久发展。高明的管理者会想尽办法在公司营造家的氛围，让员工在公司里也能感受到家的温暖和关爱。

第一章 孟子与我聊领导者的使命

在一家集团化的大企业，一位经理就建议每隔几个月在各个单位搞一次"会餐"，准备一些普通的自助餐或份饭，请全体员工和家属自由参加。

会餐在食堂内举行，在那里，大家无拘无束，享受着自己喜欢的食物，畅所欲言，特别是总经理与员工及其家属们一起举杯，为他们所创造的业绩相互祝贺。作为员工的家属都非常感激，他们有的是很多年来，第一次看见他们的丈夫或妻子、儿子或女儿是在什么样的地方工作。

这些家属在享受美餐的同时，还会领到公司发送的纪念物。当无数个小家庭融入了组织这个大家庭后，雇员们从他们小家庭成员的笑脸上得到了身为组织一员的荣耀，同时也意识到只有组织这个大家庭的发展才有他们自己小家庭的美满幸福。

一个幸福完美的家庭应该充满着温馨、和谐与关爱，这种气氛不仅有利于提高员工的工作积极性和创造性，还能为企业带来很多利益，所以，让公司成为家，是每一个管理者应该去追求的目标。这只需要管理者真心地关心员工，而关心员工最简单的方式就是坚持"以人为本"的原则，把员工当成自己家人一样，帮他做事，关心他的生活。

唐骏

唐骏认为"以人为本"是企业文化中非常重要的部分，也正是因为他这种"以人为本"的思想，在企业管理过程中，唐骏总是会出台很多关心员工的举措。很多企业中秋节都要发月饼，但成为了一种形式后，大家就习以为常也就再不当回事情了，但若不发员工又有意见，发月饼成了个麻烦事。可唐骏发月饼就不这么随便，他帮助员工给他人送月饼。员工只要把要送的人的地址写明，企业就会把月饼快递过去，而且还附上有唐骏亲自设计的中秋祝福贺卡，再写明企业一年来的业绩和成就。这样一来，员工不仅感到企业的人文关怀，而且还觉得在微软工作很有面子，工作积极性和满意度也就提高了不少。

众所周知，缴纳水电费是生活中不可省略的工作，要跑到银行排队，有时可能会用去一两个小时。为了让员工少操点心，唐骏请人帮助员工做这些事。员工只要把所要缴纳的费用清单和钱放装到写着自己名字的信封里交给前台，就会有专人帮助他把这些事情给办好。这样做极大地方便了员工，员工都会觉得企业为自己想得很周到，更会以感恩的心态努力工作来回报企业。

事实证明，关心员工，并不需要多么庞大的系统，管理者只要把你对家人那种嘘寒问暖的关怀，同样送给你的员工就可以了。例如，大家都会替亲戚朋友过生日，员工也有生日。如果能在员工生日那一天，在企业的告示板（或其他任何员工可以看得到的地方）上醒目地写上："祝某某生日快乐！"就能够让员工感觉到企业对自己的关心。如果条件允许，再送上一个生日蛋糕，让部门的其他同事和他一起分享，就如同自己的家人和朋友一起给他过生日一样，试问员工怎么会不感动？有的企业不仅让员工休生日假，甚至连员工配偶的生日都可以休假，这样的做法肯定会让员工感到一种温馨。同样，在召开员工表彰大会的时候，邀请受表彰员工的亲属到场，也会让员工更加地感到荣耀。

蒙牛集团的老总牛根生曾说过，要让员工真真切切感受到蒙牛就是他们的家，世上没有人不爱自己家的。为了营造家的氛围，牛根生提出了和谐宣言：经营人心。也就是实实在在地关心员工，像对待家人一样对待他们。这里又要提到一个来自日本公司的案例，他们甚至将温暖大家庭的公司组织理念用在了年轻员工的能力开发上，并收到了非常好的成效。

日本神户制钢所为了提高本企业研究部门新进年轻员工的开发能力，他们开始推行一种被称为"兄弟制度"的互助共学方式。所谓的"兄弟制度"就是每位新进的"家庭"成员，都必须与一位在神户制钢所工作达 5 年以上的资深研究成员结成对子，拜为兄弟，在共同的"家庭"生活中，兄长负责新进员工的培养教育工作，而作为弟弟的员工必须在谦虚求学的基础上，为"大家庭"的发展献计献策。

由于"兄弟制度"的推行，使得新老员工之间有了一种紧密联系的纽带。虽然，这是非血缘的关系，但那种朝夕共处、相互切磋的组织生活方式在新老员工之间培养了犹如兄弟般的情谊，而且一向冷漠的研究开发部门，也变成了充满人情味的工作场所。

一个企业内部,管理者与员工之间是什么关系完全取决于管理者如何对待员工。能够体贴、关心员工的,二者就是鱼水关系,员工这条鱼就不会离开企业组织这池水;如果管理者仅仅把员工看成是一个工具,对其缺少人文关怀,二者就是油水关系,彼此貌合神离,员工也完全是拿薪水做事,缺少积极主动的工作热情;如果管理者把员工当成剥削的对象,盘剥甚至压榨员工的既得利益,那二者就会是水火关系,彼此就会形成对立。

人 生 智 慧

◇企业的管理者应该时时想着为员工分忧解难。

◇关心员工,并不需要多么庞大的系统,管理者只要把你对家人那种嘘寒问暖的关怀,同样送给你的员工就可以了。

◇一个企业内部,管理者与员工之间是什么关系完全取决于管理者如何对待员工。

第章

孟子与我聊领导用人法则

　　人才是企业的核心，任何企业单位都必须重视人才。用人应该本着"用人不疑，疑人不用"，坚持唯有量才适用的原则，大材小用，小材大用，都不是理想的用人之道。领导者唯有把合适的人用到合适的位置，才能充分发挥人才极大的能量。领导者要知人善任，用人所长，用对人才能做对事。

不以一时成败定终身

我：很多情况下，因为员工一件事情的失利会给自己在老板心中留下阴影，老板则会因此而去评断一个员工的能力，您觉得这种现象该怎么解决呢？

孟子：我在《孟子·尽心上》中提到：为其贼道也，举一而废百也。

我：这句话怎么理解呢？

孟子：因为它会损害真正的道，只是坚持一点而废弃了其余很多方面。

我：在这里，您向我们阐述了一个简单而又普通的道理，"举一而废百"，不以成败论英雄。

孟子：是的，作为管理者要有宽容的气质，不要对人才要求苛刻，不要以一次的成败就对人进行判决。作为一个管理人员应该懂得，下属个人的成功与失败是企业荣辱的组成部分，你的任务是不断地充实集体的力量，而不是人为地制造分裂！

【使命解读】 ❧ 用人时请消除心中的成见 ❧

一般来说，业绩出色的员工常常容易受到经理人员的偏爱，而对于那些有失败、过失记录的员工来说，他们会在经理人员心中多少留有一些偏见。

管理人员的这种心态对企业人际关系而言是非常有害的，最终可能会导致两极分化，促使员工之间对立的内部情绪的产生，而且你也许会成为企业中"众说纷纭"的人物。

员工业绩的取得是企业的一件喜事，也是值得你为之骄傲的，但这种骄傲一定要基于企业这个大家庭的基础之上，而不能滋生出一种强烈的个人偏好和憎恶的情绪。

员工一次成绩的取得绝不能成为他赚取私人感情的资本，你对其个人的偏爱虽然是在很大程度上给了他信心与继续挑战工作的勇气，或许随之而来的还有更多的获得工作业绩的机会，但企业是属于这里每个成员的，所以每个人都应该享受同等的权利与待遇。你对某个下属的偏爱会让其他的雇员为你们的这种亲密关系不知所措，一个个问号会在脑海中被肯定了又否定，否定了又肯定，在一段时间的折腾之后，他们与你和所喜爱的那位员工的距离越来越远。

由于待遇的不平等，机会享受的不公正，企业的人际关系变得紧张了，人们从你的偏爱中也学会了选取个人所好来加强个人的势力。结果最糟糕的事情发生了，企业仿佛变成了四分五裂的散沙，无数的小阵营使企业的这股绳结出了解不开的"小疙瘩"。

你对业绩不太出众或犯过错误的下属的成见与你对业绩好的下属的偏爱一样，对企业的人际关系的和谐、对企业的发展同样有害。

人非圣贤，孰能无过，错误固然是不可原谅的，但你却不能从此以后就给这位可怜的员工下了"他只会犯错误"或"他根本无法办好此事"的结论。

让我们来看看被誉为"经营之神"的松下幸之助是如何对待下属的过错的。

松下幸之助的信息主管因提供了错误的市场信息导致了公司决策的失误，对于该信息部经理所犯的这种严重错误，松下幸之助完全有理由将其开除，但是他并没有急于做出最终的处理意见，而是分析了两种可能的情况：一种可能是这位主管本身并不称职，已不宜于再继续担任这个职务；而另一种可能则是"好马失蹄"，由于一时的大意而出现的判断错误，如果是后者，那么将他撤职就会毁掉一个人才。

松下幸之助

松下幸之助进一步考虑到，目前还没能找到另外一个更合适的人选担任这一职务，一旦将现在这位主管撤职，将会影响到公司其他工作的有序进行。

于是，他把这位主管找来，告诉这位主管他自己将要对这次事件做出处理，但没有明确告诉他处理意见，于是事情就拖了下来。

在这段时间里，这位主管为了弥补上次的过失，一直兢兢业业地工作，多次提供了极有价值的信息，为公司的决策做出了贡献，同时也用事实证明了他是称职的，上次的失误是意外情况。

不久，松下幸之助又把他叫了过去，并对他说，鉴于他近期的业绩，本来应该给予奖励，但因为上次的失误还没有处理，所以，将功抵过，既不奖励，也不处分。这种处理方法的效果无疑是非常好的，既没有影响公司整体的运作，同时又使这位信息主管以及其他员工心服口服。

犯了错误的员工通常都有自知之明，他们在对自己行为检讨的同时也是懊恼不已，你对他们的归类不仅使得他们的信心又遭受了一次打击，而且，他们还会产生破罐破摔的消极情绪，并对企业与你个人产生了极强的敌对抵触情绪，这显然是企业安定团结的一种巨大的潜在危险。

同时，对于有过错的人才而言，他们最需要的就是获得重新证明其价值和展示其才华的机会，尤其是当他们因过错而受到社会的歧视冷落后，这种愿望就更为迫切。因此，领导者一旦提供这样的机会，他们就会迸发出超乎平常的热情和干劲儿，付出几倍甚至几十倍的努力去工作，完成常人难以完成的任务。

在美国商业机器公司，有一位高级负责人因工作失误而损失了1000万美元的巨款，沉重的压力使他精神紧张，终日萎靡不振。几天后，这位负责人接到了董事长约翰·欧佩尔接见的通知。在办公室里，他被告知调任同等重要的一个新职务。这一结果大大地出乎意料，他十分惊讶地问道："董事长，我犯了如此严重的错误，您为何不把我开除或降职？""先生，如果我那样处理的话，岂不是在您身上白白地花费了1000万美元的'学费'？"欧佩尔回答说。

谈话还不到10分钟，但却给了这位高级负责人以极大的鼓励，成为他日后工作的巨大内在动力。他在新的起点上奋发拼搏，为公司的发展立下了汗马功劳。所以管理者不必为员工从前做过的一些错事而耿耿于怀，而应当将那些有价值的员工所犯的有价值的错误当作一种难得的财富。

消除你心中已有的成见吧，别让那几次失败的经历总萦绕在你的脑海中，使你总是怀疑别人改过自新、从失败中总结奋起的能力。坐下来，与他们恳谈，帮助他们找到错误的原因，恢复他们的自信，你要在语言中充分表示出对他们仍然信赖，只要他们走出自我消极的误区，一样能为企业做出贡献，况且失败的经历孕育着成功的希望。

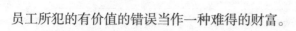
人 生 智 慧

◇作为管理者要有宽容的气质，不要对人才要求苛刻，不要以一次的成败就对人进行判决。

◇管理者不必为员工从前做过的一些错事而耿耿于怀，而应当将那些有价值的员工所犯的有价值的错误当作一种难得的财富。

管理之道，唯在用人

【聊天实录】

我：孟老先生，您对管理之道可有何高见？

孟子：我曾在《孟子·公孙丑下》提到：尊德乐道，不如是，不足与有为也。故汤之于伊尹，学焉而后臣之，故不劳而王；桓公之于管仲，学焉而后臣之，故不劳而霸。

我：您这句话该如何解释呢？

孟子：这句话的意思就是：君王要做到尊重德行喜爱仁道，不这样就不能够做到大有作为。因此商汤对伊尹，先向伊尹学习，然后才以他为臣，于是不费力就统一了天下。桓公对于管仲，也是先向他学习，然后才以他臣，于是不费力气就称霸于诸侯。

我：您的意思是说"人"是特殊资源，人才的非常重要。那么在当今社会，领导者更要充分认识到这一点，并充分利用人才，才能利于事业的发展。

孟子：是的，人才非常重要，管理之道，唯在用人。

【使命解读】 　　　燕昭王强国靠人才

在《战国策》中有这样一个故事：燕国国君燕昭王（公元前311—前279）一心想招揽人才，而更多的人认为燕昭王仅仅是叶公好龙，不是真的求贤若渴，于是，燕昭王始终寻觅不到治国安邦的英才，整天闷闷不乐。

后来有个智者郭隗给燕昭王讲述了一个故事，大意是：有一国君愿意出千两

燕昭王雕像

黄金去购买千里马，然而时间过去了三年，始终没有买到，又过去了三个月，好不容易发现了一匹千里马，当国君派手下带着大量黄金去购买千里马的时候，马已经死了，可被派出去买马的人却用五百两黄金买来一匹死了的千里马。国君生气地说："我要的是活马，你怎么花这么多钱弄一匹死马来呢？"

国君的手下说："你舍得花五百两黄金买死马，更何况活马呢？我们这一举动必然引来天下人为你提供活马。"果然，没过几天，就有人送来了三匹千里马。

郭隗又说："你要招揽人才，首先要从招纳我郭隗开始，像我郭隗这种才疏学浅的人都能被国君采用，那些比我本事更强的人，必然会闻风千里迢迢赶来。"

燕昭王采纳了郭隗的建议，拜郭隗为师，为他建造了官邸，后来没多久就引

发了"士争凑燕"的局面。投奔而来的有魏国的军事家乐毅，有齐国的阴阳家邹衍，还有赵国的游说家剧辛，等等，就这样，燕国很快便人才济济了。从此以后一个内乱外祸、满目疮痍的弱国，逐渐成为一个富裕兴旺的强国。接着，燕昭王又兴兵报仇，将齐国打得只剩下两个小城。

由此可见，要想治理好国家，必须网罗人才，国家如此，企业也是如此。1980年，在一向以新科技之国自称、重利润的美国首先提出一句简单而深刻的口号："人，是我们最重要的资产。"这句话立刻在世界此引起了极大的反响。

人，是管理中的核心要素，把人管好了，把人用对了，其他事情便迎刃而解。在当今知识经济社会中，人力资源成为所有资源中最重要的资源，企业的竞争，实际上也就是人力资源的竞争。可见，人力资源管理已成为企业取胜的法宝，谁掌握了这个法宝，谁就向胜利迈进了一大步。

因此，人才管理是企业管理的重中之重，企业的管理者怎样让员工最大限度地发挥其作用，同时对员工进行有效的掌控，是人员管理的关键所在。

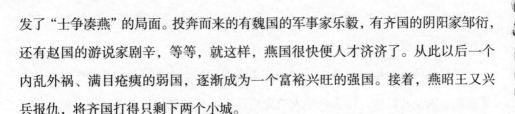

三星的"人才第一"观

韩国的三星集团在企业管理中，始终把人的管理放在企业工作的首位，确是明智之举。

三星集团的前身是1938年创办的三星商社，这是一家做进出口贸易的小公司，从20世纪50年代起开始起步，企业迅速发展。目前，它已成为一家著名的大财团，拥有20多个企业，8万多名员工，年营业额超过300亿美元，是名列世界前30名的著名大企业。

三星集团董事长曾经一语道破它成功的秘密，那就是他们始终奉行"人才第一"的原则。

1957年，三星集团成为韩国第一个通过考试来选拔人才的企业，他们每年都要进行选拔，董事长李健熙亲自与考入三星的人才面谈，勉励他们为企业努力工作，同时发现一些更加优秀的人才。

三星集团始终把五分之四的时间用来吸引和培训人才。他们选择人才的依据是智能、人品和健康，注重一个人的完整性，一旦被录用为企业员工，就对其投入大量资本来培养和训练，以适应企业的应用和要术。

三星集团是韩国第一个设有培训中心的企业，李健熙为中心题字"人才第一"。企业严格执行员工必须经过培训才能上岗的制度，员工每隔几个月都要进行重新培训，以便更新知识。在培训班上，董事长会亲临讲话："三星的人都是精英，要集合所有精英的力量，才能发挥最大的作用。"每年，员工都要到培训中心接受3次以上的进修，在不断的进修学习中去适应科学技术的新发展。

三星集团对销售人员也非常重视培训。他们规定参加培训的人，每两人为一组，身上不带分文，只允许带上三星的产品。他们乘坐公共汽车时，因为身上没有钱，就只能卖掉身上所带的产品，凡是在训练规定的10小时内能最早卖完产品或以最高的价格卖掉产品时，就能获得最高成就。否则的话，推销员不但没有钱乘车，吃饭也成问题。经过这样的培训，锻炼了他们的实际工作能力，从中也可以发现一批人才。

三星集团把一些有干劲有才智的人放到了首位，对他们进行奖励和提拔，每半年对员工的工作进行一次评定。对于那些工作诚恳的人，对于企业的未来发展有正确见解和敏锐眼光的人，对于能够敏捷地掌握形势动态的人，对于那些取得显著成就的人，分别给予各种奖励和晋升工资，有些还被提拔到更高的位置上。

三星集团在人力资源的开发和运用上，高瞻远瞩，措施得力，所以三星企业网罗了一大批优秀的人才，这些人才使企业迅猛发展，三星集团在家用电器、计算机从生产领域走到了世界的前列，这与三星的人才观念不无关系。

得人者得天下，失人者失天下。人才就是效率，人才就是财富，杰出的领导者应善于识别和运用人才。只有做到唯贤是举，唯才是用，才能在激烈的社会竞争中战无不胜。

人生智慧

◇管理之道，唯在用人。

◇人，是我们最重要的资产。

◇人才就是效率，人才就是财富。

选人用人，慎用小人

【聊天实录】

我：我在《孟子·尽心上》中看到这么一句：仁者无不爱也，急亲贤之为也。应该怎么理解呢？

孟子：这句话的意思很简单：仁者，没有什么不该爱的，但是急于爱德才兼备的贤人。

我：在您眼中的真正有才干的人就应该是个德才兼备的贤人。

孟子：是的，在企业管理中，也同样要注意这一点，用时一定要用德才兼备之人，对那些小人一定要小心谨慎。

【使命解读】 〜 **做大做强须启用德才兼备之人** 〜

宋代史学家司马光认为：才能可以辅助有品德的人成就大业，而德行能够引导有才的人走正道，向正确的方向发展。云梦的竹子虽然刚劲，但如果不把它做成利箭，就不能够穿透坚硬的物体；棠地的矿铜虽然精利，但如果不把它熔炼打磨做成兵器，就不能够打败强大的敌人。才能正如同竹子的刚劲和矿铜的精利，而德行正如同对竹子和矿铜的加工。当德行和才能合二为一时，便能够有大作为。他认为在选人用人的时候，如果不能得到圣人辅佐，可以找君子。如果连君子都得不到，宁可用愚人也不可用小人。因为有才的君子能够在其德行的引导下正确发挥自己的才能，有助于领导事业的发展；而有才的小人则会受其德行的误导，从而阻碍领导事业的发展。愚人无德无才，尽管不能对领导事业有帮助，但最起码不会造成威胁。

某公司聘用了一位张女士，由于她性格开朗，善于言谈，公司把她安排在业务部试用。

在三个月的试用期中，张女士的公关本领得到了充分体现。在她的参与下，业务部收到的订单比以往明显增多，部门业绩自然很出色。总经理听说了张女士的表现后，在大会上大力表扬了她，并以丰厚的奖金作为报酬。

俗话说：路遥知马力，日久见人心。张女士在不断为公司创造业绩的同时，缺点也日益暴露，她开始在同事中散播谣言。由于她能说会道，即使是很难令人相信的事情，她也能够说得天衣无缝。在她的挑拨和煽动下，同事间的和谐关系被打破，好朋友变成了仇人。不仅如此，她的贪婪本性没有经得住诱惑，竟然串通他人贪污公款。由于公司认为她有优秀的业务能力，只提出希望她注意形象，不要再破坏公司内部的团结，并希望她能够将功补过，因此没有将她开除。

江山易改，本性难移。她没有坚持多久，又开始在公司里搬弄是非、胡说八道，并再次贪污公司款项。公司对她不再抱有任何希望，果断将她开除。

这位张女士有着过人的公关才能，她的才能也的确给这家公司带来了利润，但是，德行却让人不敢恭维。她不仅破坏了公司以往的和谐气氛，而且还给公司的利益造成了重大损失。除此之外，公司因看重她的本领没有将她直接辞退，给她机会改过自新，可她并不知道珍惜，仍然我行我素，继续做一些损害公司利益的事情，很显然，这种人是不可以用的。

因此，企业在选人用人的过程中，要对德与才有个全新的认识。一般来讲，如果一个人能够与同事友好相处，而且不会损害企业利益，他便是有德之人；一个人如果能够处理好自己手中的事情，他便是有才之人。无德之人是小人，有德之人是君子；有才之人是人才，无才之人是庸才。企业要想做大做强必须要启用德才兼备之人，因为只有这样的人，才能够在社会上站稳脚跟，才能够帮助企业增强信誉和创造价值。

"德"才助事业腾飞

北京用友软件股份有限公司把"德"排在用人的首位颇具有代表性。创立于1988年的北京用友软件股份有限公司，是目前中国最大的财务及企业管理软件开发供应商，也是中国最大的独立软件厂商。用友公司开发的应用软件包括财务软件、企业管理软件屯 RP 软件、电子商务软件儿 RM 软件三大类。公司共有员工 1200 多名，北京本部专职软件开发人员 300 名。1999 年用友软件销售总额达 4 65 亿元人民币，1988 年率先推出商品财务软件，1989 年研发中国第一表（UFO），1990 年财务软件率先通过财政部评审。1996 年，他们首家推出管理型财务软件，标志着中国财务软件从核算型走向管理型。1997 年最先推出 32 位 Windows95/NT 版财务软件，带领中国财务软件从 DOS 向 windows 迁移。1998 年 4 月，发布用友新一代财务企业管理软件体系，同年推出 B/S（浏览服务器）版财务软件，1999 年推出iERP 企业资源计划系统，1999 年 8 月推出"网络财务"解决方案。

可以肯定地说，用友的成功与用友的用人是分不开的，用友公司用人的原则是：

1. 品德放在首位。

2. 对事情的态度。因为只有积极的人，才有把事情做好的可能，也不是说完全能做好，但是这种可能性更大。

3. 与人相处、沟通的团队精神。按照用友的看法，软件发展到现在，个人英雄主义时代已经过去了，更多的是需要一个团队精神。

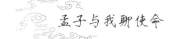

大胜在德。这更是慧聪公司用人智慧。

在慧聪公司，宁愿用德高而能低者，也绝不用有能无德者，因为在他们看来：小胜靠智，大胜在德。

创建于 1992 年慧聪是一家商情服务公司。慧聪从 14.8 万元起家，到目前为止已在全国 30 多个城市建立分公司，员工达 2000 多名，每周出版各类商情网刊 85 本，建立了近 20 个行业纵向多层次的信息咨询与商务服务系统，慧聪的服务由商情报价拓展到了广告代理、市场研究、市场策划、广告监测、展示公关，以及软件研发等一整套的商务信息服务链。目前慧聪已经不再是一个简单的商情公司，慧聪已经将自己的业务同互联网进行了完美的结合。

应当说，慧聪的"大胜"就在于有一大批有着共同追求理想的"德"才。

曾国藩曾说过，一个人的才干正如同水的柔性和木头的坚硬，而德行能够使水动荡，能够使木头变直。动荡的水能够承载物体和灌溉田地，而直直的木头可以用来造船和构建房屋。才是水的波澜，而德是水的源泉，有了源泉，就能够保证水的波澜不断；才是树的枝叶，德是树的根本，有了根本，就能够保证枝叶繁茂。此论断虽然有些偏激，但由此也可证明德的重要性，因此，管理者有选人用人之时，一定要谨慎，在去选用那些德才兼备之人，而要时刻提防那些小人，否则，后患无穷。

人 生 智 慧

◇路遥知马力，日久见人心。

◇大胜在德。

◇企业在选人用人的过程中，要对德与才有个全新的认识。

要任人唯贤，不要任人唯亲

【聊天实录】

我：《孟子·万章上》有这么一段：舜相尧二十有八载，非人之所能为也，天也。尧崩，三年之丧毕，舜避尧之子于南河之南，天下诸侯朝觐者，不之尧之子而之舜；讼狱者，不之尧之一而之舜；讴歌者，不讴歌尧之子而讴歌舜。故曰，天也。这段话是什么意思呢？

孟子：舜辅佐尧二十八年，这不是尧一个人的意志能够做到的，这是天意。尧去世后，舜为他服丧三年，然后避居于南河的南边去，为的是要让尧的儿子继承下去。可是，天下诸侯朝见天子的，都不到尧的儿子那里去，却到舜那里去；打官司的，都不到尧的儿子那里去打官司，却到舜那里去；歌颂的人，都不到尧的儿子那里去歌颂，却到舜那里去。所以说，这是天意。

我：从这个观点可以看出您认为这一切都是天命使然，但是天命并不是随便打个喷嚏就完事的，更不是认为把天下传给尧的儿子，而是要把天下传给有贤德的舜。从您的思想中我们看到您对于人才的选择，并不是那种任人唯亲的观点，而是唯才是举，只有贤德的人才能管理天下。在管理当中，我们也理应如此。

孟子：是的，管理的任务简单地说，就是找到合适的人，摆在合适的地方做一件事，然后鼓励他们用自己的创意完成手上的工作。

【使命解读】 ☙ 唯才是举，任人不唯亲 ❧

鸡跟前世仇敌黄鼠狼发生了战争，家犬和山上的野鸡为当指挥进行了争辩，并告到鸡王面前。

家犬说："黄鼠狼最怕的是我，在战争时，让我为首领好灭掉黄鼠狼的威风。"

野鸡道："不行，我来自于森林，很少与黄鼠狼打交道，他见我的外表和长长的翎毛肯定会吓得投降，在战争中，我应为指挥。"

鸡看见野鸡跟自己是同类，就让野鸡当上了指挥。

战争打响了，最终野鸡带领的鸡群全军覆没，成了黄鼠狼口中的美餐。

鸡任人唯亲，以野鸡为指挥，最终使鸡群全军覆没，遭到了用人不当的报应。

上面的小寓言才能看出用人的重要性。在企业的经营管理中，人才至关重要，选拔人才是任人唯亲，还是任人唯贤，这是企业成败的关键。在世界科技日盂进步的情况下，企业要发展，就必须以当代最新科技成果来装备自己，而要达到此目的，必须要有掌握、运用这些装备，并不断把这些装备刨新的人才。企业成功的妙诀，在于领导者恰当地选用了人才，而且对人做到又培又养，从各方面去关心他们，使他们能团结在自己的周围，为他们的企业服务。

旧中国猪鬃大王古耕虞经营企业时，特别注意搜罗人才，培养人才，他认为，一个企业的兴衰，很大程度上取决于经营管理人才。因此，古耕虞在这方面投入了很大的精力。他培养人才的经验是：既要培，又要养。培，就是帮助他们树立对企业的信心，掌握商品知识和其他经济方面的有关知识；养，就是企业的各种待遇和他们的前途是稳妥可靠的，培和养这两方面是相辅相成的。

古耕虞招收职员的要求是：中学生，预备为二年至三年，然后升为正式职员；大学生和留学生，进来就是正式职员。职员分五级，多数人每年升一级，约有百分之十几升二级，百分之几升三级。在前途教育中，使他们明白，只要好好干，两三年内就可以养家糊口，成为公司的股东，五六年后就可生活得比较优裕。

古耕虞父亲办企业时，取名"古耕记父子公司"，大有"传诸万世"之意。古耕虞接手后，大胆地开放股权与外姓，他宣布企业是社会上的事业，不是姓古的能独占的。他认为，对于谁能担任董事长总经理，要选贤任能，不是只有姓古的才能当，所以，古耕虞时期，整个公司的领导层中，姓古的不过几个人，大多数经理、助理都是从外面聘请来的，有些还是古耕虞"三顾茅庐"从其他地方请来的。后来古耕虞搜罗国内人才不足，还请了十个美国人与五个德国人充当技术顾问。

1946年，古耕虞在美国设代表处，公司大多数人都向他建议任命他胞弟古大闵为官，因为他胞弟是美国明尼苏达大学的经济硕士，但古耕虞却认为不可，认为他尚无实际经验，不足为任，而另派别人充任代表，古大闵仅作普通职员。古耕虞认为人如不以才能为依据，仅凭关系，别人是不会服气的，这怎么发展企业呢？

由于古耕虞坚持任人唯贤，他手下招揽了一大批人才，他的事业一派兴旺，他所办的公司，也成为当时国内少有的大企业。

合理用人是一种技术

中国对外经济贸易合作部部长龙永图在中国入世谈判时曾选过一位秘书，当龙永图选该人当秘书时，全场哗然，因为这个人根本不适合当秘书。在众人眼中，秘书都是勤勤恳恳、少言少语的，讲话很少，做事谨慎，对领导体贴入微。但是龙永图选的秘书，处事完全不一样。他是一个大大咧咧的人，从来不会照顾人。每次龙永图和他出国，都是龙永图走到他房间里说，请你起来，到点了。对于日程安排，他有时甚至不如龙永图清楚，原本9点的活动，他却说9：30，经过核查，十有九次秘书是错的。但为什么龙永图会选他当秘书呢？因为龙永图是在其谈判最困难的时候选他当秘书的。当时由于谈判的压力大，龙永图的脾气也很大，有时候和外国人拍桌子，回来以后一句话也不说。每次龙永图回到房间后，其他人都不愿自讨没趣到他房间里来。唯有那位秘书，每次不敲门就大大咧咧走进来，坐到龙永图的房间就跷起腿，说他今天听到什么了，还说龙永图某句话讲得不一定对，等等，而且他从来不叫龙永图为龙部长，都是"老龙"，或者是"永图"。他还经常出一些馊主意，被龙永图骂得一塌糊涂，但他最大的优点就是禁骂。无论怎么骂，他5分钟以后又回来了，"哎呀，永图，你刚才那个说法不太对。"

这位秘书是个学者型的人物，他对很多事情不敏感，人家对他的批评他也不敏感，但他是世贸专家，他对世贸问题简直像着迷一样，所以在龙永图脾气非常暴躁的情况下，在龙永图当时难以听到不同声音的情况下，有那位禁骂的秘书对龙永图就显得分外重要了。

世贸谈判成功以后，龙永图的脾气好多了，稀里糊涂的秘书已不再适合龙永图的"胃口"，于是龙永图很快把他送走了。

诚然，龙永图是位卓越的领导，因为他非常清楚什么时候什么人最适合什么工作，什么时候该用什么人，什么时候不该用什么人，这一点，是常人不能望其项背的。

人生智慧

◇只有贤德的人才能管理天下。

◇管理的任务简单地说，就是找到合适的人，摆在合适的地方做一件事，然后鼓励他们用自己的创意完成手上的工作，不只是找关系认朋友。

企业的良性转折要靠人才

【聊天实录】

我：人才自古就被世人看重，孟老先生，您对寻觅人才有什么样的观点呢？

孟子：我曾经在《孟子·滕文公下》提出：尧以不得舜为己忧，舜以不得禹、皋陶为己任。是故以天下与人易，为天下得人难。这句话讲的就是寻觅人才的难度和重要性。

我：那对于您的这句话应该怎么解释呢？

孟子：这句话的意思就是：尧把得舜这样人作为自己的忧虑，舜把得不到禹和皋陶这样的人作为自己的忧虑。所以把天下让给人容易，为天下发现人才却很难。

我：哦，原来是这样，在这里，您强调了"千军易得，一将难求"的道理，在现代的企业管理中也是如此，身为管理者善于指挥千军万马，不如善点数将，善于发现和指挥真正有用的人才。

孟子：正如汉朝开国皇帝刘邦，"运筹帷幄之中，决胜千里之外"，刘邦不如张良；输粮草，保供给，治国安民，刘邦不如萧何；亲临前线，挥兵杀敌，刘邦又不如韩信。但刘邦的长处就是能把这些人聚拢起来，让他们发挥各自的能力和长处，为自己服务。现代企业的管理员者要以他们为榜样，招贤纳士，寻求良才，为企业创造光辉灿烂的前景。

【使命解读】　　　寻觅良将，走向成功

比尔·盖茨能让微软名震全球，正是因为他有着过硬的用人本领。他当机立断，用人不疑，他干脆、利落，有胆有谋，他是个帅才，是一个相当精明的企业领导人。

1981 年底，微软公司已经控制了个人电脑的操作系统，并决定进军应用软件这个领域。比尔·盖茨雄心勃勃，认定微软公司不仅能开发软件，还要成为一个具有零售营销能力的公司。他的打算不错，但人呢？微软公司在软件设计方面，人才济济,不乏高手,可市场营销方面卓越性人才的匮乏却属软肋。没有这方面的人才,微软别说要进入市场,就连门都找不到。

盖茨虽然看到了光明的前途,却感到寸步难行,但盖茨还是迈出了非凡的一步:挖人。

他四处打听,八方网罗,经过最后的探测,锁定了肥皂大王尼多格拉公司的一个大人物——营销副总裁罗兰德·汉森。

"汉森是个营销专家,对软件他完全是个门外汉。"盖茨的幕僚有点不放心。

"那又如何呢?只要给他机会,他一定会干得很出色。"盖茨看中的是汉森对市场营销的丰富知识和经验。

盖茨挖来汉森,委以营销方面的副总裁这一重任,负责微软公司广告、公关和产品服务,以及产品的宣传与推销。

汉森上任做的最重要的一件事就是给微软公司所有只知软件、不懂市场的精英们上了一堂统一商标的课。在汉森的力陈之下,微软公司决定,从这以后,所有的微软产品都要以"微软"为商标。于是,微软公司的不同类型产品,都打出"微软"品牌。时隔不久,这个品牌在美国、欧洲,乃至全世界,都成为家喻户晓的名牌。

汉森确实不懂软件,但他懂得市场,他能用品牌去打开销路而占领市场,这一点当然令盖茨得意,但一个一个的烦恼也接踵而来。

随着市场的日益扩大,尤其是海外市场的开发,微软公司的经营规模日益增大,公司第一任总裁吉姆斯·汤恩年近半百,渐显江郎才尽,跟不上微软的快速疾走。

好在汤恩有自知之明主动提出辞掉总裁的职务,盖茨费尽心机,又找到了坦迪电脑公司的副总裁谢利。

他直截了当地对谢利说:"到微软来吧,我们不会亏待你的。"

"我能干什么?"谢利答道。

"做我们的司令——总裁。"

谢利一来,就对微软的人事大刀阔斧,他把鲍默尔提升为负责市场业务的副

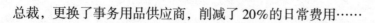

总裁，更换了事务用品供应商，削减了 20％的日常费用……

谢利掌管下的微软在许多地方开始"硬"起来，不过，谢利在微软的好戏还在后头。

1983 年，为了抢在可视公司之前开发出具有图形界面功能的软件，占领应用软件市场，微软开始了"视窗"项目，并宣布在 1984 年底交货。

谁知，直到 1984 年过了大半年了，"视窗"软件仍然没有开发出来，以致新闻界把"泡泡软件"的头衔"赠给"了视窗。

强烈个性的盖茨愤怒至极。

正在这进退维谷的时候，谢利经过一番仔细调查，找到了病根：除了技术上的难度以外，开发"视窗"的组织和管理十分混乱。谢利又一次大刀阔斧地整顿：更换"视窗"的产品经理，把程序设计高手康森调入研究小组，负责图形界面的具体设计；至于盖茨嘛，他"现在的任务"则是集中精力考虑"视窗"的总体框架和发展方向。

谢利的这一番部署切中要害，"视窗"的开发立竿见影，各项工作有条不紊，进展神速，最终在 1985 年年底，微软向市场推出"视窗"Windows1.0 版，随后是"视窗"3.0 版。

当然，在两位助手的帮助下，微软从 1995 年 8 月 Windows95 发布起，正式把微软推向计算机业的巅峰，而 1992 年 IBMOS/22 销量仅 100 万套，Windows3.0 却达 1000 万套。

借助强大的市场优势和金钱实力，微软屡屡实施"吸功大法"，将许多其他公司创造的新技术新功能纳入自己的产品，尤其是 Windows 之中，使其成为无所不能的百宝箱。这种形势下，弱小的软件公司的确无法与微软一起参与这场游戏。

这就是伟大的微软！

千军易得，一将难求，能求得一位良将，那将是企业的一个新的转折点。这就是企业用人的学问，比尔·盖茨正是掌握这一学问，才使微软走上了一条辉煌的道路。

人生智慧

◇千军易得，一将难求。

◇身为管理者善于指挥千军万马，不如善点数将，善于发现和指挥真正有用的人才。

◇千军易得，一将难求，能求得一位良将，那将是企业的一个新的转折点。

人尽其才要摒弃杂念

【聊天实录】

我：孟老先生，我觉得现在很多企业的老板都存在一种危机意识，而这种意识并非积极的上进的，而是病态的，比如说，有些企业用人时存在很多顾及，很害怕员工会知道得太多，而处处设防，怕员工超越自己。你对此怎么看？

孟子：《孟子·公孙丑上》中有这么一句：今天下地丑德行，莫能相尚，无他，好臣其所教，而不好臣其所受教。

我：这句话什么意思呢？

孟子：现在天下各国的土地都差不多，君主的德行也都不相上下，互相之间谁也不能高出一筹，没有别的原因，就是因为君王们只喜欢用听他们话的人为臣，而不喜欢用能够教导他们的人为臣。

我：您在这里指出君王使用什么样的人对国家发展的重要性。

孟子：是的，用听话的人只能运气好点，维持现状，只有用比自己强的人，能够开导自己的人才能使国家繁荣。作为领导应心胸宽广、不计较个人的名利，敢于起用比自己强的下属，而自己的精力放在对下属的训练和培养上，只在制定战略决策时才插手，其他的就放手让他人去做。

【使命解读】　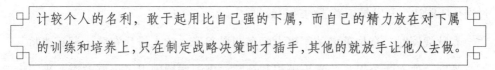让强人在自己手下工作

"若乃人尽其才，悉用其力。"这是《淮南子·兵略训》中的一段话，意思是说，让每个人都能充分发挥自己的才能，用尽自己所有的力量。

任何一家公司，其员工能力都是有区别的，这就像"发动机"和"螺丝钉"一样，公司虽然需要能对自身产生变革性影响的"发动机"型人才，也离不开兢兢业业为公司奉献的"螺丝钉"型的员工。

人才犹如冰山，浮出水面者仅仅占到20%，沉于水底的达到80%，因此，领导一定要善于发掘人才。我们都知道，公司存在三种人，即制度制定者、制度追随者、制度破坏者。领导要筛选出最优秀的人才，将他们予以重用，因为重要的位置不能没有好的人才。

多数失败的私营公司一定也有一个致命的弱点，就是领导单独打斗，不愿意为引进高级人才做出大手笔投入。一些私营公司在用人上本着将就的态度，舍不得花大钱使用高级人才，这些公司的高层人才都是从低层提拔上来的，存在着许多弊端。这些人虽然有一些经验，但从大环境看，这些人才放在公司高层位置上就会出问题，毕竟他们的职业技能不缺，但文化水平和管理能力等综合素质还不够，因此，领导要慎重提拔这类人才。

领导要拿出魄力用人，公司一些重要的位置，不是留给自己的亲属，而要吸纳一些优秀的人才，将合适的人，摆到合适的位置尤为关键。

"让腰粗的人背土——不伤力，让腿粗的人挖土——有劲，让驼背人垫土——弯腰不吃力，让独眼龙看准绳——不分散注意力。"作为领导，一个重要责任就是最大限度地开发员工的潜能，要做到这一点，就要使员工与其岗位相匹配，通

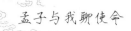

过岗位匹配达到开发员工潜能的理想效果。

春秋战国时，有位著名的军事大师名叫鬼谷子，此人排兵布阵，调兵遣将，如有神助。他有两个得意的学生庞涓和孙膑，庞涓在魏国谋了个好差事，当了大将军。后来小师弟孙膑投奔师兄，师兄发现师弟的能耐比自己还大，产生了妒忌心，怕师弟抢走他的饭碗，不但不重用，反而设计害他，并且刐去其膝盖骨。后来孙膑逃到齐国，协助齐国打败魏国杀了庞涓。庞涓因气量狭隘，不仅没能保住官位还丢了性命，且落下个千古笑柄。

这一史实可理应作为管理者的一面镜子，时时提醒自己要敢于使用比自己强的人才，这样企业才有发展前途，这是管理的一大要点。

作为管理者，如果发现员工比自己能力还强，自尊心就会受到伤害，心里会非常不舒服。但是这样的结果只会使自己的企业止步不前，而在企业的竞争中又是不进则退的。所以，聪明的管理者要有海纳百川的胸怀，让比自己强的人在自己手下快乐地工作。

一位专门从事人力资源研究的学者说过这样的话："一个公司，尤其是一家开放式运作的公司，用一个不良之人，就会伤害一批好人。"此话颇有哲理。在人才的具体聘用过程中，一些企业领导人的观念依然陈旧。有的企业管理者用人从自身利益出发，宁愿用顺从听话的平庸之辈，也不用稍带棱角而能力很强的人，使得一些人才因无用武之地而远走高飞；有的企业管理者放着身边现成的人才不用，而让其闲置起来；还有一些企业管理者，以人划线，宁愿用素质较低的"自己人"，也不用素质高的"外部人"。这些做法，在不同程度上伤害了员工的感情，导致人才大量流失。

新经济时代的到来，给知识分子在商界带来了"翻身做主"的机会，知识贵族正成为新世纪的主宰而叱咤风云，但在许多传统行业里，知识分子到底能否搏杀商场依然令领导者忧心忡忡。令人遗憾的是，人们正把落后的市场规则当作一种规律来信奉，并据此排斥一种新的商业原则。这种做法，使人才聘用常常走入误区，给人才的就业和发展设置了诸多障碍，同时也失去了一些优秀人才，这也是许多企业人才流失的重要原因。

在用人的问题上，人尽其才是一种理想境界，它虽不是一蹴而就的事情，却是我们致力追求的目标，这就要求管理者在人才使用过程中摒弃杂念，真正做到靠素质和能力用人。广告大师奥格威说过一句著名的话："用人的最大失误就是没有任用比自己高明的人。"为了诠释这一观点，奥格威在每个董事的椅子上放了一个洋娃娃，并请诸位董事打开看。大家依次打开洋娃娃后，发现里边还有一个洋娃娃，再打开里面又有一个更小的洋娃娃，当打开到最小的洋娃娃时，上面有一张奥格威写的字条：如果你永远聘用不如你的人，我们就会成为侏儒公司。反之，如果你永远聘用比你高明的人，我们就会成为顶天立地的巨人公司。

敢用强过自己的人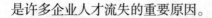

从人的虚荣心和安全感方面来看，很多人只愿意雇佣比自己稍逊一筹的下属，而不乐意雇佣比自己更聪明的人。

"敢不敢用比自己强的人？"这恐怕是领导在用人中对自己最大的考验，同样也是领导最容易犯的错误。

一个领导，如果对比自己强的人，不敢大胆任用，而采取压制的方法，不让他们发挥特长，那么许多专业人才就会被埋没，领导的威信也会受损；反之，则更能服众，让下属心甘情愿地誓死追随。

美国汽车大王福特家族经历了77年，在福特三世的手里画上了句号。在福特公司里，亨利·福特掌握着生死予夺的大权。福特三世是一个妒心极重、说一不二、喜怒无常的人，福特公司易手家族以外的人，就与他的为人有极大关系。

1978年7月13日，在福特汽车公司工作了32年、当了8年总裁的亚柯卡被解雇了。这一突然事件，在美国企业界里引起了轩然大波。各地的报刊纷纷报道并发表评论，认为这怎么可能呢？亚柯卡是一位高才，在福特公司总经理的位置上干了 8 年，为公司净挣 35 亿美元，福特为什么要赶走一位功臣呢？原来福特这个人唯我独尊，心胸狭窄。亚柯卡功勋卓著，在公司内外获得一片赞扬声。亚柯卡干得愈好，福特的妒火越旺。对亚柯卡深信的每一件事，福特都竭力攻击。当亚柯卡在数千里之外的时候，福特乘机召开会议，否定亚柯卡的计划。

福特三世赶走了亚柯卡，并没有使亚柯卡损失什么，是金子到哪里都能闪光，是人才到哪里都能大展宏图。亚柯卡被赶走以后，接任了克莱斯勒汽车公司的总裁，使濒于倒闭的克莱斯勒汽车公司重振山河。

福特三世嫉妒亚柯卡，受损失的反而是福特三世。当时，《纽约时报》、哥伦比亚广播公司、《汽车新闻》、《华盛顿邮报》、《华尔街日报》等几十家报刊电台，都站出来为亚柯卡打抱不平，讥笑福特三世是"妄自尊大的老头"，是"60 岁的老少年"。报业托拉斯专栏作家在高度评论亚柯卡的人品和业绩以后，含沙射影地指责福特三世，最后感慨地问道："如果像亚柯卡这样的人的饭碗还不牢靠，你的饭碗牢靠吗？"当福特三世狭窄的心胸暴露在光天化日之下时，没有人才愿意和他接近。福特三世赶走了亚柯卡，大大削弱了自己的力量，大大增强了对手的力量，5 年以后公司易手家族以外的人。

心理学家认为，嫉妒是由于别人超过自己而引起的抵触情绪，是心胸狭窄的共同心理。黑格尔则说，嫉妒乃"平庸的情调对卓越才能的反感"。现在有的领导不乐于用比自己强的人，除了怕这些"强人"难以驾驭，主要还是嫉贤妒能心理在作怪。他们由于不能正确认识自己，总以为自己是单位或部门的佼佼者，各方面都应该比别人高一筹，因此，当他们遇到比自己能力强的人就萌生妒忌，甚至采取种种方式压制他们。

被誉为美国钢铁工业之王的卡内基说过："你可以将我所有的工厂、设备、市场、资金全部拿走，但只要保留我的组织和员工，几年后，我仍将是钢铁大王。"

卡内基的话反映了现代企业管理思想中很重要的一种意识，那就是：人的因素是最重要的。

卡内基死后，人们在他的墓碑上刻上了这样的话：这里安葬着一个人，他最擅长的能力是：把那些强过自己的人，组织到为他服务的管理机构之中。

卡内基的成功在于善用比自己强的人。在知识经济时代，领导就更需要有敢于和善于使用比自己强的人才的胆量和能力。

人才冒尖不容易，他们付出了比别人更艰苦的劳动，承受了比别人更多的磨难，表现出比别人更卓越的才干。因此，对于尖子人才，一定要热情支持，破格使用，待遇也应适当提高，这样做才能鼓励更多人才冒尖，充分发挥才干。

可见，高明负责的领导，应该顶住不负责任的闲言碎语，为人才尖子撑腰、鼓气，支持和帮助他们去开拓、去创造、去攀登高峰，这是领导的勇气、美德和不可推卸的责任。

人 生 智 慧

◇让每个人都能充分发挥自己的才能，用尽自己所有的力量。

◇如果你永远聘用比你高明的人，我们就会成为顶天立地的巨人公司。

◇高明负责的领导，应该顶住不负责任的闲言碎语，为人才尖子撑腰、鼓气，支持和帮助他们去开拓、去创造、去攀登高峰。

人心齐，泰山移

【聊天实录】

我："仁爱"思想是儒家的核心思想，您觉得爱是什么样的？

孟子：君子以仁存心，以礼存心，仁者爱人，有礼者敬人，爱人者，

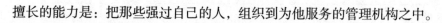

人恒爱之。

我：这句话是什么意思呢？

孟子：这句话出自《孟子·离娄下》，意思是：君子内心所怀的念头是仁，是礼。仁爱的人爱别人，礼让的人尊敬别人。爱别人的人，别人也经常爱他。

我：也就是说爱与敬是双向的，没有播种就不会有收获。

孟子：是的，只有以仁爱之心对待别人，社会和企业才可能有一个和谐安宁的环境。企业的领导、企业家们要以仁爱之心去对待自己的员工，同样员工们也应该以仁爱之心去对待企业的领导与管理人员。只有这样，企业才能产生出内在的凝聚力。

我：这也就人们常说的"人心齐，泰山移"，全体员工的同心协力、一致努力是企业能获得最终成功的有力保证。

孟子：对，要做到这一点，管理者就要多关心人才的生活，对他们遇到的事业挫折、感情波折、病痛烦恼等"疑难病症"给予及时的"治疗"和疏导，建立起正常、良好、健康的人际关系、你我关系，从而赢得员工对公司的忠诚，增强员工对公司的归属感，使整个企业结成一个凝聚力很强的团体。

【使命解读】 　　　　把"我"变成"我们"

有一部科幻小说讲的是美苏两强冷战对峙，终于引发战争，正欲动用核武器时，突然传来一则消息，说火星人进攻地球了！此时，美苏立即打消对战的意念，同心协力对付共同的敌人。这个故事看似单纯，但却十分巧妙地利用了心理学技巧。

人，或多或少都会存在"共同"意识，简单地说就是，看见别人做，自己也想跟着做，如模仿、流行等。

人虽存有"共同"的心理意识，但当双方利益发生冲突时，这种共同心理就起不了作用了。如前所述，美苏两国若无共同的敌人出现，则他们的共同心理就很难表现出来。

同样的道理也可应用于商业竞争上。有两家厂商，为了生意上的竞争搞得很不愉快。如果突然听到消费者对他们提出了相同的指责，这两家厂商就会立即停止他们之间的竞争，而共谋解决问题的办法。

同事之间也可以运用这种方式。假如某同事与他人极不合作，始终对人有反感，如果你希望他帮忙，不妨对他说："如果此事我们无法办成，就要被降调到别处。"

听你一说，他心里必想："这件事还是需要我们共同来解决。"

这就抓住了对方"共同"的心理。

自古以来出现过不少有名的演说家在演说时与听众打成一片的现象，譬如当他举起拳头时，成千上万的听众也同样热情地举起拳头附和着。

为什么他们在演说中会与听众紧密地结合在一起呢？其秘诀就在于他们所使用的言词和所持的态度。因为他们在演说中口口声声地说不是为了个人，而是为了大众，从而使听众产生共同意识。为了达到这一目的，他们在演说中更是频频使用"我们"、"我们大家"等字眼，以表示这些都与你我众人息息相关。所以，只需简单的几句话，即可笼络大众的心，使众人能产生"命运一致"的感觉。

现代的政治家也同样会使用类似的发言形式，如："我们要趁早开放牛肉的进口，使大家能吃到廉价的牛肉，所以我们必须行使我们共同的权利，以达成此目的。"

听者感觉到这是我们大家共同的问题，并非某一个人的事情；然而实际上那些人虽然使用了"我们"这一字眼，但也许他们是为了个人的利益也说不定，可是至少在群体的感觉中认为这是与自己切身利益有关的事。

由于每个人的内心都存有或多或少潜在的"自我意识"，所以都不愿意受到他人的指使。如果他认为你是在说服他，他的自我意识会变得更加强烈，而不易与你的看法一致；即使你说得天花乱坠，头头是道，在他看来，那也只是在为你自己的个人利益进行的一场表演而已，这样一来，就别想让他听取你的高见了。

如果此时你能使用"我们"这一字眼，会立即使人认为你我就是一体，是利害与共的，于是便会在不知不觉中信服你的说法。

人 生 智 慧

◇人虽存有"共同"的心理意识，但当双方利益发生冲突时，这种共同心理就起不了作用了。

◇道德性是优秀企业文化的绝对标准。

◇立足于道德性树立企业文化，是成为世界第一流企业的首要条件。

人的用法决定领导者的成败

【聊天实录】

我：人才如果找到了，该怎样去有效的使用他们呢？

孟子：其实，关于这方面我在《孟子·公孙丑上》提出：尊贤使能，俊杰在位，则天下之士皆悦，而愿立于其朝矣。

我：这句话的意思应该是：尊重贤才，使用能人杰出的人物都有职位，那么，天下的人士都乐于在朝任中担任一官半职了，不知我解释的是否正确？

孟子：是这样的，治理国家，就是要尊重贤才，使有才能的人都有合适的职位，这样国家才会兴旺繁荣。

孟子：其实，企业的发展是不可能只依靠一种固定组织的形态而运作，必须视企业经营管理的需要而有不同的团队，所以，每一个领导者必须学会如何组织团队，如何掌握及管理团队。企业组织领导应以每个员工的专长为思考点，安排适当的位置，并依照员工的优缺点，做机动性调整，让团队发挥最大的效能。

【使命解读】 ❧ **让合适的人在合适的位置上** ❧

在一次宴会上，唐太宗对王珪说："你善于鉴别人才，尤其善于评论。你不妨从房玄龄等人开始，都一一做些评论，评一下他们的优缺点，同时和他们互相比较一下，你在哪些方面比他们优秀？"

王珪回答："孜孜不倦地办公，一心为国操劳，凡所知道的事没有不尽心尽力去做，在这方面我比不上房玄龄。常常留心于向皇上直言建议，认为皇上能力德行比不上尧舜很丢面子，这方面我比不上魏征。文武全才，既可以在外带兵打仗做将军，又可以进入朝廷搞管理担任宰相，在这方面，我比不上李靖。向皇上报告国家公务，详细明了，宣布皇上的命令或者转达下属官员的汇报，能坚持做到公平公正，在这方面我不如温彦博。处理繁重的事务，解决难题，办事井井有条，这方面我也比不上戴胄。至于批评贪官污吏，表扬清正廉署，疾恶如仇，好善喜乐，这方面比起其他几位能人来说，我也有一日之长。"唐太宗非常赞同他的话，而大臣们也认为王珪完全道出了他们的心声，都说这些评论是正确的。

从王珪的评论可以看出唐太宗的团队中，每个人各有所长，但更重要的是唐太宗能将这些人依其专长运用到最适当的职位，使其能够发挥自己所长，进而让整个国家繁荣强盛。

治国如此，管理企业更是如此，在现代企业管理当中，最重要的一点就是要量才适用，把合适的人用在合适的位置上。

要使整个团队的力量增加，最好的方法就是让合适的人在合适的位置上，而要想做到这一点，必须做好人力资源的开发和规划。这样，既可以保证人力资源管理活动与公司的战略方向和目标保持一致，促使人力资源管理的各个环节、各个阶段相互协调、相互衔接，又可以为公司增加无形资产。

每个员工都有其自身的知识背景和性格特点，工作的性质往往会影响到个人能力的发挥。某种人员安排，可能会使他胜任原本高于其自身能力的工作，也可能使其仅发挥原有能力的一半。因此，人员的配置有效率，运用恰当，则事半功倍；运用不当，不仅埋没人才，而且影响整个公司运转的效率。另外，即使是一个才智出众的人，也不可能胜任所有的工作，应把他安排到他最擅长的工作上。

对人力资源进行管理，又主要分为两个阶段，那就是在人员来公司之前和员工来公司之后，想搞好公司人力资源管理，必须在两个不同的阶段都做好工作。

来公司之前的工作，主要是招聘工作。要做好这个工作，主管部门应做好计划，对应聘人员做到心中有数，寻找出最适合你的真正的人才。

唯才是举，量才而用

西南航空公司有着几十年的历史，是该行业中唯一一家赢利企业，公司连续获得美国交通部颁发的最佳顾客服务奖、最佳准点航班奖、最佳行李搬运奖。

1994年，西南航空公司的总经理，被美国著名杂志《幸福》评为美国最佳总经理，当年有将近125000人向西南航空公司申请所空缺的3000个职位。

总经理非常重视招聘工作，把它当作一件大事来抓，他说："我们要雇佣素质最好的人，教他们所需要的任何技能。"

有一次，公司要在一个叫阿马利罗的小镇上招聘一名客机代理商。人事部门的经理在面试完34个人之后，仍没有找到合适的人选，他们非常着急，想将就招一个人了事。但总经理却说，为找到合适的人选，找再多的人也不要紧。在他看来，人是公司一切发展的源头，没有必要在招聘问题上节约钱、时间、人力。

招聘工作要考察专业、细节，包括待人接物的态度，是否具有严谨的态度、良好的习惯等。

比如说有一个公司，要求职员特别懂得谦逊和尊重他人，因此如果申请者要求接待员停下自己手中的事，先接待自己，他们就会决定不雇佣这位申请者。

有的企业强调要"雇佣有激情、善应变、充满活力的人"。英国的一个销售服务公司的总裁卡瑞·韦泽斯，他就认为自己成功的关键在于"和许多狂热的分子打交道"，需要时就雇佣他们，如果他们确实优秀，就会提升他们到相应的位置上。

有的公司希望雇佣有经验的人，这些人可以立即投入工作，不需要培训。有的公司希望雇佣没有经验的年轻人，充分保留和发挥他们的想象力。百事可乐公司之所以能保持年利润 250 亿美元，就在于他们常雇佣二十多岁的年轻人。只有加以重视，注重细节，注重自己要求的特质，公司才能从寻找中发现最合适的求职者。

一般来说，管理者并不可能一步到位地把人才放到最合适的地方上，这需要公司的管理者继续进行考察，之后重新调整。

百事可乐公司的总裁卡洛威曾经说过，公司管理者的任务就是"操纵人的方向盘"。卡洛威制定了各类人员的能力标准，每年他要不断地在公司中巡视，与部下交流，主持大约六百次业绩考核。

如果经过考核发现某个人不符合他的职位，卡洛威会提醒他进行改进，经过一段时间，再进行考核，如果已达到要求，第二年就会按惯例提出更高要求。

卡洛威的这种考核将公司的管理人员分为四等：最优秀的将得到提升，合格的可以晋升，但目前暂不安排，基本合格的仍在现岗位工作或去接受专门培训，不合格的将被淘汰。

卡洛威的人才资源的管理是成功的。虽然可口可乐的销售比百事可乐多，利润是百事可乐的两倍，但百事可乐却在饮料业之外，经营餐馆业和快餐业，这些利润又是可口可乐没有的，以至于百事可乐的毛收入每 5 年翻一番。这些成就的取得，卡洛威认为是在于"人"字的妙用。

人生智慧

◇企业的发展是不可能只依靠一种固定组织的形态而运作，必须视企业经营管理的需要而有不同的团队。

◇企业组织领导应以每个员工的专长为思考点，安排适当的位置，并依照员工的优缺点，做机动性调整，让团队发挥最大的效能。

第章

孟子与我聊领导隐忍之道

　　忍让是一种豁达的人生气度，它能像一泓清泉那样浇熄哀怨、嫉妒的火焰；忍让是一种大智大勇的谋略，拥有忍让智慧的人往往不计较一时的高低和眼前的利益，而是放眼全局，胸怀未来；忍让是一种美德，拥有忍让美德的人，拥有宽广的胸怀和无私的心灵，他们懂得容纳人、感化人、团结人。

隐藏锋芒，不要恃才放旷

【聊天实录】

我：老子说过："良贾深藏若虚，君子盛德容貌若愚。"意思是说，善于做生意的商人，总是隐藏其宝货，不令人轻易见之；而君子之人，品德高尚，而容貌却显得愚笨。其深意是告诫人们，不要过分炫耀自己的能力，要适当隐藏自己的实力。过于炫耀自己的能耐，有时反而有可能导致人生的失败，您对此持什么观点？

孟子：人之患在好为人师。

我：也就是说，一个人的最大毛病是总喜欢当别人的老师。

孟子：这句话其实也道中人性中的一大弱点。此类人总觉得自己比别人高明和正确，只恨不能让天下所有人都知道。无论遇见什么事都要教训一番，似乎非如此不能显示自己的出类拔萃。他们是不能容许别人发出不同的声音的，如你有异议，他则摆出一副愤愤然的姿态，使你不得不臣服于他，这样的人在前进的道路上必定会跌大跟头。

【使命解读】 ❦ 聪明反会被聪明误 ❦

杨修在曹操手下任主簿，因为他家学渊源，聪敏过人，起初很得曹操重用，至此杨修却不安分起来，总是爱耍小聪明。有一次有人送给曹操一盒奶酪，曹操吃了一些，就又盖好，并在盖上写了一个"合"字，大家都弄不懂这是什么意思，杨修见了，就拿起匙子和大家分吃，并说："这'合'字，是叫人各吃一口啊，有什么可怀疑的！"

另有一次，当时身为丞相的曹操建造相府，才造好大门的构架，曹操亲来察看了一下，没说话，只在门外写了一个"活"字就走了。

杨修一见，就让工人把门造窄。别人问为什么，他说门中加个"活"字不是"阔"了吗？丞相是嫌门太大了。

这两次事件，已经激起了曹操心中的不快，但是杨修却毫无察觉，可见他的聪明也不过是小聪明。因为他不看场合，不分析别人的好恶，只管卖弄自己的小聪明。当然，只在这些还不会出什么大问题，谁想他后来竟渐渐地搅和到曹操的家事里去了。

说是曹操的家事，其实是选择接班人的大事，这是极严肃的问题，也是一个让外人无奈的问题。为了权势，兄弟不再是手足，叔侄不再是至亲，全都成了杀红了眼的仇敌。这种斗争往往是最凶残、最激烈的，但是，杨修却偏偏不识时务地挤到这场危险里去，而且还忘不了卖弄自己的小聪明。

曹家的这场争斗中最主要的是曹操的长子曹丕和三子曹植，曹丕英勇善战、足智多谋，而曹植能诗赋，善应对，很得曹操欢心，从内心来说，曹操更想立曹植为太子。曹丕知道后，就秘密地请歌长（官名）吴质到府中来商议对策，但害怕曹操知道，就把吴质藏在大竹片箱内抬进府来，对外只说抬的是绸缎布匹。

这事被杨修察觉，他立刻去向曹操报告，于是曹操派人到曹丕府前盘查。曹丕惊慌不已，请吴质快想办法。吴质很冷静，让人来转告曹丕说："没关系，明天你只要用大竹片箱装上绸缎布匹抬进府里去就行了。"结果杨修的算盘落空，曹操因此还怀疑杨修是帮助曹植来陷害曹丕的，十分气愤，自此就更讨厌杨修了。但是自恃聪明的杨修依然没有察觉，还得意于自己横溢的才华。

对于两个儿子曹操一时难以定夺，就经常试探曹丕、曹植的才干，曹操每每拿军国大事来征询他们的意见。自作聪明的杨修就替曹植写了十多条答案，曹操一有问题，曹植就根据条文来回答，因为杨修是相府主簿，深知军国内情，曹植按他写的回答当然事事中的，曹操是个多疑之人，对此难免产生怀疑。而精明的曹丕也知道局势并不像表面上看得那样于己无利，后来，曹丕通过曹植的随从，把杨修写的答案呈送给曹操，曹操气得两眼冒火，愤愤地说："匹夫安敢欺我耶！"

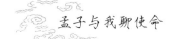

又有一次，曹操让曹丕、曹植出邺城的城门，却又暗地里告诉门官不要放他们出去。曹丕第一个碰了钉子，只好乖乖回去，曹植闻知后，又向杨修问计，杨修干脆告诉他："你是奉魏王之命出城的，谁敢拦阻，杀掉就行了。"曹植领计而去，果然杀了门官，走出城去，曹操知道以后，先是惊奇，后来得知事情真相，愈加气愤。

自此，杨修更是无所顾忌，恃才傲物。建安二十四年 (219 年)，刘备进军定军山，他的大将黄忠杀死了曹操的爱将夏侯渊，曹操亲自率军到汉中来和刘备决战，但战事不利，要前进害怕敌不过刘备，要撤退又怕人耻笑。一天晚上，护军来请示夜间的口令，曹操正在喝鸡汤，就顺便说了"鸡肋"，杨修听到以后，便又要起自己的小聪明来，居然不等上级命令，只管教随从军士收拾行装，准备撤退。别人问他，他竟说："魏王传下的口令是'鸡肋'，可鸡肋这玩意儿，弃之可惜，食之无味，正如我们现在的处境一样，进不能胜，退恐人笑，久驻无益，不如早归，所以才先准备起来，免得临时慌乱。"曹操一听，差点把脑血管气炸，大怒道："匹夫怎敢造谣乱我军心！"于是喝令刀斧手，推出斩首。

聪明反被聪明误，论学识，论才智，杨修都可以说是一个出类拔萃的人物，曹操也是一个爱才的人，他手下的谋士不计其数，或指点江山，或激昂文字，曹操并没有因为他们的智慧超群就如坐针毡，可见，杨修的死不在于曹操嫉贤妒能，而在于他自己的恃才傲物，不懂隐忍。他是一个不能忍受才华无处发挥的人，哪怕是见缝插针，也要让人们知道知道自己的本事。也正因为此，他才做出了许多不合时宜的事情，可以说，他的聪明是不符合曹操的心意的，因此，被杀也就在所难免。

糊涂一时的信陵君

聪明人总是比一般人多知道些事情，因此，很容易就以为自己无所不知。许多聪明人都不了解一个简单的事实：强中更有强中手，那山更比这山高，即使你站在某一领域的顶点，你在这方面胜人一筹，也并不等于在另一方面也一定能成功。

魏王的异母兄弟信陵君，在当时名列"四公子"之一，知名度极高，因仰慕信陵君之名而前往的门客，达3000人之多。

信陵君是战国时期著名的军事家，可以说是一个非常睿智的人，但是他却也因为自作聪明，而惹祸上身。

信陵君

这天，信陵君正和魏王在宫中下棋消遣，忽然接到报告，说是北方国境升起了狼烟，可能是敌人来袭的信号。魏王一听到这个消息，立刻放下棋子，打算召集群臣共商应敌事宜，坐在一旁的信陵君，不慌不忙地阻止魏王，说道："先别着急，或许是邻国君主行围猎，我们的边境哨兵一时看错，误以为敌人来袭，所以升起烟火，以示警戒。"

过了一会儿，又有报告说，刚才升起狼烟报告敌人来袭，是错误的，事实上是邻国君主在打猎。于是魏王很惊讶地问信陵君："你怎么知道这件事情？"信陵君很得意地回答："我在邻国布有眼线，所以早就知道邻国君主今天会去打猎。"

魏王表面上称赞信陵君料事如神，但暗地里却对信陵君逐渐地疏远了，后来，信陵君受到别人的诬陷，失去了魏王的信赖，晚年沉溺于酒色，终致病死。

信陵君可谓聪明一世，糊涂一时。在大王面前显示自己的实力和才华，这不是明摆着给自己找事吗？哪个当权者喜欢别人的权力和能力都在自己之上呢？

以古鉴今，我们当前很多人都自以为聪明绝顶，没有任何对手，所以说话、做事毫无忍耐性，无所顾忌，结果，最容易失败的，正是此类人。要想成就一番辉煌伟业，一要虚心谨慎，二要学会隐藏锋芒，切忌恃才放旷，无所顾忌，乱出风头，要小聪明。

【人生智慧】

◇一个人的最大毛病是总喜欢当别人的老师。

◇要想成就一番辉煌伟业，一要虚心谨慎，二要学会隐藏锋芒，切忌恃才放旷，无所顾忌，乱出风头，耍小聪明。

学会以隐忍的态度做人

【聊天实录】

我：在《孟子·滕文公下》中看到"无恻隐之心，非人也"。这句话说得很严重，为什么要这么说呢？

孟子：人就必须具有恻隐之心，否则就称不上为人了，这也是我仁爱思想的一个体现，这句话引用到现在就是做人一定要具有谦让隐忍的态度。

我：这和宋代苏洵所说的"一忍何以制百辱，一静可以制百动"表达的意思很相似。

孟子：忍是理智的抉择，也是成熟的表现，是做人的一种美德。忍有一个最重要的条件，就是要眼光放得远；为长久打算，忍一时之痛。

【使命解读】 **忍一下对自己是磨炼**

一次，在公共汽车上一个男青年往地上吐了一口痰，被乘务员看到了，对他说："同志，为了保持车内的清洁卫生，请不要随地吐痰。"没想到那男青年听后不仅没有道歉，反而破口大骂，说出一些不堪入耳的脏话，然后又狠狠地向地上连吐三口痰。那位乘务员是个年轻的姑娘，此时气得面色涨红，眼泪在眼圈里直转。车上的乘客议论纷纷，有为乘务员抱不平的，有帮着那个男青年起哄的，也有挤过来看热闹的。大家都关心事态如何发展，有人悄悄说快告诉司机把车开到公安局去，免得一会儿在车上打起来。没想到那位女乘务员定了定神，平静地看了看那位男青年，对大伙说："没什么事，请大家回座位坐好，以免摔倒。"一面说，一面从衣袋里拿出手纸，弯腰将地上的痰迹擦掉，扔到了垃圾篓里，然后若无其事地继续卖票。看到这个举动，大家愣住了。车上鸦雀无声，那位男青年的舌头突然短了半截，脸上也不自然起来，车到站没有停稳，就急忙跳下车，刚走了两步，又跑了回来，对乘务员喊了一声："大姐！我服你了。"车上的人都笑了，七嘴八舌地夸奖这位乘务员不简单，真能忍，虽然骂不还口，却将那个浑小子制服了。

这位女乘务员的确很有水平，她面对辱骂，如果忍不住与那位男青年争辩，只能扩大事态；与之对骂，又损害了自己的形象；默不作声，又显得太沉闷了。她请大家回座位坐好，既对大伙儿表示了关心，又淡化了眼前这件事，缓解了紧张的空气；她弯腰若无其事地将痰迹擦掉，此时无声胜有声，比任何语言表达的道理都有说服力，不仅感动了那位男青年，也教育了大家。

在生活中，我们也难免会碰到一些蛮不讲理的人，甚至是心存恶意的人，有时还会无缘无故地遭到这种人的欺侮和辱骂。每当遇到这样的事，常让人觉得忍无可忍，可是，不忍就会正好成了对方的出气筒，也给自己带来不必要的麻烦。

就像那位女乘务员，如果她不忍，与那位男青年吵起来，甚至对骂或动手，虽然她有理，可是结果对她有什么好处呢？对那个男青年有什么教育呢？即使处罚了那位男青年，她充其量表现出的也只是一个普通乘务员的素质；而忍了一时之辱，则取得了道德上、人格上的胜利，震动了那位男青年麻木的心灵。

某女士在家排行老大，那时家境艰难，父母忙于上班养家，照顾两个弟弟洗衣做饭等管家的事早早就落在她的头上。弟弟怕她，父母疼她，因此她养成了能吃苦受累不能忍气受气的个性。后来参军，在部队严格纪律的约束下，部队的一些要求，她虽然行动执行了，可心中不愉快，常常牢骚满腹，影响了进步。而她的真正成熟进步是从学习忍耐开始的，她当的是通信兵，搞长途话务。记得刚上机时，负责培训的是一位连里比较厉害的老兵。有一次，用户要下面部队的一个分站，她拿着塞头不知往哪条线路上插，正犹豫着，那位老兵一把将她的手打下，说："你别拿着我的塞头巡逻了。"从小到大，哪里受过这种气，当时她脑袋轰地一热，血往脸上涌，泪水在眼窝里转，真想摘下话筒跑掉，可是一刹那间，她忍住了。想起平时领导常说三尺机台就是战场，要是跑掉不就等于在战场上开小差了吗？所以她一边忍着气抹着泪，一边认真看老兵操作。下班后又帮着老兵整理话单，打扫机房，这时心情已经好多了；而老兵也觉得有些过火，主动过来手把手地教她，两人以后成了无话不谈的好朋友。

古人说，"将愤之初则便忍之，才过片时，则心必清凉。"开始觉得自己肺都气炸了无法忍，可是忍过后才觉得没什么了不起的大事，忍一下对自己正好是个磨炼。生气发火，往往只是一怒之下，忍无可忍，这是因为人遇到愤怒的事情时，心情比较烦躁，只觉得头脑一热，就什么都不顾了。如果这时候我们能有意识地让自己冷静下来，仔细权衡利弊，沉住气，那结果就不一样了，我们的人生也会由此而不同。

人生智慧

◇一忍何以制百辱，一静可以制百动。

◇将愤之初则便忍之，才过片时，则心必清凉。

忍耐此时是一种谋略

【聊天实录】

我：我曾在《孟子·尽心上》中看到：君子引而不发，跃如也。这句话是什么意思呢？

孟子：这句话的意思是：善于教射箭的人，只做跃跃欲射的姿态，以便学的人观摩领会。

我：看原意是用在教育上的理论，君子教导别人应该如射箭一样，拉满了弓，却不发箭，以便学生观摩与领会。

孟子：是的。这句话后来用以比喻做好准备，待机行事。这也是很多智者为人处事的谋略，当自己还不强时，他们懂得隐忍，不会把自己暴露在别人的面前，更不会把自己的计划与意图全盘托出，以免给敌人以可乘之机，而自己则失去准备的机会。

【使命解读】　　　　懂得隐忍，积蓄力量

俾斯麦是德国著名的军事家，他一生都在狂热地追求普鲁士的强盛，梦想打败奥地利，统一德意志，他是个热血沸腾的爱国志士和热爱军事的好战分子。他最著名的一句话就是："要解决这个时代最严重的问题并不是依靠演说和决心，而是依赖铁和血。"

然而在他 35 岁时，却做出了一件违背自己意愿的事情。当时，他担任普鲁士议会的议员，这一年是他政治生涯的转折点。当时的德意志四分五裂，奥地利是普鲁士南方强大的邻国，如果普鲁士企图统一德意志，奥地利就要出兵干预。

令所有人惊异的是，俾斯麦作为一个好战分子居然在国会上主张和平，他说："没有对于战争后果清醒的认识，却执意发动战争，这样的政客，请自己去赴死吧！战争结束后，你们是否有勇气承担农民面对农田化为灰烬的痛苦？是否有勇气承受身体残废、妻离子散的悲伤？"其实这并不是他的真正意图，他连做梦都想着统一德国，这与他内心的强烈愿望背道而驰。

那么在国会上，俾斯麦盛赞奥地利，为奥地利的行动辩护，反对这场战争有别的企图吗？那些期待战争的议员迷惑了，其中好多人改变了主意，盛赞俾斯麦。

几个星期后，国王感谢俾斯麦为和平发言，委任他为内阁大臣。几年之后，俾斯麦成了普鲁士首相，此时，他才开始大展宏图，对奥地利宣战，统一了德意志。

俾斯麦

很显然，当初俾斯麦赞成和平，而后来却主张战争，是因为他意识到普鲁士的军力赶不上其他欧洲强权的实力，并不适合发动战争。如果战争失利，他的政治生涯就岌岌可危了。他渴望权力，对策就是发表那些违背自己意愿的言论，瞒骗众人。正是因为俾斯麦这席谈话，国王才任命他为大臣，他才得以迅速爬升为宰相。一旦他获得了权力，就公开自己的目标，并最终完成这个目标——用武力统一了德意志。

中国有句古训：枪打出头鸟。做人也一样，不可太出风头。俾斯麦是有史以来颇有"心计"的政治家之一，他善于权谋。在主张和平这件事上，没有人怀疑他的居心，如果他宣布了自己真正的意图，就不会得到国王的支持，也不会得到群臣的支持，那么，也就不会有后来的大展宏图，更不会有后来德意志的统一了。

正是由于俾斯麦能分清形势，在时机不成熟的时候巧妙地掩藏起自己的真实意图，才使自己掌握了政治主动权。

在人际交往中，别人总是试图判断你行动背后的背景和动机，你如果能够忍住内心真实的想法，表现得越深不可测，对别人的吸引力就越大。在对方无法猜测和解释你的行动时，他们就不敢轻易采取行动。

这是为什么呢？因为人们的第一直觉来自外表。表象常常被人们当成事实，因此从某种程度上说，表象比事实更重要。表面上支持一项违背个人意愿的主张会让对手理不清头绪，因而在算计中犯错。

忍耐此时就是一种谋略，是一种隐藏自己的隐性外衣，不但可以躲避灾祸，还可以迷惑对手，让你在对手迷茫不知所措中，暗中积蓄力量，最终一举成功。

为人处事，深藏不露

文帝内定的接班人原是杨广的同胞哥哥皇太子杨勇。隋炀帝杨广在登基前本是隋文帝的次子，为了夺取太子之位，将来做隋朝第二代皇帝，杨广可谓煞费心机。

杨坚虽说是开国皇帝，但珍惜国力，崇尚节俭，他的妻子独孤皇后深得文帝宠信，政见常与文帝相和，宫中称为"二圣"。独孤皇后有两大特点，一是节俭，反对奢侈；二是嫉妒，反对男人纳妾，尤其反对男人与妾生养子女，不但自己吃醋，也为别的女人吃醋，是一个具有奇异癖好的女人。

太子杨勇是一个花花公子，疏阔豪爽，不注意小节。杨勇有很多姬妾，而且生有很多子女，以致妻子郁郁而死。喜欢音乐歌舞，饮宴达旦，而这些偏偏是皇帝和皇后最讨厌的事情。这些本都是小的缝隙，但已够杨广有计划地楔入。而杨广表面只有妻子萧妃一个人，仅此一点就使他老娘高兴。

杨广其实同他哥哥一样，也是个纨绔子弟，每逢父母来他家，他都将娇妾、美姬藏于密室，只留老丑者穿上普通衣服侍候在自己左右。他还撤去华美的屏帐，改用廉价的素缣，弄断乐器的丝弦，使其落满厚厚的尘土；更甚者，掐死庶出子女，以示只和正妻生儿育女。皇帝皇后每派人到儿子们那里，杨勇只把他们当仆人看待；杨广却不然，他和妻子一定双双站到门口，亲自迎接，致送厚礼，于是老夫妇耳畔听到的全是赞扬杨广的声音。

很多人都说他处处以父母为榜样，勤俭持家，不近声色。杨广知识程度很高，有很好的文学素养，待任何人都很诚恳，且谦虚有礼，尤其曲意结交朝廷重要官员。其出镇江都，每次入朝辞行时，都痛哭流涕，依依不舍，父母看儿子如此孝心，也流下眼泪，不忍他远离膝下。节俭、朴实、谦恭、虚怀若谷、好学不倦、礼贤下士、不爱声色犬马——集所有美德于一身。他所展露出来的，全是一个百年难遇的明君形象，具有肝胆相照、义薄云天的英雄性格和救国救民的圣贤抱负。

一切表演完成以后，杨广便把"诬以谋反"的罪名罩到杨勇头上，杨广终于

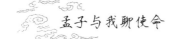

如愿以偿地实现了自己的阴谋。杨坚下令把杨勇贬为平民，囚禁深宫，改立杨广当皇太子。

几年后，他对老爹最宠爱的陈夫人动了色心。当时父亲病危，杨广被召入宫中侍奉，隐藏已久的狐狸尾巴也终于露了出来。后来事情败露，杨坚大怒，但此时已后悔莫及，不久杨广就派亲信闯入宫中将病重的文帝杀死。

杨广他的行为是不值得我们提倡的，但从另一个角度来看，一个人必须在适当的时候把握好藏与露的关系，何时当露锋芒，是没有一定之规可循的，只有相机而动，任时而出，如此才能成大事，否则只会碌碌无为，一事无成。杨广从开始采取夺嫡行动，到他行凶之日，历时十四年，而在这段漫长岁月中，他一直保持伪装，真是一件不容易的事。他杀父后的第一件事就是找他的美丽庶母陈夫人睡觉，第二件事就是派人驰赴长安把他那已经罢黜的哥哥杨勇杀掉。

人生智慧

◇枪打出头鸟，做人也一样，不可太出风头。

◇忍耐此时就是一种谋略，是一种隐藏自己的隐性外衣，他不但可以躲避灾祸，还可以迷惑对手，让你在对手迷茫不知所措中，暗中积蓄力量，最终一举成功。

不积跬步，无以至千里

【聊天实录】

我：现在社会中充满了浮躁的气息，人们往往急功近利而造成了很多本可以避免的损失，您对这种现象怎么看呢？

孟子：今之欲王者，犹七年之病求三年之艾也，苟为不畜，终身不得。

我：这就话是什么意思呢？

孟子：现在这些想称王的人，好比患了七年病的人需要寻找生长三年的艾草来治疗一样。假如不进行长期的积累和栽培，那么是一辈子也找不到的。

我：这和"不积跬步，无以至千里，不积小流，无以成江海"的道理一样。

孟子：是的，任何事情都不可能一蹴而就，因此做任何一件事都要脚踏实地，一步一个脚印地慢慢积累，切不可操之过急。无论你要获取幸福快乐，还是要获取成功，都必须要拭去心灵深处的浮躁。

我：那么我们应该秉持什么的心态呢？

孟子：成功者的经验告诉我们，不管你的能力有多强，你都必须从最基础的工作做起。职场永远不会有一步登天的事情发生，任何人唯一的机会就是把现在的工作做好，在普通平凡的工作中创造奇迹。而要想把现在的工作做好，就需要员工调整浮躁的工作态度，培养负责、主动、敬业、忠诚等职业精神。树立即使现在的工作是清扫大街，也要做最好的清洁工的态度，只有这样，才能获得成就自己梦想的机会。

【使命解读】　　　　　注重积累，厚积薄发

三伏天，禅院的草地枯黄了一大片。"快撒些草种子吧，好难看啊！"徒弟说。师父挥挥手，"随时。"

中秋，师父买了一大包草籽，叫徒弟去播种。秋风突起，草籽飘舞，"不好，许多草籽被吹飞了。"小和尚喊。"没关系，吹去者多半中空，落下来也不会发芽，"师父说，"随性。"

撒完草籽，几只小鸟即来啄食，小和尚又急了，"怎么办？种子都被鸟吃

了！""没关系，草籽本来就多准备了，吃不完，"师父继续翻着经书，"随遇。"

半夜一场大雨，徒弟冲进禅房，"师父！这下完了，草籽被冲走了。""冲到哪儿，就在哪儿发芽，"师父正在打坐，眼皮抬都没抬，"随缘。"

半个多月过去了，光秃秃的禅院长出青翠的草苗，一些原未播种的院角也泛出绿意，徒弟高兴得直拍手。师父站在禅房前，点点头："随喜。"

在这个故事中，徒弟的心态是浮躁的，常常为事物的表面所左右，而师父的平常心看似随意，其实却是洞察了世间玄机后的豁然开朗。

一个时期以来，中国社会一些企业、一些人有些浮躁，总想一夜暴发，特别是一些刚走出校门的大学生，很着急，急于把花掉的学费尽快挣回来，急于孝敬父母，急于找女朋友，急于结婚、买房、买车，急于出车旅行，周游世界，但是这一切都需要钱，因此他们总是急于发大财，没有耐心老老实实地做好一件事情，干好一份工作。

一些"有志于"投身娱乐界、文化艺术界、学术界、咨询策划界等的年轻人，则急于炒作成名，梦想一炮走红，一步登天，迅速成名成家。于是，中学还没毕业的"少年作家"、"少女作家"，刚考上大学的"哈佛女孩"，以貌取人的"美女作家"、"美男作家"、"美女编辑"等层出不穷，名人官司此起彼伏，吆喝声、叫卖声、吵架声甚嚣尘上。急功近利，沉不下心来踏踏实实地苦读寒窗，苦练内功，积蓄力量。

这些，都是因为浮躁。什么是浮躁？浮躁就是心浮气躁，是成功、幸福和快乐最大的敌人。浮躁深植在我们心灵的最深处，我们的人生因浮躁而虚浮乃至肤浅、平庸。

我们常常心不在焉，我们常常坐卧不宁，我们常常没有耐心做完一件事，我们常常计较自己的得失，我们常常感到身心疲惫，我们常常急于成功……我们到底是怎么了？原因很简单——我们太浮躁了。

人们常常难以沉下心来做好现在的工作，他们认为现在的工作太平凡普通，根本不值得自己投入精力去做，对待工作敷衍了事，能应付就应付，能推诿就推诿整日不是抱怨上司有眼不识金镶玉，就是为自己的"怀才不遇"愤愤不平。

心态浮躁的人看不起现在的工作，认为凭自己的能力，理应承担更重要的职责，享受更高的待遇。这些人整日忙于抱怨自己的工作，没有时间和精力认认真真地做好现在的工作，以至于工作常常出错，使得上司更加不敢把重要的工作委托给他们。

心态浮躁之人将希望完全寄托在"伯乐"身上，认为之所以在这家公司遭受挫折，原因就在于没有"伯乐"发现自己。这家公司没有"伯乐"，如果继续在这家公司待下去，那么自己的"卓越"才能肯定会被埋没，唯有离开这家公司，进入有"伯乐"的公司，自己才有出头之日。正是抱着这种寻找"伯乐"的思想，他们不断跳槽，希望以此改变自己蹉跎的职业轨迹。但如此跳来跳去，不但没有越跳越高，实现自己的远大梦想，相反却因为能力不足、学习不够、品质污点等而蹉跎了整个人生。

是什么使我们的学习或工作计划一再搁置？是什么使我们的远大理想化为泡影？是什么使我们的生活杂乱无章？是意识和行为的不能自制，而导致意识和行为不能自制的正是浮躁，被浮躁控制的直接后果便是一事无成，只有静下心来踏踏实实做事，才不会被浮躁所左右。针对浮躁而言，"平平淡淡才是真"不失为一句金玉良言。其实，能够影响我们的不是事物本身，而是我们对待事物的态度。我们对待事物的正确态度应该是：平和沉静，脚踏实地；不以物喜，不以己悲。

我们所处的世界——车水马龙、霓虹闪烁、香车美女、别墅洋楼、鱼翅燕窝、鲍鱼熊掌……在这样一个充满诱惑的时代，面对这一切，人们便不由自主地浮躁起来。似乎我们什么都想得到，似乎这些在我们心中是最美的，但我们的心灵呢？我们应该让它安静下来，还它美丽。

保存实力，以退为进

隋朝末年，由于隋炀帝的暴政，引起了各地的农民起义，天下陷于一片混乱之中，各路豪杰纷纷而起，北方的突厥也趁势南下抢掠。突厥用数万骑兵攻打太原，

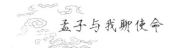

李渊作为隋朝的官员镇守太原，奉朝廷的命令剿除盗贼。

李渊遣部将率军出战，几乎全军覆没，后来还是巧使疑兵之计，才勉强令突厥退兵。寇盗刘武周在李渊分身无术的情况下，抢占了他所防守的隋炀帝的离宫汾阳宫，掳走了其中的美女珠宝，献给了突厥可汗。突厥可汗大喜，封刘武周为定杨可汗。其他各路强贼看到可以取得突厥的支持，便纷纷起兵闹事，使李渊腹背受敌，防不胜防，随时都有被隋炀帝处罚的危险。

这个时候，手下人都劝李渊和突厥决一死战，可李渊没有同意。李渊决定暂时对突厥采取低调的态度。原因是自己手下兵将不多，又要防备盗贼，又要应付突厥，想守住太原根本不可能，只有先想办法，稳住突厥，才能保证太原的稳固，为自己的西进打下坚实的基础。

他经过深思熟虑，知道现在天下大乱，隋朝已经失去了人心，也就有了进兵中原、取代隋朝的念头。如果要起兵，太原虽然是军事重镇，但毕竟地处一隅，并非理想的根据地，应该西下进入关中。

为了达到这个目的，太原也是万万不能失去的，所以他向突厥称臣，还主动向突厥提出了和亲的建议，并向突厥可汗献上了大量的美女珠宝，还和他约定，将来攻克中原之后，自己只要土地，美女珠宝尽归突厥可汗。而且对于突厥可汗派遣的普通使者都能够纳头礼拜，丝毫没有面子上的顾虑，完完全全地表现出了臣下的身份，他与突厥可汗书信来往的时候用的都是臣下身份的"启"而不是平等身份的"书"。唯利是图的突厥可汗十分高兴，果然与李渊修好，这样就斩断了刘武周的臂助，让李渊西进长安的时候不至于后方起火，失去太原。

在李渊从太原进入长安这最艰难的一段日子里，不用再担心突厥前来进犯，他只需要留下三子李元吉率领少量的兵马留守太原，使李元吉能够治理好太原，为前线提供充分的后勤保障。李渊在长安的根基已固，再没有初起兵时的后顾之忧了，即使后来刘武周攻下了太原。

此时，李渊的势力也变得强大起来，有人劝他结束与突厥的屈辱之盟，但李渊没有答应。他知道自己的力量虽然有所提高，但还没有完成统一，现在和突厥决裂为时过早，于是他依然和突厥交好，从而保障了北方的长久安宁。后来随着唐朝的国力越来越强大的时候，到了他的儿子李世民为帝的时，终于生擒了突厥的颉利可汗，洗刷了当年的耻辱。

如果李渊在战败的时候和突厥决一死战，以他微弱的兵力，肯定会被打得大败，也许连身家性命也保不住。而后要是在他刚刚强盛起来，就急着起兵向突厥复仇，那北方地区定会陷入一片战火之中，自己的力量也会在不断厮杀中变得衰败，无力出兵平定南方，那样的话唐朝的统一还要晚上许多年。

在力量不足的时候选择了屈服，不计较一时的区区名利，才能成就长久的帝业。李渊深深地明白低调的重要性，如果他在国家初步安定的时候，就废除与突厥的盟约，则会使好不容易稳定下来的社会又卷入战乱的纷扰，就不可能有后来的大唐盛世了。所以，退是进的前提，不利条件下唯有退一步，才能积累进之时足够的力量，从而一招定乾坤。

人生智慧

◇只有静下心来踏踏实实做事，才不会被浮躁所左右。

◇平和沉静，脚踏实地；不以物喜，不以己悲。

◇退是进的前提，不利条件下唯有退一步，才能积累进之时足够的力量，从而一招定乾坤。

愚并非真愚，大智若愚

【聊天实录】

我：您认为什么是大智慧，什么是小聪明？

孟子：盆成括仕于齐。孟子曰："死矣盆成括！"盆成括见杀。门人问曰:"夫子何以知其将见杀?"曰:"其为人也小有才,未闻君子之大道也,则足以杀其躯而已矣。"

我:我该怎么理解这句话呢?

孟子:盆成括在齐国做官。孟子说:"盆成括要丧命了!"盆成括被杀后,学生问道:"老师怎么会知道他将被杀?"孟子说:"他有点小才智,但不懂君子的大道理,那就足以招来杀身之祸罢了。"

我:也就是说只有小聪明而不懂得培养大智慧,是会招来杀身之祸的。

孟子:是的,因为小聪明最易于引起人们的比较心理,比过你就会凌辱你,骂你是白痴;比不过你就会憎恶你,迟早会在别的事上报复回来。所以小聪明是最可怕的东西,万万不能依凭,独有修养品德的大智慧。大巧若拙、聪明而愚就是一种大智慧,有大智慧才有大境界,才有大美丽,才有大人生,大人生才是至诚至善的人生。小聪明总有个性的弱点,个性的弱点总会造就人生的局限,小聪明造就的人生只能是支离破碎的人生。因此,无论才能有多高,要善于隐匿,即表面上看似没有,实则充满的境界,这就是生活大智慧。

【使命解读】　　聪明而愚为大智

现实人生确实有许多事不能太认真,太较劲,特别是涉及人际关系,错综复杂,盘根错节,太认真,不是扯着胳膊,就是动了筋骨,越搞越复杂,越搅越乱乎。顺其自然,装一次糊涂,不丧失原则和人格;或为了公众为了长远,哪怕暂时忍一忍,受点委屈,也值得,心中有数(树),就不是荒山。有时候,事情逼到了那个份儿上,就玩一次智慧,表面上给他个"模糊数学",让他丈二和尚摸不着头脑,也是"难得糊涂"。"糊涂法"是既可免去不必要的人事纠纷,又能保持人格纯净的妙方。

愚并非真愚,大智若愚的人给人的印象是:虚怀若谷,宽厚敦和,不露锋芒,甚至有点木讷。其实在"若愚"背后，隐含的是真正的智慧大聪明。大智若愚，这是兵家的计谋，也是处世的方略。

春秋时，齐国有位智者叫隰斯弥，当时当权的大夫是田成子，颇有窃国之志。

一次，田成子邀他谈话时，两人一起登临高台浏览景色，东西北三面平野广阔，风光尽收眼底，唯南面却有一片隰斯弥家的树林翁翁郁郁，挡住了他们的视线。

隰斯弥在谈话结束后回到家里，立即叫家仆带上斧锯去砍树林，可是刚砍了几棵，他又叫仆人停手，赶快回家。家人望着他感到莫名其妙，问他为什么颠三倒四的？隰斯弥说："国之野唯我家一片树林突兀而列，从田成子的表情看，他是不会高兴的，所以我回家来急急忙忙地想要砍掉。可是后来一转念，当时田成子并没有说过任何表示不满的话，相反倒十分笼络我。田成子是一个非常有心计的人，他正野心勃勃要窃取齐国自立，很怕有比他高明的人看穿他的心思。在这种情况，我如果把树砍了，就表明了我有知微察著的能力，那就会使他对我产生戒心。所以不砍树，表明不知道他的心思，就算有小罪也可避害；而砍了树，表明我能知人所不言，这个祸闯的可就太大啦！"

这是一种典型的自保之术，所谓"察见渊鱼者不祥"是也。因此有时"事不关己，高高挂起"，也自有其一定的合理性。

人人都想表现聪明，装傻似乎是很难的，这需要有傻的胸怀风度，既能够傻，又愚得起。《菜根谭》说："鹰立如睡，虎行似病。"也就是说老鹰站在那里像睡着了，老虎走路时像有病的模样，这就是它们袭击猎物前的手段，所以一个真正具有才德的人要做到不炫耀，不显才华，这样才能很好地保护自己。

古时有"扮猪吃虎"的计谋，以此计施于强劲的敌手，在其面前尽量把自己的锋芒收敛，"若愚"到像猪一样，表面上百依百顺，装出一副为奴为婢的卑躬，使对方不起疑心，一旦时机成熟，即一举把对手结果了，这就是"扮猪吃虎"的妙用。

小陈和小张一起进了公司。小陈是农村孩子，辛辛苦苦考上了上海的大学，据说他第一次坐火车上学时，是他爸爸骑自行车把他送到车站的；小张是上海小囡，学习优秀，技能多样，一看就是精干的样子。两人进了一个部门，遇到的是同一

个部门经理，待遇却大相径庭。

经理觉得小陈实在是不容易，所以不忍心打击这个艰难长大的孩子，小陈效率低，因为他不熟悉上海；小陈业绩差，因为他在上海没有根基。而小陈谦虚、诚恳，看见部门经理立刻把她当成了大人物，态度恭敬，为人热情，这些都看在部门经理的眼里。小张很敬业，工作上手很快，成绩斐然，可是经理觉得这是应该的，遇到小张犯了一点错误，经理就会说："小张，这种错误你也会犯？聪明面孔白长了？"小张有点娇气，且大二就开始在大公司实习的她见过不少大人物，一个小小的部门经理还不在她崇拜的名单上，所以遇到经理批评她，脸色就有点难看。她的脸色难看，经理的脸色自然也好看不了。

于是经理每次派给小陈的活总比小张的简单，因为他能力有限。工作业绩评估的候，小张听见的赞扬也没有小陈多，因为小陈的态度好，主观能动性强，小张很有点不甘心。其实小张应该看开一点，黄蓉的资质多好，洪七公硬是没有把降龙十八掌传给她，到了《神雕侠侣》的时候，还差点儿成了一个坏人，她是不是比小张还冤？

看似精明的人成功起来的确会难一些，因为你还未开口，别人已经把你当成了假想敌，和防备着你的人合作总会有点难。或者周围的人觉得你有不错的资质，对你的期望过高也是一种阻力，因此你让他们失望的概率会更高。如是看来，人还是傻一点好，不够傻的话，不妨装装傻吧。

所以古人说：洞察以为明者，常因明而生暗，说的就是精于察人而产生的副作用，即"好丑在心太明，则物不契，贤愚心太明，则人不亲，士君子须是内精明而外浑厚，使好丑而得其平，贤愚共受其益，才是生成的德"。所谓"大智若愚"就可作如是观吧。

一知半解的人，多不谦虚；见多识广有本领的人，一定谦虚。伟大的人是决不会滥用他们的优点的，他们看出他们超过别人的地方，并且意识到这一点，然而绝不会因此就不谦虚。他们的过人之处越多，就越认识到他们的不足。

人生智慧

◇鹰立如睡，虎行似病。

◇洞察以为明者，常因明而生暗。

◇一知半解的人，多不谦虚；见多识广有本领的人，一定谦虚。

成就事业不需要急功近利

【聊天实录】

我：我在《孟子·公孙丑上》中看到：助之长者，揠苗者也，非徒无益，而又害之。这句话是什么意思呢？

孟子：妄自帮助它生长的，就像拔苗助长的人，非但没有好处，反而危害了它。

我：您在这里强调了培养浩然正气要靠不断的积累，而不能贪快妄时。这句话用在现代，也就是劝诫我们凡事稳步前进，而不可急于求成，急于求成只能"害之"。

孟子：现实生活中，有很多人做事没有耐心，总是急于求成。急于求成的心情是可以理解的，急于求成的愿望是善良的，急于求成的方法却是不负责任的，因此，急于求成的结果总是不好的。急于求成就容易犯急躁冒进的毛病，急于求成就可能做违背规律的事，急于求成也会损害最终的利益。

我：切不可急于求成。

孟子：任何时候，仅凭一时的热度，仅靠一度的努力，并不会积累能量，只会在局部、在表面上让你有所收获，如果你就此停滞不前，那么等待你的只有失败。

【使命解读】　　不急功近利，不患得患失

　　欲速则不达。急功近利是成就事业的绊脚石。急迫地追求短期效应而不顾长远影响，追求眼前的区区小利而不顾全局的根本利益，这都称之为急功近利。

　　急功近利者，一定是戴着功利名位近视眼镜的目光短浅者。一叶障目，不见泰山，只闻到了芝麻的香，而忘却了西瓜的甜。只看到目前的境况，只看到暂时的贫富盈亏。头疼医头，脚疼医脚，是急功近利者一贯的行为方式。为了治好头而不顾脚，为了治好脚又可以不顾头了。为了摆脱眼前的状况，可以不顾未来的利益，为了求得一时的痛快，而以长远的痛苦为砝码，其实这往往是得不偿失的。

　　据权威机构调查显示，我国民营企业的平均寿命只有 3.5 年，为什么许多民企品牌，很快即成为过眼烟云？

　　于是，一场以品牌力量为主题的"对话——民营企业家沙龙"吸引了近千名企业家和听众。慧聪国际资讯有限公司首席执行官郭凡生说："目前我国许多民营企业做品牌都存在着急功近利心态，在认知程度上局限于做品牌就是为了市场，为了马上赚钱，顾眼前而不考虑长远，对品牌的高目标指向缺乏明确认识。"其外在主要表现是，炒作成了企业提高品牌知名度的惯用手段。"秦池"、"爱多"等"泡沫"品牌，说倒就倒。他认为，品牌是"人品"、"产品"、"企品"的合一，要靠科技创新，靠文化支撑。要想打造国际品牌，对我国民营企业来说，首先要调整和改变这种急功近利的心态。

　　欧典地板号称源自德国，但其德国总部根本不存在；自称百年历史其实只有 8 年，所谓的欧典 (中国) 有限公司也根本没有注册过。原来，欧典地板并非像其宣传的那样"真的很德国"，但竟然卖到了 2008 元 / 平方米。某年的央视"3·15"晚会，向全国消费者揭穿了这个谎言。

　　他们的所谓"真的很德国"，利用了消费者爱慕虚荣的心理。因为木地板最早源于德国，所以欧典便想方设法把自己的产品与德国联系在一起，通过炒作概念，来标榜自己技术一流、质量上乘。

美国股神巴菲特有一句名言：只有退潮时，你才知道谁在光着身子游泳。很多的企业似乎正是这样，经济狂潮一经消退，喧闹的沙滩上留下的便是投资者尴尬的身影，而这无力遮羞的身影正是急功近利所带来的一大致命伤。由于急功近利，与欧典类似的不少企业不愿在苦练内功上下功夫，而是把赌注押在广告上，于是中央电视台黄金时段的广告价位扶摇直上。一些企业在商海中潮起潮落，上下浮沉，甚至是杀鸡取卵、急功近利。不要太急功近利，这也许是欧典事件带给我们最深刻的教训。

产生对功利的急迫心理，说到底是没有通达生命的根本之道和根本之理。你认为人生中最大的事就是捞名挣钱，最高的人生幸福就是拥有名气钞票。却不知我们来到世间，我们自己的躯体不该被自己的心所奴役，我们的心也不该总是奴役着我们自己的身子。自之身成了自之心的奴隶，这身子就太无价值了。自之心总是缚着自之身，这心也太狭隘。在名利面前超脱一点，淡薄一点，不就轻装上阵了吗？轻装上阵的人无其心理负担，无其思想包袱，在奔赴成功的路上，跑得反而比别人更快。让我们的灵魂释然安然，这比什么都强。获得自由健康的身心，充分发挥我们内心的最高的力量，展示我们最美善的天性，这难道不是我们人生最重大的事情吗？

不急功近利，不患得患失，坚定不移地奠定基础、创造条件，自会有妙手偶得的乐趣。

急于求成，功亏一篑

在波斯沃斯战役中，英勇善战的英格兰国王查理三世，竟然因为其卫士为其战马钉马掌时少钉了一个铁钉而被击败，丢失了自己的国家。

理查三世和亨利准备决一死战，这场战斗将决定谁来统治英国。战斗开始前的一天早上，理查派一个马夫备好自己最喜欢的战马。

"快点给它钉掌，"马夫对铁匠说，"国王希望骑着它打头阵。"

"你得等等，"铁匠回答，"前几天给所有的战马都钉了掌，铁片没有了。"

"我等不及了。"马夫不耐烦地叫道。

铁匠埋头干活，他找来四个马掌，把它们砸平，整形，固定在马蹄上，然后开始钉钉子。钉了三个掌后，他发现没有钉子来钉第四个掌了。

"我缺几个钉子，"他说，"需要点儿时间砸两个。"

"我告诉过你我等不及了。"马夫急切地说。

"我能把马掌钉上，但是不能像其他几个那么牢固。"铁匠想了想，补充说。

"能不能挂住？"马夫问。

"应该能，"铁匠回答，"但我没把握。"

"好吧，就这样，"马夫叫道，"快点，要不然国王会怪罪的。"

就这样，铁匠在马夫的催促下，匆匆忙忙地挂上了第四个铁掌。

战斗打响了，两军交上了锋。远远地，理查国王看见在战场另一头自己的几个士兵退却了，兵败如山倒，如果别的士兵看见他们这样，也会后退的，所以理查快速冲向那个缺口，召唤士兵调头战斗。

理查国王冲锋陷阵，鞭策士兵迎战敌人，突然，一只马掌掉了，战马跌倒在地，理查也被掀翻在地上。国王还没有抓住缰绳，惊恐的畜生就跳起来逃走了。理查环顾四周，他的士兵纷纷转身撤退，亨利的军队包围了上来。

他在空中挥舞宝剑，大喊道："马！一匹马，我的国家倾覆就因为这一匹马。"

所以，从那时起就留下了这样一个歌谣："少了一个铁钉，丢了一只马掌，少了一只马掌，丢了一匹马，少了一匹马，败了一场战役，败了一场战役，失了一个国家。"

这可不是一个要使人捧腹的笑话，而是一个让历朝历代的人都值得记住，且必须从中认真吸取教训的动人的经典故事。这就是急于求成反不成的经典案例，如果单讲一个铁钉，无论如何是不可能导致一个国家丢失的，但要看这个铁钉是在什么环境和什么情况下使用，又要看为谁使用，用到什么地方，它们当中存在着偶然与必然的关系。如果在平时，即便在战时，如果用在普通将士的马匹上，肯定是无碍大局的。但当处在战争年代，又处于战役中的危急时刻，偏偏又用到一个国家的元首和最高指挥者的马匹上，那作用和影响就非同小可了，这时，就有着至关重要的作用。国王的马夫没有耐性，而是草率应付，麻痹大意，结果一错再错，导致了让他本人也不敢想象的悲惨结局，其教训很值得人寻味！

世上的很多事情都是因为人们缺乏忍耐力，急于求成，却往往忽略了真正的能量积蓄，结果往往适得其反，最后一败涂地。

人 生 智 慧

◇急于求成就容易犯急躁冒进的毛病，急于求成就可能做违背规律的事，急于求成也会损害最终的利益。

◇不急功近利，不患得患失，坚定不移地奠定基础、创造条件，自会有妙手偶得的乐趣。

◇世上的很多事情都是因为人们缺乏忍耐力，急于求成，却往往忽略了真正的能量积蓄，结果往往适得其反，最后一败涂地。

不忍得意就会忘形

【聊天实录】

我：曾经看到《孟子·梁惠王上》有"五十步笑百步"一句，这句话是在告诉我们什么道理呢？

第三章

孟子与我聊领导隐忍之道

孟子：这句话的意思是：以为自己的错误比别人小，缺点比别人少而沾沾自喜。

我：不论是跑了五十步还是一百步，程度上不一样，本质上是一样的，都是逃跑，有什么可得意的？

孟子：是的，不忍得意就容易忘形，失意时要敬人，得意时更要敬人。

我：人际交往中，人们的一言一行都要考虑对方的感受，学会安抚对方的心灵。

孟子：对，人们总是太善于寻找别人的缺点，并以此为而得意忘形。

人们都喜欢在春风得意时夸夸其谈，殊不知，得意之情不能忍，也会生事端。

【使命解读】　　❧ 福兮祸之所伏 ❧

清朝名将年羹尧，自幼读书，颇有才识，他康熙三十九年中进士，不久授职翰林院检讨，但是他后来却建功沙场，以武功著称。这位显赫一时的大将军多次参与平定西北地区武装叛乱，曾经屡立战功、威镇西陲。1723年青海叛乱，他官拜抚远大将军，领兵征剿，只用一个冬天，就迫使叛军10万人投降，叛军首领罗卜藏丹津逃往柴达木。

因为他的卓越才干和英勇气概，年羹尧备受康熙和雍正的赏识，成为清代两朝重臣。康熙在位时，就经常对他破格提拔，到了雍正即位之后，年羹尧更是备受倚重，和隆科多并称雍正的左膀右臂，成为雍正在外省的主要心腹大臣，被晋升为一等公。年羹尧不仅在涉及西部的一切问题上大权独揽，而且还一直奉命直接参与朝政，雍正对年羹尧的宠信到了无以复加的地步。此时的年羹尧，真是志得意满，完全处于一种被恩宠的自我陶醉中。

年羹尧自恃功高，做出了许多超越本分的事情，骄横跋扈之风日甚一日。他在官场往来中趾高气扬、气势凌人。他赠送给属下官员物件的时候，令他们向着北边叩头谢恩，在古代，只有皇帝能这样；发给总督、将军的文书，本来是属于平级之间的公文，而他却擅称"令谕"，把同官视为下属；甚至蒙古扎萨克郡王额附阿宝见他，也要行跪拜礼，这些都是不合乎朝廷礼仪的越位举动。

对于朝廷派来的御前侍卫，理应尊敬优待，但年羹尧却把他们留在身边当作一般的奴仆使用。按照清代的制度，凡上谕到达地方，地方人员必须行三跪九叩大礼迎诏，跪请圣安，但雍正的恩诏两次到西宁，年羹尧竟然不行礼而宣读圣谕。

有一次打仗归来，年羹尧进京拜见雍正，在赴京途中，他令都统范时捷、直隶总督李维钧等跪道迎送。到京时，黄缰紫骝，郊迎的王公以下官员跪接，年羹尧却安然坐在马上，连看都不看一眼。王公大臣下马问候，他也只是点点头而已。更有甚者，在雍正面前，他的态度竟也十分骄横，不遵循大臣应守的礼仪，让雍正非常不高兴。

年羹尧陪同雍正皇帝在京城郊外阅兵，雍正对士兵们说："大家辛苦了，可以席地而坐。"连下了三道圣谕都没有一个人动，直到年羹尧说："皇上让大家席地休息。"这时全体士兵才整齐地坐下，盔甲着地声震动山野。雍正觉得很奇怪，年羹尧解释说，将士们长期在外打仗，只知道有将军，哪知道有皇帝？这本身虽然说明年羹尧治军有方，但年羹尧本来就功高镇主，飞扬跋扈，雍正当时早已产生疑惧。

年羹尧不仅凭着雍正的恩宠而擅作威福，还结党营私，培养私人势力，每有肥缺美差必定安插他的亲信。此外，他还借用兵之机，虚冒军功，使其未出籍的家奴桑成鼎、魏之耀分别当上了直隶道员和署理副将的官职。

年羹尧的所作所为引起了雍正的警觉和极度不满。年羹尧职高权重，又妄自尊大、违法乱纪、不守臣道，招来群臣的嫉恨和皇帝的猜疑是不可避免的。雍正是自尊心很强的人，又很喜欢表现自己。年羹尧功高镇主，居功擅权，使皇帝落个受人支配的恶名，这是雍正所不能容忍的，也是雍正最痛恨的。于是几次暗示年羹尧收敛锋芒，遵守臣道，但年羹尧似乎并没放在心上，依旧我行我素。

不久之后，风云骤变，弹劾年羹尧的奏章连篇累牍，最后被雍正帝削官夺爵，列大罪 92 条，赐自尽。一个曾经叱咤风云的大将军最终命赴黄泉，家破人亡，如此下场实在是令人叹惋。

"福兮祸之所伏"，世间万事万物都处在一个矛盾的统一体中，荣耀或许就是祸害的开始。无论何时都应该保持谦虚谨慎、低调行事的作风，不飞扬跋扈，不居功自傲，以一颗平常心态看待人生荣誉，才能以不变之心应万变。

谦虚谨慎是成功人士必备的品格

张扬的人是明哲之士所轻视的，愚蠢之人所艳羡的，谄佞之徒所奉承的，同时他们也是自己所夸耀的言语的奴隶。

一次，儿童文学家盖达尔带着 5 岁的小女儿珍妮，给夏令营的小朋友讲故事，他要讲的是小朋友们期待听的童话故事《一块石头》。

大礼堂里，孩子们正聚精会神地听盖达尔讲故事，除了盖达尔的声音，整个礼堂静得连针掉在地上都可以听到。这时，小珍妮却旁若无人地在礼堂里走来走去，偶尔还故意使劲跺跺脚，发出惹人烦的声响，跺完脚后还露出得意的神情，她的举动仿佛在告诉小朋友："你们看，我是盖达尔的女儿！你们一个个都在听我爸爸讲故事，这些故事我每天都能听到！"

盖达尔看到女儿的行为，停止了讲故事，他突然提高嗓音，严肃大声地说："那个猖狂的小家伙是谁？请你们把那个不守秩序的小家伙撵出去！她妨碍了大家安静地听故事。"

小珍妮一下子愣住了，她没有想到自己亲爱的爸爸竟然这样说她，她连哭带喊赖着不走，想让爸爸心软，但盖达尔不为所动，坚决要求工作人员把珍妮拉出会场。

之后，盖达尔又继续给孩子们讲故事，故事讲完时，孩子们对盖达尔报以热烈的掌声。盖达尔给孩子们讲的不仅是一个有趣的故事，还通过对小珍妮的惩罚，给孩子们上了生动的一课：无论是谁，都不应以优越骄纵，过于张扬。

有功者往往居功自傲，盛气凌人，贪权恋势，殊不知杀身之祸多由此而起。十分功绩，若夸耀吹嘘，则仅剩七分，如果凭着功劳而骄傲自大，目中无人，甚至仗势欺人，那么功绩自然又减三分。自明者不管功劳如何卓著，都懂得谦虚谨慎，面对人生荣辱得失，以平常心态视之，当抽身时须抽身。功成而身退，则可垂名万世，若争功夺名，贪爵恋财，忘乎所以，居功自傲，必将招致祸害，最终身败名裂。

　　谦虚谨慎是成功人士必备的品格，它能使一个人面对成功、荣誉时不骄傲，把它视为一种激励自己继续前进的力量，而不会陷在荣誉和成功的喜悦中不能自拔，把荣誉当成包袱背起来，沾沾自喜于一得之功，故步自封，更不会因为功绩而妄自尊大，高高在上，盛气凌人，从而避免了因成功而带来的祸害。

　　得势的时候要不时地提醒自己"福兮祸之所伏"，慎言慎行，宽容礼让，才能保持其成功长盛不衰，即便从顺境陷入逆境，也能做到不惊不诧，应付自如。

　　人生处在顺境和得意时，最容易张扬。张扬是许多没有远见的人的共性，他们本来就没有大志向也没有大目标，只是在一种虚荣心的驱使下向前奔跑，目的只是想博得众人的喝彩。所以众人的掌声一响便认为达到了人生目标，便想躺在掌声中生活，他们认为自己可以不必再奔跑，可以昂头挺胸地在人群中炫耀了。

　　太张扬的人，没有自己的追求和目标，有了一点点的得意便以为人生的荣耀不过如此。这些人中也有许多有才华的人、有实力的人和有发展前途的人，如果这些人能够踏踏实实地做人，可能会成就一番事业，可他们却往往因为目光短浅而在张扬中夭折。

　　张扬也可以说是一种误解，一种把暂时的得意看成永久得意的误解，一种把暂时的失意当成永久失意的误解。低调的人明白，这个世上永远没有永恒的事物，一切都是暂时的相对的，所以也就没有什么值得张扬的事情。

人生智慧

　　◇无论何时都应该保持谦虚谨慎、低调行事的作风，不飞扬跋扈，不居功自傲，以一颗平常心态看待人生荣誉，才能以不变之心应万变。

◇低调的人明白，这个世上永远没有永恒的事物，一切都是暂时的相对的，所以也就没有什么值得张扬的事情。

学会低头，学会退让

【聊天实录】

我：我曾在《孟子·尽心上》中看到这么一段：公都子曰："滕更之在门也，若在所礼。而不答，何也？"孟子曰："挟贵而问，挟贤而问，挟长而问，挟有勋劳而问，挟故而问，皆所不答也。滕更有二焉。"这段对话是什么意思呢？

孟子：公都子问我："滕国国君的弟弟滕更在您门下学习时，似乎是属于要以礼相待的人，然而您却不回答他的发问，为什么呢？"我说："倚仗地位来发问，倚仗能干来发问，倚仗年长来发问，倚仗有功劳来发问，倚仗老交情来发问，都是我不愿回答的，滕更占了其中的两条。"

我：您实际上是在说："少跟我拿架子，你是求学问的，不放下架子，你能学到东西吗？"

孟子：是的，我认为，求教一定要虚心。求学问如此，做人也应如此，生活中我们要学会放低自己的姿态。现代社会，竞争激烈，错综复杂，因此在漫长的人生跋涉中，我们必须学会低头。但是，学会低头并不是妄自菲薄与自卑，学会低头意味的是谦虚、退让。

【使命解读】　　　安安静静，不摆架子

为人处世高高在上，俯视众人，会失去朋友，受到大家的唾弃，进而远离你，众叛亲离；平易近人，不刚愎自用，才能得人心，得人心才能干大事。在人际交往中，人们更容易喜欢那些和善、平易的人，架子太大，傲慢自恃，必定会败得很凄惨。而为人位尊而不自矜，权重而不自傲，名显不炫，功高不居，才会赢得众人的榜样，人心归向。

袁术字公路，是司空袁逢的儿子，官至折冲校尉、虎贲中郎将。董卓进京，他逃到南阳；部将长沙太守孙坚杀掉南阳太守张咨，他便占据了南阳。

195年冬天，献帝东出潼关，其护卫队伍被李催、郭汜打败，袁术以为时机已到，便召集手下人商议，表示要做皇帝。他对手下众人说："现在刘氏天下很虚弱，海内鼎沸。我家世代做高官，得到老百姓的归附。我想应天顺民，称皇帝，不知诸君意下如何？"大家都不愿表态，只有主簿阎象认为时机不成熟，他说："过去周文王三分天下有其二，尚且服侍殷朝，将军势力虽然不小，显然不如周文王那样强盛，汉室虽然微弱，还未像殷纣王那样残暴，就更不应该取而代之了。"袁术听了，尽管心中不高兴，见手下人这么不热心，只好暂时作罢。

后来，袁术想取得一些人的支持，对前来投归的张承说："以我土地之广，士民之众，仿效汉高祖当皇帝不行吗？"张承说："这在于德，不在于强，如果有德，虽然开始实力不大，也可以兴霸王之功，如果凭借势力就称帝，不合时宜，就要失掉群众，想兴盛是不可能的。"

袁术心里很不高兴，心想，老部下江东孙策总该支持自己吧，不料孙策给他写信说："董卓贪残淫逸，骄奢横暴，擅自废立，天下的人都痛恨他，你怎能步他的后尘呢？"还说："你家五代都是朝廷名臣，辅佐汉室，荣誉恩宠，没有人能与之相比，理应效忠守节，报答王室，这是天下人所期望的。"袁术看罢，大失所望，还气得生了一场病。

由于追求皇帝骄奢淫逸的生活，袁术把富庶的淮南地区糟蹋得残破不堪，士兵不为他卖命，老百姓也不支持他，都纷纷逃走，左右部下也是离心离德，形成混乱状态。对此，曹操问袁术那边投过来的柯夔说："听说袁术军中发生变乱，实有其事吗？"何夔回答说："袁术无信人顺天之实，而望天人之助，这是不可以得志于天下的。失道之主，亲戚都背叛他，何况是左右部下！依我看，这变乱是事实。"曹操说："为国失贤则亡，像你这样的有用之材，袁术都不善用，发生变乱，不是很正常的吗！"

袁术

第二年夏天，袁术实在混不下去了，便放火将宫室烧掉，带着一帮吃闲饭的人到徽山去投靠他的部下陈简、雷薄，不料遭到了拒绝。袁术手下的人散去的就更多了，他像一只丧家之犬，不知如何是好。最后，他想了一个办法，把"传国玺"让给在河北的袁绍，仍然可以由袁家来当皇帝，自己也有个安身之处。

曹操得知这一消息后，马上派刘备和朱灵去截击袁术。袁术一到下邳，没想到被拦住了去路。

袁术只得掉头返回淮南，逃到离寿春80里的江亭时，终于一病不起。身边已无粮食可吃，询问厨子，回说只剩有麦屑30斛。将麦屑做好端来，袁术却怎么也咽不下去。其时正当六月，烈日当空，天气酷热，袁术想喝一口蜜浆，却怎么也找不到。袁术坐在床上，独自叹息了许久，突然一声惊呼："我袁术怎么落到了这个地步啊！"

喊完倒伏床下，在吐血一斗多之后死去。

袁术目中无人，刚愎自用，不听忠言，最终只落得个悲郁死去的下场。孔子也说"下交不渎"，与比自己低的人相交往，不要高傲怠慢，放不下架子，居高临下地发号示令，盛气凌人，人们必定会对他避而远之，朋友们也会越来越远离他。对别人态度傲慢的人，往往会看不到别人的长处，更看不见自己的短处，就这样夜郎自大下去，只会连一个朋友也交不到，如此下去连必要的合作共事都会有问题。

千万不要以不恰当的态度对待朋友和身边的人，因为他们是重要的伙伴和力量，如果连他们也失去了，那就真的什么也没有了。

适当放低自己的姿态

被称为美国之父的富兰克林，年轻时曾去拜访一位德高望重的老前辈。那时他年轻气盛，挺胸抬头迈着大步，一进门，他的头就狠狠地撞在门框上，疼得他一边不住地用手揉搓，一边看着比他的身子矮去一大截的门。出来迎接他的前辈看到他这副样子，笑笑说："很疼吧！可是，这将是你今天访问我的最大收获。一个人要想平安无事地活在世上，就必须时刻记住：该低头时就低头。这也是我要教你的事情。"

富兰克林把这次拜访得到的教导看成是一生最大的收获，并把它列为一生的生活准则之一，这一准则令富兰克林受益终生。后来，他功勋卓著，成为一代伟人。他在一次谈话中说："这一启发帮了我的大忙。"言外之意即是做人不可无骨气，但做事不能总是昂着高贵的头。

试想，那些登上人生顶峰的成功者们，不论是乘机出访还是站在舞台上发表演说，总是微微低着头向脚下的人群挥手，原因很简单——他们站在高处。而他们脚下的普通人，只能抬头仰视高处的成功者，因为他们站在低处，脚下什么也没有。

或许，在现实生活中我们应该试着去学习低头，学会认输。其实这并不难，只需要知道，当自己摸到一张烂牌时，不要再希望这一盘是赢家，只有傻子才在手气不好的时候，对自己手上的一把烂牌说，我们只要努力就一定会胜利。学会低头，就是在陷入泥潭时，知道及时爬起来，远远地离开那个泥潭；只有愚蠢的人才会在狼狈不堪的时候，对自己的鞋子说，我们是出淤泥而不染的。学会低头就是虚心请教，以低的姿态坦诚接受别人的批评与意见，然后加以冷静的分析，从而悟出为人处世的道理，借此修正自己思想上的偏差。学会低头，就是上错了

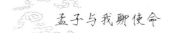

公交汽车后，及时下车，另外坐一辆车子。

雷墨就曾经说过："低头是需要勇气的。"的确，否则又怎会有明知是输，依然执迷不悟的赌徒呢？回顾历史，因缺乏这种勇气而一怒之下杀死了进谏之人的历代君王比比皆是。看看身边，因为缺乏这种勇气而酿成大错的世人举不胜举。

谦虚的人往往能得到别人的信赖，因为谦虚，别人才认为你不会对他构成威胁。你会赢得别人的尊重，与他们建立良好的关系。

当然，如果人一辈子总是抬头，永不低头，那可能导致脖子僵硬，使自己生活在痛苦之中。该低头时就低头，保持身体健康，生活才能更加美好。人生，又何尝不是如此？

要知道，人是有可能做错事的，做了错事，该认错时要认错，认错将使人以后少犯错误、不犯错误。人是有可能失败的，当失败时，承认失败，总结失败的教训，失败就是成功之母。人在前进的道路上，有时可能需要退却，退一步海阔天空。人生的道路不可能是笔直的，当需要走弯路时，就应当选择适当的弯路，以便更好地接近和达到目标。

学富五车的人，也会因为承认自己知识的局限，而更加受到别人的尊重。也许你比对方高明，但是赞扬对方的高明，丝毫不影响你的权威；也许你掌握真理，但是肯定他人观点中正确的部分，会使他人更容易接受真理；也许错误在其他人，但是你承认自己的缺点，将更容易促使别人承认错误。

人生智慧

◇低头是需要勇气的。

◇谦虚的人往往能得到别人的信赖，因为谦虚，别人才认为你不会对他构成威胁。

◇学富五车的人，也会因为承认自己知识的局限，而更加受到别人的尊重。

第章
孟子与我聊人生挫折应对

　　人的一生中，总会遇到形形色色的人和事，挫折也好，成功也罢，总会遇到。而人生最精彩的章节，并不是你在哪一天拥有了多少金钱，也不是你在哪一刻获得了美妙的爱情，而是你在某一关键的瞬间，咬紧牙关战胜了自我。我们的生活需要挫折，所有的成功者有一个共同特点，那就是在挫折中奋起，越挫越勇、百折不挠。

成功就在于多坚持一会儿

【聊天实录】

我：一直听人说，"一日暴之，十日寒之"不知这话是何意？

孟子：这话出自《孟子·告子上》，原话是这样的：虽有天下易生之物也，一日暴之，十日寒之，未有能生者也。意思就是：纵使有天下最容易生长的东西，如果你晒它一天，再冻它十天，就不会生长发芽了。

我：这和通常讲的"三天打鱼，两天晒网"意思一样

孟子：是的，主要就是说坚持的重要性。

我：人生在世，贵在坚持。

孟子：谁能坚持到底，谁便能取胜，许多伟大的成就都是坚持和等待的结晶。只要你能坚持一天，胜利的希望就会增多一分。

我：是啊，人生是一个发现困难并且解决困难的过程，这个过程时而短暂、时而漫长。而当你面对这些不利境况的时候，唯一能做的就是坚持——挺过生命的低谷期，挺过走投无路的艰难期；唯有坚持，才能让你看到"柳暗花明又一村"的精彩。

【使命解读】 　　坚持到底就是胜利

生活中渴望成功的人很多，真正成功的人却很少。对于失败者来说他们并不是没有机会，也并不是没有资本，他们缺乏的往往是成功最需要的坚持，因此他们输掉了人生、输掉了世界。

某年，一个园艺所贴出一则启事，重金征求纯白金盏花，这在当地一时引起轰动，高额的奖金让许多人趋之若鹜。但在千姿百态的自然界中，金盏花除了金

色的就是棕色的，能培植出白色的，不是一件易事，所以许多人一阵热血沸腾之后，就把那则启事抛到九霄云外去了。

一晃20年过去了，一天，那家园艺所意外地收到了一封热情的应征信和1粒纯白金盏花的种子，当天，这件事就不胫而走，引起轩然大波。

寄种子的原来是一个年逾古稀的老人，老人是一个地地道道的爱花人，当她20年前偶然看到那则启事后，便怦然心动。她不顾儿女的一致反对，义无反顾地干了下去。她撒下了一些最普通的种子，精心侍弄。一年之后，金盏花开了，她从那些金色的、棕色的花中挑选了一朵颜色最淡的，任其自然枯萎，以取得最好的种子。次年，她又把它种下去，然后，再从这些花中挑选出颜色更淡的花的种子栽种……日复一日，年复一年。

终于，在20年后的一天，她在那片花园中看到一朵金盏花，它不是近乎白色，也并非类似白色，而是如银如雪的白。于是，一个连专家都解决不了的问题，在一个不懂遗传学的老人长期的努力下，最终迎刃而解。

著名诗人里尔克曾说过："有何胜利可言，坚持便是一切。"是的，只要坚持便能拥有一切。人生就好比一场拳击比赛，充满了躲闪与出拳，如果足够幸运，只需一次机会、一记重拳而已，但首要的条件是你必须得顽强地站着，这就是坚持。

可以肯定，几乎没有人可以让罗斯福夫人轻易改变决定，但是有一个人却做到了，而他只是一个名不见经传的普通人。

20世纪40年代，一个名叫约翰逊的人创办了《黑人文摘》，创办之初，它的前景并不被看好。约翰逊为了扩大该杂志的发行量，积极地准备做一些宣传。

于是他决定组织撰写一系列"假如我是黑人"的文章，他想，如果能请罗斯福总统夫人埃莉诺来写这样一篇文章就最好不过了，于是约翰逊便给她写去了一封非常诚恳的信。

信寄出不久，约翰逊便收到了罗斯福夫人的回信，但是信中说，她太忙，没时间写这篇文章。但是约翰逊并没有因此而气馁，他又给她写去了一封信，但她回信还是说太忙。约翰逊并未退缩，他想也许罗斯福夫人真的很忙，但是她应该总有点时间为我写这篇文章，即使她只有一个小时的时间，我想这就足够了。以后，每隔半个月，约翰逊就会准时给罗斯福夫人写去一封信，言辞也愈加恳切。

功夫不负有心人，不久，罗斯福夫人因公事来到约翰逊所在的芝加哥市，并准备在该市逗留两日。约翰逊得此消息，喜出望外，他知道机会已经来到。他立即给总统夫人发了一份电报，非常诚恳地请求她趁在芝加哥逗留的时间里，给《黑人文摘》写那样一篇文章。

罗斯福夫人收到电报后，没有再拒绝。她觉得，无论多忙，她再也不能说"不"了，如果再说"不"的话，她自己都会感到不好意思。因为面对这样一个诚恳又坚持到底的人，她觉得她有必要为他写这篇文章。

罗斯福夫人的这篇文章发表之后，《黑人文摘》杂志在一个月内，从 2 万份增加到了 15 万份。后来，他又出版了黑人系列杂志，并开始经营书籍出版、广播电台、妇女化妆品等事业，终于成为闻名全球的富豪。

打败我们的往往不是别人，而恰恰是我们自己。我们缺乏坚持一下的勇气，也就因此远离了本可以实现的成功目标。

球王贝利说："下一个进球是我最满意的。"也正是因为此，而创造出许多成功。所以说，当我们也有勇气相信下一刻永远最好的时候，未来就属于我们了。再拼一次，再坚持一下，一切都会变好。

其实，失败与成功只有一步之遥，多坚持一会儿是成功与失败之间的一道门槛。人生在世，贵在坚持。只要你能坚持一天，胜利的希望就会增多一分，谁能坚持到底，谁便能取胜，许多伟大的成就无一不是坚持和等待的结晶。在生活中，我们只要树立"成功贵在坚持"的信念，世上就没有办不成的事儿。

朋友，如果你在万米长跑，当即将跑完全程，精疲力竭之际，请再坚持一会儿，因为胜利就在前方向你招手；如果你在挑战难题，当你百思不得其解，即将放弃之际，请再坚持一会儿，或许就在那一刹那间，你会豁然开朗，茅塞顿开；如果你在逆境中奋斗，陷于泥潭进退两难之际，请再坚持一会儿，挺一挺，搏一搏，走过去前面就是一个艳阳天。因此，我们的始终记住："成功就在于多坚持一会儿。"

成功就是再坚持一分钟

胜利的获得者，往往是能比别人多坚持一分钟的人。卡耐基在被问及成功秘诀的时候说道："假使成功只有一个秘诀的话，那应该是坚持。"

过去行的，现在不一定能行；过去不行的，现在也许就行。任何人，任何事都是从不行到能行，只有难易的不同。停止努力了，行的也变不行了；继续努力，不行的就能行了。成功的秘诀其实可以归结为两个字，那就是"坚持"！

伟大的将军巴顿在二战后的聚会上说起这么一段经历：当巴顿将军从西点军校毕业后，入伍接受军事训练。团长在射击场告诉他：打靶的意义在于，哪怕你打偏了99颗子弹，只要有一颗子弹中靶心，你就会享受到成功的喜悦。

对于实战经验不多的新兵来说，想要枪枪命中靶心是困难的，然而，当巴顿的靶位旁的空子弹壳越来越多时，他已成了富有射击经验的老兵。

战争爆发后，巴顿将军奔波于各个战场，没有安稳感，他一度对生活产生了疑问，觉得自己像一架战争机器，不知道战争究竟要到何年何月才是尽头，但这一切持续了不到七年。这七年里，由于倔强刚烈的个性，巴顿所经历的挫折、失意，曾经那么锋利地一次次伤害过他，令他消沉，如今他才明白：它们只不过是那一大堆空子弹壳。

生活的意义，正是在于坚持不懈。经受挫折和磨炼是射击，瞄准成功的机会也是射击，但是只有经历了99颗子弹的铺垫，才会有一枪击中靶心的结果。

只要坚持到底，就一定会成功，人生唯一的失败，就是当你选择放弃的时候。因此，当你处于困境的时候，你应该继续坚持下去，只要你所做的是对的，总有一天成功的大门将为你而开。

美国华盛顿山的一块岩石上，立下了一个标牌，告诉后来的登山者，那里曾经是一个女登山者躺下死去的地方，她当时正在寻觅的庇护所——"登山小食"

只距她 100 米而已，如果她能多撑 100 米，她就能活下去。

这个事例提醒人们，倒下之前再撑一会儿。胜利者，往往是能比别人多坚持一分钟的人。即使精力已耗尽，人们仍然有一点点精力，用那一点点精力的人就是最后的成功者。

往往，再多一点努力和坚持便收获到意想不到的成功。以前做出的种种努力，付出的艰辛便不会白费。令人感到遗憾和悲哀的是，面对一而再，再而衰的失败，多数人选择了放弃，没有再给自己一次机会。

大家都知道电话是贝尔发明的，其实发明电话的大量工作都是爱迪生等科学家完成的，贝尔所做的仅仅只是将电话中的一个螺母转动了 1/4 周，为此他们打了一场著名的官司。法院最后将电话的发明权判给了贝尔，法官说：虽然爱迪生等科学家做了大量工作，但他们认为电话不能实用，而最终放弃了。可贝尔没有放弃，他将螺母转动了 1/4 周，改变了电流幅度，致使电话有了实际用途，所以电话的发明权应属于贝尔。爱迪生等科学家的失败距离成功的整体缺少了多大一部分呢？仅仅只是将一个螺母转 1/4 周。

美国第 16 任总统林肯曾说过：我成功过，我失败过，但我从未放弃过。坚持不仅是一个人具有坚强心力的重要表现，更是一个人成就事业的必要条件。成功的人和不成功的人，首要差别不在天赋，而在于坚持力。

"水滴石穿，绳锯木断"，这个道理我们每个人都懂得，然而为什么对石头来说微不足道的水能把石头滴穿？柔软的绳子能把硬邦邦的木头锯断？其实这正是坚持的力量。一滴水是微不足道的，然而许多滴水只要坚持不断地冲击石头，就能形成巨大的力量，最终把石头冲穿。绳锯木断也是同样的道理，功到自然成，只要能克服困难，坚持不懈地努力，那么，成功就在眼前。

在成功的道路上，永远没有失败，只有暂时停止成功或者将要成功。所以无论何时，我们都应该信心百倍地去全力争取人生的幸福和成功，并永远激励自己：离成功我只有一百米，只要再多一分钟的坚持，我就能取得胜利！

人生智慧

◇打败我们的往往不是别人，而恰恰是我们自己。

◇水滴石穿，绳锯木断。

◇在成功的道路上，永远没有失败，只有暂时停止成功或者将要成功。

挫折是通往成功的第一条道路

【聊天实录】

我：经常听人说："天将降大任于斯人也，必先苦其心志，劳其筋骨，饿其体肤，空乏其身，行拂乱其所为。"这句话是什么意思呢？

孟子：上天要把重要的使命交给一个人的时候，必定会先劳苦他的心志，疲劳他的筋骨，饥饿他的体肤，穷困他的身体，千方百计为其设置障碍。

我：这句话非常积极。

孟子：是的，这句话就是要在安慰和鼓励每一个暂时遭遇挫折的人不要气馁，在逆境中要保持积极乐观的心态，艰苦的环境是锻炼有志者的好时机，挫折是人生的必经之路，而挫折又是成功的前奏。

我：我想到一句名言：挫折是通往成功的第一条道路。

孟子：在人生中，挫折常常缠绕着我们。在意志薄弱者面前，挫折犹如一道万丈深渊，会使他们一蹶不振；然而在强者面前，挫折化为动力，使他们走向成功。

【使命解读】 ❧ **成功永远属于不怕失败的人** ❧

南美洲有一种鹰，这种鹰动作敏捷，飞行时快如闪电，被它发现的小动物，一般都难逃一死。这是因为在幼鹰出世不久，便会受到母亲的"残酷"的训练，在学习飞行的过程中，它们的翅膀会被折去大部分骨骼，这种鹰的翅膀骨骼有很强的再生能力，只要忍住剧痛，不断震动翅膀，使翅膀不断充血，不久便可痊愈，这样翅膀更加强壮有力。一些雏鹰忍住了剧痛，它们成功地在空中翱翔。

鹰是强者，它战胜了挫折，在残酷的生存竞争中占有了一席之地。动物尚且如此，而我们人呢？

沿着成功的一条路上，有许多事先无法预料的挫折排列着，最后的成功是在能用坚毅的精神、伶俐的眼光，从挫折中汲取营养，从失败中吸取教训，利用他们，向前猛进。

回首中华历史五千载，成大事者无一不是从挫折与苦难之中磨炼出来的，挫折是勾践卑事夫差三年，卧薪尝胆，成功是越国灭掉吴国，成就了一代伟业；挫折是司马迁含冤被投入狱中，遭受腐刑，成功是一部《史记》，留伟数千载；挫折是剧作家曹禺三次落榜，从医梦破灭，成功是《雷雨》、《日出》等作品震撼人心。试问，如果没有挫折，他们都生活在安逸的环境之中，都过着平静的生活，他们能否成就辉煌，名垂青史，千古流芳？可见，平静的湖面，练不出精悍的水手，安逸的环境，选不出时代的伟人，唯有挫折是通往成功的第一条道路。

有一个博学的人遇见上帝，他生气地问上帝："我是个博学的人，为什么你不给我成名的机会呢？"上帝无奈地回答："你虽然博学，但样样都只尝试了一点儿，不够深入，用什么去成名呢？"

那个人听后便开始苦练钢琴，后来虽然弹得一手好琴却还是没有出名，他又去问上帝："上帝啊！我已经精通了钢琴，为什么您还不给我机会让我出名呢？"

上帝摇摇头说："并不是我不给你机会，而是你抓不住机会。第一次我暗中帮助你去参加钢琴比赛，你缺乏信心，第二次缺乏勇气，又怎么能怪我呢？"

那人听完上帝的话，又苦练数年，建立了自信心，并且鼓足了勇气去参加比赛。他弹得非常出色，却由于裁判的不公正而被别人占去了成名的机会。

那个人心灰意冷地对上帝说："上帝，这一次我已经尽力了，看来上天注定，我不会出名了。"上帝微笑着对他说："其实你已经快成功了，只需最后一跃。"

"最后一跃？"他瞪大了双眼。

上帝点点头说："你已经得到了成功的入场券——挫折，现在你得到了它，成功便成为挫折给你的礼物。"

这一次那个人牢牢记住上帝的话，他果然成功了。

我们每个人都会面临各种挑战，各种机会，各种挫折，这时候你能承受挫折的能力，就是你未来的命运。成功不是一个平静海港，而是一次埋伏着许多危险的旅程，人生的赌注就是在这次旅程中要做个赢家，成功永远属于不怕失败的人。

挫折是成功的前奏

有人将幸福、欢乐比作太阳，那么，我们就可以把不幸、失败、挫折比作月亮。任何人不可能永远生活在阳光下，在生活中从没有失败和挫折是不现实的。挫折是成功的入场券，能使人走向成熟，取得成就，但也可能破坏信心，让人丧失斗志。对于挫折，关键在于你怎么看待。

山里住着一家猎户，父亲是个老猎手，在山里闯荡了几十年，猎获野物无数，走山路如履平地，从未出过事。然而有一天，因下雨路滑，他不小心跌落山崖。

两个儿子把父亲抬回了破旧的家，他已经快不行了，弥留之际，他指着墙上挂着的两根绳子，断断续续地对两个儿子说："给你们两个，一人一根。"还没说出用意就咽了气。

掩埋了父亲，兄弟二人继续打猎生活，然而，猎物越来越少，有时出去一天连个野兔都打不回来，俩人的日子艰难地维持着。一天，弟弟与哥哥商量："咱们干点别的吧！"哥哥不同意："咱家祖祖辈辈都是打猎的，还是本本分分地干老本行吧。"

弟弟没听哥哥的话，拿上父亲给他的那根绳子走了。他先是砍柴，用绳子捆起来背到山外换几个钱。后来他发现山里一种漫山遍野的野花很受山外人喜欢，且价钱很高，从此，他不再砍柴，而是每天背一捆野花到山外卖。几年下来，他盖起了自己的新房子。

哥哥依旧住在那间破旧的老屋里，还是干着打猎的营生。由于常常打不到猎物，生活越来越拮据，他整天愁眉苦脸，唉声叹气。一天，弟弟来看哥哥，发现他已经用父亲留给他的那根绳子吊死在房梁上。

在人生的旅途中，难免会遇到一些挫折，要想有所作为，就不应屈服于命运的安排。不要抱怨，不要消沉，因为挫折能磨炼一个人的意志，挫折能锻炼一个人的品行，由此可见，挫折是通往成功的第一条道路。

人生智慧

◇在意志薄弱者面前，挫折犹如一道万丈深渊，会使他们一蹶不振；然而在强者面前，挫折化为动力，使他们走向成功。

◇成功不是一个海港，而是一次埋伏着许多危险的旅程，人生的赌注就是在这次旅程中要做个赢家，成功永远属于不怕失败的人。

◇挫折是通往成功的第一条道路。

世上无难事，只怕有心人

【聊天实录】

我：常言道：世上无难事，只怕有心人。没有翻不过的山，没有趟不过的河，只是因为不相信自己能力的人多了，世界上才有了"困难"这个词。你对这怎么看呢？

孟子：我在《孟子·告子上》提到：养其小者为小人，养其大者为大人。

我：这句话是什么意思呢？

孟子：贪图上腹之欲者是小人，树立远大志向的人是君子。

我：也就是说做人一定要有远大志向，并且要相信自己一定能够实现自己理想。

孟子：是的，在我们的人生中，总有某种东西为生命的憧憬，而自信则是不畏艰难实现这种憧憬的热忱、毅力和决心。自信的人有一个共同的心理品质，就是相信自己生命未来的存在会更有价值，并对自我达到某种目标或实现某种人生境界坚定乐观的态度。

我：一般人经常害怕恐惧害怕被拒绝，害怕失败，这是为什么呢？

孟子：因为觉得自己不够好，因为他不够喜欢自己。其实，每个人都有优点有缺点，我们没有必要自卑，我们要相信自己，相信自己的聪明才智，相信自己的学识本领，相信自己能大有建树，相信自己能青史留名，这样，我们或许就果真做到了。

【使命解读】　相信自我方能战胜挫折

20 世纪 80 年代初，国际市场需要大量润滑油基础油，中国西北一家石油化工公司看准这一行情，耗费大量资金，按照国际标准生产出八种牌号的润滑油基础油，打入国际市场后，名声大振。可是，好景不长，由于国际石油市场竞争激烈，油价下跌。继续坚持出口，公司将要亏损1000万元。面对危机，公司总经理认为，参与国际市场，中国是后起者，在强手如林的情况下，能挤进去很不容易，应该想办法站住脚，如果一遇到风浪就退出来，那么，想再占领市场将会更困难，他决心带领公司从夹缝中冲出去。为此，他亲自到欧美一些国家做市场调查，搜集信息，寻找合作伙伴，开辟新市场。

在美国北部，总经理找到著名的鲁布左尔石油公司国际销售部。他开门见山地对负责人说，希望国际销售部买中国的产品。负责人傲慢地说，你凭什么让我们把别的公司的产品推掉，而买你们的产品？

总经理不卑不亢地列举了公司的三大优势：第一，我们公司的产品质量保证，产品有很高的信誉；第二，我们可以长期合作，保证长期供货；第三，我们公司有自备码头，保证交货及时，并有良好的服务，产品资料齐备，保证信守合同。除了谈到这三大优势外，总经理还不紧不慢地告诉鲁布左尔石油公司的负责人，美国莫比尔石油公司已经购买了自己公司的产品。

莫比尔石油公司在美国享有盛誉，是世界第六大工业公司。负责人听说莫比尔公司已购买了这家公司的产品，立刻放下架子，同意洽谈生意，并对公司的产品做了质量评定，经检验，润滑油基础油各个细节全部达标，他们很快向世界各国分公司发放了准予购买的许可证。就这样，这家西北石油化工公司开辟出了新的市场，在国际石油市场上占有了一席之地。

然而，在现实生活中，却总有些缺乏自信的人，他们对自我表现出消极、悲观、畏缩倾向，不敢寄希望于自己，更不敢奢望能造就一个理想的自我。更不幸的是，这些人由于还不至于自我沉沦，因而自卑的自我总伴随着一种对自我的愤慨和幽怨，使自我内心世界充塞着痛苦的煎熬。其实，生命永远需要拥有自信。如果我们展示给人的是一种自信、勇毅和无所畏惧的印象，如果我们具有那种震慑人心的自信，那么，我们的事业就可能会获得巨大的成功。

自信是战胜一切的力量源泉

泰戈尔在其箴言中忠告世人："世界总留点什么给那些对自己抱有信念的人，而有信心的人总能从中使渺小变伟大，使平庸化为神奇。"

包玉刚就是以一条破船闯大海的成功者，当年曾引起不少人的嘲弄。包玉刚并不在乎别人的怀疑和嘲笑，他相信自己会成功。他抓住有利时机，正确决策，不断发展壮大自己的事业，终于成为雄踞"世界船王"宝座的名人巨富。他所创立的"环球航运集团"，在世界各地设有 20 多家分公司，曾拥有 200 多艘载重量超过 2000 万吨的商船队。他拥有的资产达 50 亿美元，曾位居香港十大财团的第三位。包玉刚的平地崛起，令世界上许多大企业家为之震惊：他靠一条破船起家，经过无数次惊涛骇浪，渡过一个又一个难关，终于建起了自己的王国，结束了洋人垄断国际航运界的历史。回顾一下他成功的道路，他在困难和挑战面前所表现出的坚定信念，对我们每个人都有很大的启发。

包玉刚不是航运家，他的父辈也没有从事航运业的。中学毕业后，他当过学徒、伙计，后来又学做生意。30 岁时曾任上海工商银行的副经理、副行长，并小有名气。31 岁时包玉刚随全家迁到香港，他靠父亲仅有的一点资金，从事进口贸易，但生意毫无起色。他拒绝了父亲要他投身房地产的要求，表明了欲从事航运业的打算，因为航运业竞争激烈，风险极大，亲朋好友以为他发疯了，纷纷劝阻他。

许多人失败的原因，不是因为天时不利，也不是因为能力不济，而是因为自我心虚，自己对自己没信心，最终成为自己成功的最大障碍。

但是包玉刚却信心十足，他看好航运业并非异想天开，他根据在从事进出口贸易时获得的信息，坚信海运将会有很大发展前途。经过一番认真分析，他认为香港背靠大陆、通航世界，是商业贸易的集散地，其优越的地理环境有利于从事航运业。37 岁的包玉刚正式决心搞海运，他确信自己能在大海上开创一番事业。于是，他抛开了他所熟悉的银行业、进口贸易，投身于他并不熟悉的航运业，当时，对于他这个穷得连一条旧船也买不起的外行，谁也不肯轻易把钱借给他，人们根本不相信他会成功。他四处借贷，但到处碰壁，尽管钱没借到，但他经营航运的决心却更加强了。后来，在一位朋友的帮助下，他终于贷款买来一条20年航龄的烧煤旧船。从此。包玉刚就靠这条整修一新的破船，挂帆起锚，跻身于航运业了。

自信是战胜一切的力量源泉，是失败走向成功的催化剂。有了自信，在遇到挫折时，就能够不灰心、不动摇、不悲观，顽强地和厄运抗争，就有了坚持下去的勇气。自信在我们想要做任何事情上都是必不可少的，一个人最大的不幸莫过于不敢于坚持自己事业。其实每个人都是优秀的，差距就在于是否有自信。

人生智慧

◇世上无难事，只怕有心人。

◇许多人失败的原因，不是因为天时不利，也不是因为能力不济，而是因为自我心虚，自己对自己没信心，最终成为自己成功的最大障碍。

◇自信是战胜一切的力量源泉，是失败走向成功的催化剂。

忍受压力是最终成功的要素

【聊天实录】

我：挫折和困苦对我们有什么好处呢？

孟子：我在《孟子·告子下》说到一句：入则无法家拂士，出则无敌国外患者，国恒亡。

我：这句话是什么意思呢？

孟子：国内没有朝令夕改的法家和扰乱朝政的臣子，国外没有敌对国家的威胁，这样的国家往往会灭亡。

我：哦，这句话通俗些怎么讲呢？

孟子：我认为，一个国家如果没有了敌对就容易懈怠，滋长安于享乐的气氛。长此以往，国家会从内部被腐蚀掏空，然后就容易灭亡，在此，我强调了敌对与困境对于治理国家的重要性。其实，这一贤言对于我们同样重要。日常生活中，挫折与困苦能激发人的无限潜能。

【使命解读】 ～❧ 挫折激发人的无限潜能 ❧～

19世纪末，美国康乃尔大学做过一次有名的青蛙实验：他们把一只青蛙冷不防丢进煮沸的油锅里，这只青蛙在千钧一发的生死关头突然用尽全力，一下子跃出了那将使它葬身的滚烫的油锅，安全逃生！

半小时后，他们使用同样的锅，在锅里放满冷水，然后把那只死里逃生的青蛙放到锅里，接着他们悄悄在锅底下用炭慢慢烧。青蛙悠然地在水中享受"温暖"，等到它感觉到温度已经熬受不住，必须奋力逃命时，却为时已晚，由于乏力而全身瘫痪，终于葬身在热锅里。

这个实验给我们提示了一个残酷无情的事实，当生活的重担压得我们喘不过气，挫折、困难堵住了四面八方的通道时，我们往往能发挥出自己意想不到的潜能，杀出重围，开辟出一条活路。可在耽于安逸、贪图享乐或是志得意满、维持功名的时候，反倒阴沟里翻船，弄得一败涂地，不可收拾！

人生的一切不正是如此吗？现代生活中，每个人都可能遭遇挫折。面对困难和挫折，许多人常常会痛苦、自卑、怨恨，失去希望和信心。

挫折本身并没有任何意义，只有面对逆境的人内心产生某种压力时，挫折才会变成一种事实。通常情况下，人们所面临的压力包括舆论的压力、精神的压力、竞争的压力及环境的压力等，逆商从某种意义上讲也是测试抗压能力的一种标准。

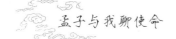

高逆商者抗压能力强，反之，亦然。

成功者不一定具有超常的能力，命运之神也不会给予任何特殊的照顾，相反，几乎所有的成功者都经历过坎坷，他们是从不幸的境遇中奋起前行的。在他们看来，压力就是动力。

著名心理学家贝弗时奇说得好："人们最出色的工作往往是在处于逆境的情况下做出的。思想上的压力，甚至肉体上的痛苦都可能成为精神上的兴奋剂，很多杰出的伟人都曾遭受过心理上的打击及形形色色的困难。"他还指出："忍受压力而不气馁，是最终成功的要素。"

有很好的抵抗压力的能力，敢于面对挫折，是高逆商者的表现，也是塑造立体人必修的一课。当压力来临时，应该想到是"摘取成功之果"的机会降临了。

受挫后，如果不善于自我调适，而使心理失衡，不仅影响人的工作、生活，还严重影响人的健康。受挫后如何防止消极结果的产生？现提供几种心理对策。

倾诉法。即将自己的心理痛苦向他人倾诉，适度倾诉，可以将失控力随着语言的倾诉逐步转化出去。倾诉作为一种健康防卫，既无副作用，效果也较好，如果倾诉对象具有较高的学识修养和实践经验，将会对失衡者的心理给以适当抚慰，鼓起你奋进的勇气，受挫人会在一番倾诉之后收到意想不到的效果。

优势比较法。就是去想那些比自己受挫更大、困难更多、处境更差的人，通过挫折程度比较，将自己的失控情绪逐步转化为平心静气。其次寻找分析自己没有受挫感的方面，找出自己的优势，强化优势感，从而扩大挫折承受力。认识事物相互转化的辩证法，挫折同样蕴涵力量，挫折刺激能激发潜力，正确运转挫折的刺激，才能挖掘自身潜力。

目标法。挫折干扰了自己原有的生活，毁灭了自己原有的目标，重新寻找一个方向，确立一个新的目标，这就是目标法。目标的确立，需要分析思考，这是一个将消极心理转向理智思索的过程。目标一旦确立，犹如心中点亮了一盏明灯，人就会生出调节和支配自己新行动的信念和意志力，从而排除挫折干扰，去努力进行达到目标的行动。目标的确立是人内部意识向外部动作转化的中介，是认识向实践飞跃的起始阶段。目标的确立标志着人已经从心理上走出了挫折，开始了下一步争取新的成功的历程。

面对挫折，要自强不息

不论你生长在什么样的环境下，只要你拥有不灭的意志，积极的心态，自强不息，做出艰苦的努力，你就会成长为一个勇敢、坚强的人！正如文天祥所说："君子之道所以进者，无法，天行而已矣。"一个自强不息的人，似乎上天都垂青于他。

苏联火箭之父奥尔科夫斯基10岁时，染上了猩红热，持续几天的高烧，引起了严重的并发症，使他几乎完全丧失了听觉，成了半聋。然而，他默默地承受了其他孩子的讥笑和无法继续上学的痛苦，在父亲的帮助下自学了物理、化学、微积分、解析几何等课程。就这样，一个耳聋的人，一个没有受过任何教授指导的人，一个从未进过中学和高等学府的人，由于始终如一地勤奋自学、自强不息，终于使自己成了一个学识渊博的科学家，为火箭技术和星际航行奠定了理论基础，这是何等的毅力！

面对挫折与磨难，我们要敢于拼搏，自强不息。自强是比朋友、金钱以及各种外界的援助更为可靠的东西，它能排除阻碍、战胜艰难，能让平凡的人生创造惊人的奇迹！

一位原籍上海的中国留学生刚到澳大利亚的时候，为了寻找一份能够糊口的工作，他骑着一辆自行车沿着环澳公路走了数日，替人放羊、割草、收庄稼、洗碗……只要给口饭吃，他就会放下身架全心全意去做。

一天，在唐人街一中餐馆打工的他，看见报纸上刊出了澳洲电讯公司的招聘启事。留学生担心自己英语不过关，专业不对口，就选择了线路监控员的职位去应聘。过五关斩六将，眼看他就要得到那年薪3.5万元的职位了，不想招聘主管却出人意料地问他："你会开车吗？你有车吗？我们这份工作要时常外出，没有车是不行的。"澳大利亚公民普遍拥有私家车,无车者寥寥无几,可这位留学生初来乍到连糊口都难以保证,更别谈私家车了,然而为了争取到这个极具诱惑力的工作,他不假思索地回答:"有!会!……""那好!"

主管说:"4天后开着你的车来上班。"

4天之内要买车、学车谈何容易,但为了生存,留学生豁出去了。他在华人朋友那里借了500澳元,从旧车市场买了一辆外形难看的"甲壳虫"。第一天,他跟华人朋友学简单的驾驶技术,第二天,在朋友屋后的那块大草坪上摸索练习,第三天,驾车歪歪斜斜地开上了公路,第四天,他居然驾车去公司报了到。终于,他成为"澳洲电讯"的业务主管。

这位留学生的专业水平如何我们无从知晓,但没有人不佩服他的胆识和自强不息的精神。如果他当初畏首畏尾地不敢向自己挑战,那他绝不会拥有今天的辉煌成就。那一刻,他毅然决然地斩断了自己的退路,让自己置身于命运的悬崖绝壁之上。正是面临这种后无退路的境地,一个人才会集中精力奋勇向前,从生活中争取到属于自己的位置。

自强是一把开启"成功之门"的钥匙,自强是生发前进动力不竭的源泉。

在风平浪静的湖面上驾驶船只,是不需要大量的技巧与丰富的航行经验的。只有在波涛澎湃、浊浪排空的海面上行驶,舵手的航海能力才能被检验出来。

我们不要为经济窘迫、事业惨淡、生活艰难而悲伤叹气,其实这正是我们获得最大的长进的时候。不经历风雨,就难以见到美丽的彩虹!

来自外界的援助,在当时看来似乎是一场"及时雨",但它最终却是一种"祸害",因为它让你错过了自强上进的机会。当你一遇到困难就出手相助的并不是你真正的贵人,而那些督促你、鼓励你去自立自强的,才是你真正的贵人。

世界上有无数身体残缺的人,然而他们比正常人更坚强,他们拒绝亲友的接济,只靠自己的双手养活自己。

当一个人沦为"寄生虫"的时候,他实际上已不再是一个"完整的人"了。如果只有依靠别人才能生活,只靠别人的给予过日子,那活着也便没什么意义了。

而只有当自己拥有一份工作，有一定的地位，有自己的追求，我们才能感觉到自己是一个没有缺憾的人，才能感觉生活的充实，才能感到一种光荣与满足！所以，人活一世，必须努力奋斗，自强不息！

人 生 智 慧

◇不论你生长在什么样的环境下，只要你拥有不灭的意志，积极的心态，自强不息，做出艰苦的努力，你就会成长为一个勇敢、坚强的人！

◇君子之道所以进者，无法，天行而已矣。

◇人活一世，必须努力奋斗，自强不息！

磨难是人生的财富

【聊天实录】

我：古人云"人生逆境十之八九"，雄鹰翱翔天宇，有伤折羽翼之时；骏马奔驰大地，有失蹄断骨之险。人之一生，风和日丽有之，阴雨连绵亦有之。当我们面对一切磨难，我们是坦然接受，还是逃避拒绝？

孟子：自从我们来到这个世界上，在漫长的人生历程和生活轨迹中，不可能一帆风顺春风得意。正所谓：人恒过，然后能改；困于心，衡于虑，而后作。

我：您的这句话是什么意思呢？

孟子：人常常犯错误，这样以后才会改正；内心忧困，思绪阻塞，然后才能有所作为。

我：也就是人生磨炼的重要意义。

孟子：是的，人只有经历了苦难与挫折的磨炼，才能有所作为。

【使命解读】 磨难是成功的良伴，逆境是人杰的摇篮

纵观古今中外，在事业上有所建树成大器者，大凡有过磨难的相似经历，逆境中成材的名人不胜枚举。越王勾践卧薪尝胆，身为国君甘为奴隶，忍辱负重，终成灭吴兴越之志；司马迁受尽"宫刑"，写就《史记》；曹雪芹举家食粥而作《红楼梦》，贝多芬用苦难谱写了震撼人心的《第九交响曲》……这些杰出人物如烈火真金，像是野外小草，遭风雨永不伏，似傲雪寒梅，经磨难志愈坚，最终使生命放出了夺目的异彩。

再怎么成功的人，也会有不顺心的时候，也会有徒劳无功的时候，也会有磨难的侵扰，但这些人不会太在意这些逆境的信息，而是将其视为不完美的结果，并且坦然面对，累积这些"结果"，达到最后的成功。

为什么拿破仑能够突破重重阻力而叱咤风云？为什么海伦·凯勒在双目失明的情况下，心中依然有光明之梦？一个共同之处就是他们都经历过一个又一个的磨难，并且在磨难的打击中迅速成长起来。也正因为如此，伟人们镇定自若，"泰山崩于前而色不变，猛虎趋于后而心不惊"。

某地有一条大河，河的旁边有一个水潭，水潭里有很多鱼，潭边经常聚集着一些钓鱼的年轻人。但是这段时间，他们发现有一个奇怪的渔夫，他在潭边不远的河段里捕鱼，那是一个水流湍急的河段，雪白的浪花翻卷着，一道道的波浪此起彼伏，这是鱼根本不能游稳的河段呀，怎么会捕到鱼呢？年轻人百思不得其解，便觉得这个渔夫很愚蠢、可笑。

有一天，有个好事的年轻人终于忍不住了，他放下钓竿去问渔夫："鱼能在这么湍急的地方留住吗？"渔夫说："当然不能了。"年轻人又问："那你怎么能捕到鱼呢？"渔夫笑笑，什么也没说，只是提起他的鱼篓在岸边一倒，顿时倒出一团银光，那一尾尾鱼不仅肥，而且大，一条条在地上翻跳着。年轻人一看就

傻了，这么肥这么大的鱼是他们在深潭里从来没有钓上来的。他们在潭里钓上的，多是些很小的鲫鱼和小鲦鱼，而渔夫竟在河水这么湍急的地方捕到这么大的鱼，年轻人愣住了，更加迫不及待地想知道答案。

渔夫笑笑说："潭里风平浪静，所以那些经不起大风大浪的小鱼就自由自在地游荡在潭里，潭水里那些微薄的氧气就足够它们呼吸了。而这些大鱼就不行了，它们需要水里有更多的氧气，没办法，它们就只有拼命游到有浪花的地方，浪越大，水里的氧气就越多，大鱼也就越多。"

在常人的意识中，风大浪大的地方是不适合鱼生存的，所以故事中的年轻人捕鱼会选择风平浪静的深潭。但他们恰恰想错了，一条没风没浪的小河是不会有大鱼的，而大风大浪恰恰是鱼长大长肥的条件之一。大风大浪看似是鱼儿们的苦难，实际上恰是这些苦难使鱼儿们茁壮成长。

"宝剑锋从磨砺出，梅花香自苦寒来。"磨难就是财富，受宫刑之辱的司马迁痛定思痛，写出了千古名篇："盖西伯拘而演周易，仲尼厄而作春秋，屈原放逐，乃赋离骚；左丘失明，厥有国语；孙子膑脚，兵法修列；不韦迁蜀，世传吕览；韩非囚秦，说难、孤愤。诗三百篇，大抵贤圣发愤之所为作也。此皆人意有所郁结，不得通其道，故述往事，思来者。"

安逸舒适的环境容易消磨人的意志，最后导致人一无所成，接受命运的挑战是我们磨炼自己、施展抱负、实现梦想的最佳方法。

张海迪在轮椅上完成了一部外国名著《海边诊所》的翻译；贝多芬丧失听力后，写出了传世的《命运交响曲》；陈景润在极其困难的环境中，完成了哥德巴赫猜想的论证；海伦·凯勒是一个又盲又聋又哑的人，而她却写出了鼓舞了千万人的《假如给我三天光明》。他们用自己的亲身经历，唤醒了每一位对生活失去信心的人；他们用自己的奋斗经历，谱写了拼搏人生、战胜宿命的凯歌。

李嘉诚的亚洲首富不是凭空杜撰的，比尔·盖茨的几百亿美元不是美国的海风吹来的。他们都经过了生活的历练，都经过了不如意的侵扰。在漫长的忍耐中，厚积薄发，最后一鸣惊人。

比尔·盖茨刚刚离开哈佛大学与保罗·艾伦一起经营微软之初，处处不尽如人意。因为公司很小，BASIC 的发明并未引起轰动，当时的 IBM 与苹果公司甚至不屑与可怜的微软合作。这些不如意都没能让比尔·盖茨困惑，他在忍耐中不断探求，终于，在 Windows95 推出后，比尔·盖茨让世界上的人认识了自己！

商业本身就充满了各种不确定因素，因此磨难必不可少，纵观千古成功的商人，忍耐几乎是必不可少的手段，经历过痛苦的磨炼，财运会随之而来。如果只是挣硬气、好面子，不懂得忍耐之道，不知晓伸缩之理，那么，你会看见钞票从眼前哗哗流过而自己一无所获。

事理相通，商场的忍耐推而广之，就是成功之道。磨难并不可怕，关键看你能否忍耐，有一颗"隐忍"的心，那么，成功唾手可得。

人生不可能一帆风顺，机会也不会总顺风而来，蕴藏在逆境中的机会有时更加巨大，足以改变人的一生，所以，对于逆境也应该抱着一种忍耐的态度。磨难虽苦，但却可以化为人生的财富。

在逆境中磨炼意志

人们在追求目标时，往往喜欢走捷径，认为这样才会减少很多阻挠，以最快速度取得成功。但不经历风雨，怎能见彩虹？有时绕道而行，才能真正磨炼一个人的意志，更好的迈向成功的道路。

明代开国皇帝朱元璋，出身贫寒，少年时给地主放过牛，给有钱人家做过工，甚至一度还为了果腹而出家为僧。但朱元璋却胸有大志，风云际会，终于成就一代霸业。朱元璋当了皇帝之后，有一天，他儿时的一位穷伙伴来京求见。朱元璋也很想见见儿时的好友，可又怕他讲出什么不中听的话来，犹豫再三，还是让人传了进来。

那人一进大殿，即大礼下拜，高呼万岁，说："我主万岁！当年微臣随驾扫

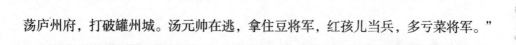

荡庐州府，打破罐州城。汤元帅在逃，拿住豆将军，红孩儿当兵，多亏菜将军。"

朱元璋听他说得动听含蓄，心里很高兴，回想起当年大家饥寒交迫时有福同享、有难同当的情形，心情很激动，立即重重封赏了这个老朋友。

消息一传出，另一个当年一块放牛的伙伴也找上门来了，见到朱元璋，他高兴极了，生怕皇帝忘了自己，指手画脚地在金殿上说道："我主万岁！你不记得吗？那时候咱俩都给人家放牛，有一次我们在芦苇荡里，把偷来的豆子放在瓦罐里煮着吃，还没等煮熟，大家就抢着吃，把罐子都打破了，撒下一地的豆子，汤都泼在泥地里，你只顾从地下抓豆子吃，结果把红草根卡在喉咙里，还是我出的主意，叫你用一把青菜吞下，才把那红草根带进肚子里。"

朱元璋

当着文武百官的面，"真命天子"朱元璋又气又恼，哭笑不得，只有喝令左右："哪里来的疯子，来人，快把他拖出去砍了！"

在人与人的关系以及做事情的过程中，我们很难直截了当就把事情做好。我们有时需要等待，有时需要合作，有时需要技巧。我们做事情会碰到很多困难和障碍，有时候我们并不一定要硬挺、硬冲，可以选择有困难绕过去，有障碍绕过去，也许这样做事情更加顺利。

两点之间，直线最短。这个定理也常常被我们带人工作中，什么工作都想走直线，走捷径，但是越想投机取巧，越想走捷径，往往受的挫折就越多。

做过推销的人很清楚，在与客户打交道时，如果你老是在吹你公司产品如何的好，想让对方直接下单，那是没有用的，他对这些没有兴趣。而如果你动一些手脚，委婉地给对方一些好处，他就会在老板面前极力地推销你的产品，你的单也容易下来。

这就好像爬山一样，想直接登上山顶往往很困难，但如果走盘山路，看似迂回绕道，但走起来很顺利、很轻松，登山的速度反而比走直线还快。工作是与别人打交道，在与人沟通的过程中，也会有许多峭壁和悬崖，或者深涧，让你难以直接攀越。这时候不妨放弃捷径，走点弯路，或许这会容易些。

人生智慧

◇人只有经历了苦难与挫折的磨炼，才能有所作为。

◇磨难是成功的良伴，逆境是人杰的摇篮。

◇越想投机取巧，越想走捷径，往往受的挫折就越多。

用笑脸来迎接悲惨的命运

【聊天实录】

我：几千年来，您的"生于忧患，死于安乐"一直被人们当作警世格言，用来鼓励自己积极向上的一句话，您能再帮我讲讲这句话的真正道理吗？

孟子：这句话出自《孟子·告子下》，意思是，忧患可以使人谋求生存，而安乐必将导致灭亡。

我：你强调了挫折在人生过程中的重要意义。

孟子：是的，挫折是坏事，人人不想拥有之。但正确看待挫折带来的压力，这种挫折就会成为砥砺人才的极其可贵的宝石。

我：也就是说，人有了压力，有所追求，才有前进的动力，保有克服困难、挫折的勇力，勇往直前，不断取得新的成绩。

孟子：挫折，从某种意义上说也是一种挑战。既然有挑战，那么就应该有应战，有应战的精神，这样才会转败为胜。

【使命解读】 ❧ 挫折是生命闪亮的宝石 ❧

端木先生是一位汽车推销员，他为人诚恳，勤快机智，这些都是销售行业所必须的条件。由于他工作上非常努力，生意很火爆。有时候，他真的希望事业能够永远这样辉煌。

可是命运向他宣战了，端木先生在驾车拜访客户的路上，与迎面疾驰而来的汽车相撞，他的右眼永久地失明了，无奈之下，他只有退出了销售汽车的行业。

但是，端木先生并没有向命运低头，他仍在想着战胜困难的策略。有一天，他在一本杂志上看到许多人喜欢修复老旧的房屋，于是灵机一动，想出了一个好主意。他曾经在职业学校上学，木工和家具制造这两门课非常优异，他想如果把自己的木工技能应用到修缮房屋上，一定可以赚到供自己所需的钱。

在做这一切之前，他请职业学校为他开了一封介绍信，又麻烦以前的顾客为他写了一份推荐书，证明自己工作认真且为人可靠。因为大家对端木先生的印象一直都很好，所以都非常愿为他做这些事情。端木还印制了新的商业名片，分送给木匠和木材经销商，并在当地的旧城区做宣传，让人们都知道他是修葺房屋的。

现在，端木先生的公司已经家喻户晓了，生意很好。他说："以前我是做汽车销售的，命运改变了我的生活，但我相信自己一定会战胜命运。"

伟大的人格只有经历磨难与熔炼，才会激发自身的潜力，使视野更加开阔，使灵魂得到升华，这样才会走向成功。一个可以吃常人不能吃的苦的人，必然可以做常人不能做的事。

可口可乐的总裁古滋·维塔是一个古巴人，40年前他随家人离开古巴，来到了美国。当时身上仅带了40美元和100股可口可乐的股票。而40年后，同样是这个古巴人，竟然能够领导可口可乐公司，而且让这家公司在他退休时扩大了7倍，使可口可乐股票值长了30倍！他在总结自己时，说了这样一句话："一个人即使走进了绝境，只要你有坚定的信念，抱着必胜的决心，你仍然还有成功的可能！"

古滋·维塔的一生经历了很多坎坷，但都被他一次又一次地超越了。

挫折会给人以打击，但若在打击中沉沦，难免与向往成功的目标不符。不在沉默中爆发，就在沉默中消亡；同样，不在挫折中奋勇前行，就在挫折中沉沦苦海。

勇气是战胜困难的法宝

勇气是一个人战胜困难的法宝，有时候，我们缺乏的不是解决问题的智慧和毅力，而是缺乏战胜困难的勇气。

有一位撑竿跳运动员，一直苦练都无法越过某一个高度，他失望地对教练说："我实在是跳不过去。"

教练问："你心里在想什么？"他说："我一冲到起跳线时，看到那个高度，就觉得跳不过去。"

教练告诉他："你一定可以跳过去，把你的心从竿上摔过去，你的身子也一定会跟着过去。"他撑起竿又跳了一次，果然跳过去了。

心，可以超越困难，可以突破阻挠，可以越过障碍。只要你内心不放弃，所有的困难和障碍，都能够被你征服。

克鲁尔出生于美国一个工人家庭，由于家庭经济不富裕，他边打工边学习。

他在校期间成绩优秀，文笔很好，被选为校刊主编，把刊物办得有声有色，得到校长、老师、同学们的好评。18 岁那年进入耶鲁大学，两年后，他离开耶鲁大学，进入陆军宪兵队。克鲁尔热爱学习，肯于钻研，他不甘心就此放弃学习，便辞别宪兵队，又到拉特格斯大学学习。由于在校级橄榄球比赛中表现突出，被选为橄榄球队队长，后来又被选入美国橄榄球队。他的一篇学术论文引起了《新闻周刊》的注意，他们采访了克鲁尔，并从中了解到克鲁尔今后的打算——当律师或投身广告事业，不过主意未定。

这个消息被杨鲁比肯广告公司的一位高级副经理知道了，他马上打电话邀请克鲁尔到公司来，并诚恳地说："到广告公司，我们将为你提供一个好的发展平台，而且你的专业知识也有可能用得上。"克鲁尔就这样选择了广告行业。

克鲁尔的信条之一是："困难是暂时的，只要努力，最终就能战胜它。"20世纪70年代初，杨一鲁比肯公司出现了经营危机，一些高层员工纷纷辞职，另找出路，克鲁尔也曾动摇过。董事长奈伊挽留他，并让他把设计部整顿一下，克鲁尔接受了这一任务。他认为设计部是广告，公司兴衰存亡的关键部门。他分析了设计部杂乱、骄纵的症结所在，设计了一套改造设计部的方案。

首先整顿设计部的领导班子，克鲁尔选拔了一批精明、强干、勤劳、能吃苦的骨干，其次是坚决改变设计部工作过去各行其是、不尊重客户的风气。克鲁尔抓住要害问题，经过半年多的整顿，终于使设计部焕然一新，公司很快打开了新局面，扭转了颓势。

从此，克鲁尔从普通的设计员工，一跃成为出类拔萃的管理者。

1974年，西荣斯床垫公司突然宣布，终止委托杨一鲁比肯公司经办广告业务。克鲁尔知道后，马上召集公司设计人员，开了一个极短的会议，仅仅用了36个小时，就准备出了一整套配有布景和音乐的全新广告——"西荣斯床垫公司"的专题广告艺术宣传。通过演绎生动、风趣的演出，给企业界人士留下了深刻的印象。不出一小时，西荣斯床垫公司宣布，鉴于杨一鲁比肯公司出色的广告宣传，该公司将继续委托它经办广告业务，这次富有极大挑战性的广告战是克鲁尔打得最漂亮的广告战之一。

克鲁尔在企业遭遇困难时不是找理由逃避，而是积极寻找解决问题的方法。

他把自己年轻时在运动场上的拼搏精神运用到企业经营中，永不懈怠，不断进取，从而使自己在职场中屡屡得胜。

成功者与失败者之间的分水岭，有时在于一点小小的勇气。当我们勇敢地前进时，我们会惊喜地发现，原来成功的门对我们从不上锁。很多时候，害怕困难的消极思维会使困难在想象中放大一百倍，而当你以积极的态度去面对时，就会发现那些问题与困难根本微不足道。

人生智慧

◇挫折会给人以打击，但若在打击中沉沦，难免与向往成功的目标不符。不在沉默中爆发就在沉默中消亡；同样，不在挫折中奋勇前行，就在挫折中沉沦苦海。

◇成功者与失败者之间的分水岭，有时在于一点小小的勇气。

第五章

孟子与我聊人生姿态胸襟

　　每个人生存在世上，都有他自己的一种生存模式，无所谓正确与否，然而我们提倡积极的人生态度，做人就应该坦坦荡荡，坦荡像一朵即将绽放的花朵，无意中增添了愉快的心情。坦荡又像潺潺不断的流水，管道离心泵，洗涤着人们受伤的心灵，使烦恼消失得无影，使苦闷变为高兴，何不用坦荡面对人生，瞻望自己美好的人生。

不以小善而不为，不以小恶而为之

【聊天实录】

我：我在《孟子·公孙丑下》中看到：仁则荣，不仁则辱。这句是什么意思呢？

孟子：践行仁义之人会得到荣耀，而行不仁不义之人，则会自取其辱。

我：这也就是所谓的"善有善报，恶有恶报"。

孟子：是的，"善有善报，恶有恶报"是佛教教人向善的一种人生循环报应观，它注重从人心灵上的扬善抑恶。在这里我也提倡这种循环报应观，仁者必能获得好的结果，而不仁不义之人一定不会有好的下场。

【使命解读】   **靖郭君的回报**

　　战国时，齐相靖郭君门下有一位门客叫齐貌辨，这个人毛病很多，除靖郭君，其他的门客都不喜欢他。门客士尉为这件事谏靖郭君，但是靖郭君不听，于是士尉离开了靖郭君的门下。孟尝君私下也为这事劝说过靖郭君，靖郭君大怒说："就算把你们都杀死，把我的家拆得四分五裂，只要能让齐貌辨先生满足，我也在所不惜！"他让齐貌辨住在上等客舍，让自己的长子侍奉着。

　　过了几年，齐威王死了，齐宣王即位。靖郭君为人处世的方法很不为宣王赞许，他被迫辞官，回到封地薛处居住，依然跟齐貌辨在一起，在薛地住了没多长时间，齐貌辨向靖郭君辞行，请求让他去拜见宣王。靖郭君说："大王不喜欢我到极点了，您去肯定遭到杀害。"齐貌辨说："我本来就不是去求活命的，但是我一定要去！"靖郭君劝不住他，只好答应他去见齐宣王。

　　齐貌辨到了齐国都城，齐宣王听说了，非常生气地等着他。齐貌辨拜见了宣王，齐宣王说："你就是靖郭君言听计从、非常喜爱的那个人吧？"齐貌辨回答说："喜爱是有的，至于言听计从那是根本谈不上。有两件事说给您听听，大王您就知道了。一件事是，大王做太子的时候，我曾对靖郭君说：'太子耳后见腮，下斜偷视，相貌不仁，这种人会违背常理而行事，不如废掉太子，改立卫姬的幼子校师。'靖郭君流着泪说：'不行。我不忍心这样做。'如果靖郭君当时听从我的话并这样做了，一定不会有今天的祸患。第二件事是，靖郭君回到封地之后，楚相昭阳请求用大于薛地几倍的地方交换薛城。我劝他说：'应该答应他。'靖郭君不同意，说：'我是从先王那里继承的薛地，现在虽然被后王所厌恶，但是我忠于先王的心依然没有变，我要是把薛地换给别人，又怎么对得起先王呢？'这两件事就足以证明靖郭君对您的忠心。"

齐宣王听后长叹，神情激动地说："靖郭君对我竟爱护到这样的地步，我年龄还小，这些都不知道，您愿意不愿意替我把靖郭君请回来呢？"

齐貌辨回答说："好！"于是，靖郭君来到国都，穿着齐威王所赐的衣服，戴着齐威王所赐的帽子，佩戴着齐威王所赐的宝剑。齐宣王亲自来到郊外，流着眼泪迎接靖郭君，并请他出任齐国宰相。

靖郭君因为待友以仁，与齐貌辨患难相扶，肝胆相照，所以在他不如意之时得到了齐貌辨的仁义回报，这种仗义的仁德之举，足以令每一个虚伪之徒汗颜。

善有善报，恶有恶报

唐玄宗晚年，忽发奇想，遣使送信与三镇节度使安禄山，诚邀安禄山去长安华清宫与杨贵妃共洗温泉浴。安禄山接信之后，召集手下诸将于府中，一连两日喝酒吃肉，临行前，送给每位将军大批的财物和一封密信，将领回去后拆信，却是吩咐他按照信中路线立即进军长安的命令，于是安禄山手下的二十余万大军向长安进发，而此时，属于唐室的军队不过才十万人。

"渔阳鼙鼓动地来，惊破霓裳羽衣曲"。短短的三十四天，安禄山就从范阳打到了洛阳。次年正月初一，安禄山在洛阳称帝，国号大燕，把天宝十五年改为圣武元年，一派改朝换代的架势。这一下叛乱谋反的面目大暴露，先前所谓"奉密诏讨杨国忠"的幌子，完全是骗人的，至此，安禄山顿失人心，沦为"乱臣贼子。"

然而安禄山却不相信仁义道德有什么用处，他只知道钢刀是硬的，人的脖子是软的。当他相信这种思想的时候，他的儿子安庆绪当然也会全盘接收。于是安庆绪决定效法父亲，也弄个皇帝来玩玩，就密约安禄山的近侍李猪儿，趁夜晚走进安禄山的帐中，拿刀对着安禄山的肚皮猛砍，砍得安禄山嗷嗷怪叫，至此一命归西。

死在自己的亲生儿子手中，这实在是一个人间惨剧，但凡是这样的父亲，多半自己有着严重的问题，如安禄山，迷信于残暴的武力，所以亲生儿子就用他教的这些东西来回报他，或许安禄山死前能够想到这些吧？

俗话说："善有善报，恶有恶报。"安禄山之死并非是一个特例，正是恶有恶报的最佳例证。

佛经《圣愚经》中有这样一则故事：波罗奈国有兄弟两人，名字叫善求和恶求，善求为人善良，而恶求却总是作恶不已。一次兄弟俩旅行时迷失在漫无边际的沙漠中，于是，善求便祈求神灵保佑，祷告一番后果然出现了一棵大树，树旁有一条小溪。神灵告诉他："你只要砍去树枝，所需的东西就会出现。"善求和恶求都得到了他们所要的东西。可恶求又暗自盘算：如果挖出树根，不是能得到更多的好东西吗？然而，当恶求费尽九牛二虎之力挖出树根时，突然底下冲出五百恶鬼，把恶求撕碎了。

"善有善报，恶有恶报，时间不到，时间一到一定要报。"这是客观事实，也是事物发展的客观规律，古往今来概莫能外。刘备临终时给那个不争气的儿子阿斗留下遗嘱："不以小善而不为，不以小恶而为之。"这是警世之言，存心作恶者们应三思而后行。

人生智慧

◇善有善报，恶有恶报。

◇仁者必能获得好的结果，而不仁不义之人一定不会有好的下场。

◇存心作恶者们应三思而后行。

人皆有不忍人之心

【聊天实录】

我：世上的问题大多起于纷争，文人争为名，商人争为利，勇士争为功，艺人争为能，强者争为胜。争本身并不是坏事，它能促使人向上，促进事业的发展。但是争也要合乎规矩，不能采取不正当的手段，干损人利己的事，那么怎么争才是正确的呢？

孟子：人皆有不忍人之心。

我：这句话是什么意思呢？

孟子：这句话出自《孟子·告子上》，意思是：每个人都有怜悯体恤别人的心情。

我：这句话听起来传递的是一种非常的人性化的思想。

孟子：我从人性的前提推导政治，从人人都有"不忍人之心"的仁心推导仁政，所以仁政是天经地义的。这一推导本身似乎没有产生很大影响，但是，这一前提"人皆有不忍人之心"倒是产生了巨大的影响，尤其是在此基础上所提出的"仁义礼智"都发端于这种"不忍人之心"的看法，成了中国古代哲学中"性善论"的理论基础和支柱，也是我仁爱思想的主要体现。

我：这和成人之美一句的意思很相近。

孟子：意思一样的，君子之学是为了进德修业，修身养性，与人无争，成人之美，与世也无争。身为现代社会的人们，虽大多都不讲什么"君子风度"，但"游戏规则"还是要遵守的，否则，将会落得四面楚歌，被"请"出局。

【使命解读】　　　**君子成人之美，不成人之恶**

公元前283年，蔺相如完璧归赵之后，接着又在渑池会上巧妙地跟秦王争斗，维护了赵国的尊严。赵惠王见他功劳大，就提拔他做了上卿，地位在老将军廉颇之上。

这样一来，廉颇可恼火了，他对人说："我在赵国做了那么多年的大将，为赵国立了很多的战功，而蔺相如本来是一个出身贫微的人，只说了几句话，就把职位摆在我的上边，我实在感到没脸见人。"他扬言："我要是遇上蔺相如，一定要好好羞辱他一番。"

蔺相如听到廉颇这些话后，就处处忍让，尽量不与廉颇见面。每天上早朝时，他就说有病，躺在家里不去与廉颇争位次。有一次蔺相如乘车外出，刚巧遇上廉颇，就连忙驾着车子躲开他，蔺相如身边的人，看到这种情形都很气愤，说蔺相如太软弱、畏缩了，不用说是他，就连在他身边任职的人也感到羞惭，于是大家都说要离开他。

蔺相如坚决不让他们走，并向他们解释说："你们想想看，秦王那样威严，我还仍然敢在秦国的朝廷上当众斥责他，我蔺相如再软弱，也不会惧怕廉颇将军。我只是在想，强暴的秦国之所以不敢侵犯赵国，是因为我们的文臣、武将能同心协力的原因。我与廉颇将军就好像是两只老虎，两虎相争，结果肯定不能共存。我之所以采取忍让的态度，是考虑到国家的安危，然后才能消除两个人的私怨呀！"

没过多久，这些话就让廉颇知道了。这位老将军对于自己的言行，感到既悔恨又惭愧，于是，为了表示自己认错改过的诚意，就脱掉上衣，背着刑杖由宾客领着来到蔺相如家里请罪。一见到蔺相如，老将军就恳切地说："鄙贱之人，不知将军宽阔的胸怀之至此也。"意思就是说：我这个粗鲁的人，却不知将军对我是如此的宽宏大量啊！

从这以后，蔺相如和廉颇这一相一将，情谊更加深厚，最终成了生死与共的朋友，通力合作，尽心尽力地把国家的事情办好。

蔺相如

从这个故事当中我们可以看出，廉颇开始的"争"，是因为他对蔺相如并不了解；同时，他这种"争"也是光明正大、讲究风度的。而蔺相如则以更为博大的胸襟和高风亮节的气概把廉颇给征服了，从而把他"争取"了过来。他们这种君子之间的"争"与"和"，成为千古流传的佳话。

很多人认为，生活就像一场争斗，实际上这种看法是片面的。真正的有眼光、办大事的人，他们从不把精力浪费在斤斤计较的小事上，更不会本末倒置地去与人相互争夺。他们的胸怀和风度，当然也能使对方折服，前提是对方不是一个小人。

第一次登陆月球的太空人其实共有两位，除了大家所熟知的阿姆斯特朗外，还有一位是奥尔德林。当时阿姆斯特朗说过一句话："我个人的一小步，是全人类的一大步。"这早已是全世界家喻户晓的名言。在庆祝登陆月球成功的记者会上，一个记者突然问了奥尔德林一个很特别的问题："阿姆斯特朗先下去，成为登陆月球的第一个人，你会不会觉得有点遗憾？"

在全场注视下，有点尴尬的奥尔德林很有风度地回答："各位，千万别忘了，回到地球时，我可是最先出太空舱的。"他环顾四周笑着说："所以我是由别的星球来到地球的第一个人。"大家在笑声中，都给予他最热烈的掌声。

人生智慧

◇君子之学是为了进德修业，修身养性，与人无争，成人之美，与世也无争。

◇真正的有眼光、办大事的人，他们从不把精力浪费在斤斤计较的小事上，更不会本末倒置地去与人相互争夺。

真诚地赞美别人

【聊天实录】

我：《孟子·告子上》有这么一句：恻隐之心，人皆有之；羞恶之心，人皆有之；恭敬之心，人皆有之；是非之心，人皆有之。这句着重体现了您的什么思想呢？

孟子：同情心、羞耻心，人人都有，恭敬心、是非心，人人都有，这就是说仁政管理思想是建立在性善论的基础之上。要隐恶扬善，就要不吝赞美。

我：这一观点用在现代我们的为人处世中也很重要。

孟子：是的，人际交往中，你如果乐于赞赏他人，善于夸奖他人的长处，那么你的交往快乐指数就会大幅度地提高。赞美是人际交往成功的一种重要能力，在适当的时间给予他人赞美，不仅可以使对方获得信心和动力，还会让对方会因此而喜欢你，而你自己也将受益匪浅。

【使命解读】 赞美是激励下属的绝佳方法

赞美是管理者调动下级的积极性、激励下级工作热情、以实现工作目标的绝佳方法，在领导工作中具有非常重要的作用。人作为万物之灵，又都有自己的思想、情感和需求。任何人在成长过程中，都需要得到别人的欣赏和认可。欣赏能够增添动力，激发活力。得到他人欣赏，就是得到了一种肯定和激励，得到了一种慰藉和力量。

卡耐基说："赞美好比空气，人不能缺少。"心理学家威廉·詹姆士也说："人类本性最深的企图之一是期望被人夸奖和肯定，渴望夸奖是每个人内心里的一种最基本的愿望。我们都希望自己的成绩与优点得到别人的认同，哪怕这种渴望在别人看来似乎带有点虚荣的成分。"

作为员工来说，工作中犯错是难免的。这时上司如果大发雷霆，则是非常愚蠢的，因为下属比起领导更难以接受批评，尤其是上司在发怒时恶意的指责。贬斥只代表过去，赞扬却可以通向未来。不管工作做得如何，总有可值得表扬的地方，表扬永远胜过批评。

有些领导者在管理过程中对"赞扬员工"有着一种担心，他们认为赞扬个别员工可能会使他们自我陶醉，滋生懒惰，不思上进，同时也担心其他员工在背后议论，说对下属不能一视同仁，对员工不平等。其实这种担心是多余的，每个人都渴望得到赏识，得到赞美，无论是身居高位还是地位卑微；无论是刚入公司的小青年，还是升迁无望即将退休的老员工。上帝也是要人们赞美的，因而信仰上帝也就是赞美上帝。

赞美能使百年冤仇顷刻顿消，赞美能使古板呆脸增添笑容。人们普遍地希望能得到别人的赞美，对于赞美他的人，自然地也就容易接受。公司的领导者在对员工进行赞美时，不要有过多的担心，因为，被赞扬的员工不但不会骄傲，反而会为受到赞扬而更加努力。领导者赞扬员工，一定要在员工的工作成绩达到该赞扬的程度时才赞扬。只有这样，员工才会产生无限的喜悦和神圣的使命感，感到自己得到应有的承认，从而更加努力地去工作。

赞美不需要廉价地拍卖，不要以为赞扬便是"良丹妙药"包治百病。在员工没有好的表现和成绩时，领导者认为随便对其施加一通赞扬，员工便会信以为真而激发工作热情吗？很显然，若一开始他们还有所顾虑的话，很快就会不理睬领导者的话。因为他们认为领导者在搞阴谋，刻意讽刺，这是会影响管理人员在员工中的形象和权威的。

虚浮的赞扬不仅不会产生激励的作用，反而会增加员工对领导不信任的因素，使赞扬者变成伪君子，使员工产生受捉弄感。在赞扬时，语言要发自内心，如果领导者在赞扬员工时漫不经心，一边读报、喝茶，一边说着几句赞扬的话，不但不会起到赞扬的效果，反而会引起员工的反感，认为领导者是在敷衍他，对他不尊重。久而久之，即使当领导者严肃认真去赞扬员工时，员工也会不在乎和不理睬。

"人不畏惧倒下，但最怕人格和威信再也提不起来"，而人格和威信的"倒地"也就在不经意的琐碎事中。因而，赞扬不能无关痛痒，赞美更要显出真诚。

另外，以非常公开的方式对单独一个人进行表扬，会使赞扬的效果更加显著。一位国外的企业家说："如果我看到一位员工杰出的工作，我会很兴奋，我会冲进大厅，让所有的其他员工都看到这个人的成果，并且告诉他们这件工作的杰出之处。"这位企业家发现员工的成果及时给予表扬，并示之以大家的做法，会使其他的员工暗暗憋上一股劲，你追我赶，你赶我超，而形成良好的工作氛围，使整个企业在一件小事上得到最大的受益。相反的，领导者如果只对这位员工进行私下表扬，暗暗努力的也许只有这名员工自己，达不到上面那样好的效果。

一般人都尊重领袖，自己内心也有一种领袖感。企业里的每位员工都是愿意"脱颖而出"的，领导者当众进行表扬恰是让他们"脱颖而出"。有了成绩的员工被表扬，就等于在企业中树了一个榜样。

有一位企业家，他的员工和部下总是充分显示出自己所具有的才能，发挥出应有的能力，他在用人方面显示了超凡的艺术，他是怎样用人的呢？

他每次迎接刚参加工作的新员工时，总是带着发自内心的微笑，一一握着他们的手说："我一直在等待着你们的到来。"那些自尊心很强的人，看到老总这般的赞扬、这般的亲切很是兴奋，决心一定要干劲十足，不辜负领导的希望。这位企业家不仅在口头上这样说，在具体工作中更如此去做。他信任员工，大胆地让员工去做事情，给员工很大的自主权，使员工们真正感到这位企业家确实是"一直在等待着"他们的到来。另外，他对那些成绩突出、很想成为领导、自信心非常强的部下，也用这种方法，给他们看似不是赞扬的赞扬，使员工感到自立的重要性。

这位企业家对那些有专业特长的人总是报以敬重和谦虚的态度，他总是喜欢对他们说"虽然我不是专家，但是有你们的帮助，我肯定能够成功"之类的话。这位企业家所用的方法就是经典式的"怀柔政策"：用平淡的赞扬、亲切耐心的态度去激励员工和部下，这一点与汉高祖刘邦有异曲同工之妙。那些过于自信、过于固执的部下和员工也往往为其所"感动"，从而企业上下一条心，拧成一根绳，使企业蒸蒸日上。由此可见，赞扬是花费最小、收益最大的管理秘诀，不能不令人称道。

磨刀不误砍柴工，要想砍下树木，最好磨快锯子，要让企业出效益，就学会赞美员工，给他们以"不可不进取"的动力吧！

人生智慧

◇赞美是管理者调动下级的积极性、激励下级工作热情、以实现工作目标的绝佳方法，在领导工作中具有非常重要的作用。

◇磨刀不误砍柴工，要想砍下树木，最好磨快锯子，要让企业出效益，就学会赞美员工。

爱出者爱返，福往者福来

【聊天实录】

我：您对仁爱思想也非常重视，做人必须有仁爱的心，您能具体向我讲解一下，您所阐述的仁爱吗？

孟子：仁，人之安宅也。

我：这么简单？那么这句话是什么意思呢？

孟子：这是《孟子·离娄上》中的一句，意思是：仁是人的精神家园。

我：那么通俗一点怎么讲？

孟子：我认为，仁是人们心灵的栖居之地，能把持住心的只是仁慈之性，身可以四处流浪，心却是要安家的。

我：这个"家"就是仁爱之心。

孟子：是的，仁爱不仅是中国传统文化的主要内容，也是世界各国文化的主要内容之一。古代那些有智慧的官吏，非常注重培养仁爱之心，广布仁爱之德。因为他们知道，具有仁爱之心容易得到上司的欣赏和百姓的爱戴，有可能官位长保，即使退位后也能得善终。一个官吏如果缺乏仁爱之心，就不会有好下场。

【使命解读】 ❧ **做人要有仁爱之心** ❧

西汉时，有位叫疏广的人，很有学问，曾在朝廷担任博士，后来还做过皇太子的老师，地位极其显赫，当他告老还乡时，皇帝和太子赐给他很多金银钱财。

疏广回到家乡后，把这些赏赐都分给了那些需要帮助的乡亲们，既没有为自己购置田产，也没有将这些钱财留给子孙。有人劝他，但疏广却说："这些钱财是皇上和太子赐给我的，我要将它取之于民用之于民。至于子孙今后的生活，不能依靠我，而要靠他们自力更生，艰苦创业。他们如果有出息，就不需要我留给他们钱财，如果他们没有出息，我留给他们的钱财越多，就会害他们越深，你们说我还需要留钱财给子孙吗？"

疏广的一席话，说得在场的人无不点头称赞。

还是那句话，"爱人者，人恒爱之"。只有懂得爱护他人的人才能得到他人的爱护，也才能得到快乐与幸福。

曾有一位教书先生，春节前夕向东家领取了一年的酬劳，高高兴兴地拿着银子准备与家人团聚。在回家的路上，教书先生遇到了一件令他为难的事情。他听见悲惨的哭声从一间矮小的茅屋中传出来，恻隐之心使这位教书先生不由自主地向茅屋走去。进门后，他看到一名妇女躺在门板上奄奄一息，一个男人和孩子正哭成一团。

教书先生从男人那里得知，躺在门板上的是他的妻子，得了急病，快要不行了，但因为没有钱请郎中治病，只有等死了。

教书先生一听，左右为难，如果把这些钱给了这家人治病，自己家的日子将怎么过？如果不帮助对方，就是见死不救，自己于心不忍，最后还是仁爱之心占据了上风，他毅然把自己的银子交给了这位男子，让男子快去请郎中救妻子的命，妇女这才得救。

教书先生回家后，妻子正盼他带回来辛辛苦苦赚到的银子，他自然交不出，只得如实告诉了妻子路上献银救人之事。妻子尽管很失落，但也对丈夫给予了理解。他们商量着如何过年，这时孩子们进来嚷着要吃肉。教书先生只好放下斯文，向一个亲戚家赊了个猪头，以打发孩子。妻子将赊来的猪头放入锅中煮了起来，满屋顿时弥漫着猪肉的香味，给几个孩子带来了一些安慰。

正当他们家准备切猪头肉过年的时候，赊给他们猪头的亲戚来了，说是他夫人觉得赊给他的猪头太便宜了，因此和他吵得不可开交，要教书先生帮忙把猪头还给他，否则他家过不了安生年。教书先生无奈，只有将煮熟的猪头还给了那个亲戚。

教书先生献银救人的义举在乡间广为传播，这时正值朝廷在全国各地选拔人才，教书先生被当地官府推荐给了朝廷，加上他又有真才实学，八年十载之后，当上了朝廷六品官员，家庭生活水平自然大大提高，不再为置办年货而发愁了。

这年又逢过春节，教书先生突然想起当年赊猪头过年的往事，感慨万千，欣然做打油诗一首："想当初，可怜可怜真可怜，煮熟猪头还现钱；看今朝，有朝一日时运转，朝朝日日当过年。"

这个故事也说明了"爱出者爱返，福往者福来"的深刻哲理。

✤ 因为有爱世界才灿烂 ✤

仁爱是儒家思想的主要内容，也是和谐社会的重要思想基础。仁爱作为一种做人的美德，成为古今中外各界人士所崇尚的行为。有智慧的人，非常注重培养子孙的仁爱之心，因为广布仁爱之德的人，才能得到人们的敬重于爱戴。如果缺乏仁爱之心，人生就不会得到真正的幸福。因此，做人不可失去仁，否则心灵就失去了居所，人也就不成其为人了。

许多国外大富豪在创造个人财富的同时，也非常热衷慈善事业，将自己的财富施舍给需要帮助的社会大众。曾有人计算过，美国微软公司创始人比尔·盖茨目前的资产可以买 31 架航天飞机，或者 344 架波音 747 飞机，拍摄 268 部《泰坦尼克号》。但事实上，富可敌国的盖茨夫妇生活很简朴，唯一可称得上奢华的只有他们位于西雅图郊区价值 5300 万美元的豪宅。不过据到过盖茨家的人介绍，这栋豪宅内陈设相当简单，并不是常人想象的那样富丽堂皇。盖茨曾说过："我要把我所赚到的每一笔钱都花得很有价值，不会浪费一分钱。"

盖茨夫妇

在过去的几年里，盖茨把他的大量个人财富捐献给了慈善事业。据统计，盖茨至今已为世界各地的慈善事业捐出 300 多亿美元，成为世界上最慷慨的富人。目前，以盖茨夫妇两人名字命名的比尔和梅琳达·盖茨基金会是全球规模最大的私人慈善组织，其基金规模是老牌的福特基金会的 3 倍、洛克菲勒基金会的 10 倍。盖茨在伦敦庆祝自己 50 岁生日的时候，对在场的记者表示："我自己名下的巨额财富对我个人而言，不仅是巨大的权利，也是巨大的义务。我准备把这些财富全部捐献给社会，而不会作为遗产留给自己的儿女。"

有媒体报道，美国"股神"巴菲特 2006 年 6 月 25 日宣布，将自己 85% 的资产捐献给慈善事业。巴菲特的总资产高达 440 亿美元，意味着他这次将捐出 370 亿美元，一举超过盖茨基金会总额为 290 亿美元的善款，而且还要多出 80 亿美元，成为世界"首善"。

在当今世界里，因为有爱世界才温暖，因为有爱世界才灿烂。只要我们人人献出一点爱心，人人学习仁人，人人争做仁人，人人则都是仁人。喜看爱潮滚滚来，涓涓细流汇慈海，仁者爱人将放射出更加灿烂的光彩！

人生智慧

◇爱出者爱返，福往者福来。

◇当今世界里，因为有爱世界才温暖，因为有爱世界才灿烂。

◇人人学习仁人，人人争做仁人，人人则都是仁人。

多一些善良，多一些宽容

【聊天实录】

我：做人就要谨记：真、善、美。您对其中的善怎么看的呢？

孟子：取诸人以为善，是与人为善者，故君子莫大乎与人为善。

我：这句话是什么意思呢？

孟子：选取学习别人的优点用来完善修补自己，这是和别人一起做善事，所以君子最崇高的德行就是同别人一起行善。

我：我也一直认为与人为善是中华民族的传统美德，是为人处世的重要准则。

孟子："与人为善"包含着丰富的内涵，君子最崇高的德行就是协同别人一起行善。但后来，与人为善的含义有所拓展，多指以善意的态度对待别人，为人着想，乐于助人。

我：善良是生命的善金。

孟子：是的，多一些善良，多一些宽容，多一些理解，我们的世界将会变得更加美好。"勿以恶小而为之，勿以善小而不为"，让我们人人都心存善念，从小善做起，相依一颗善良之心，相互温暖着在人世间行走。

【使命解读】 ❧ **心存善念，成就大德** ❧

印度北部有个村庄，叫格依玛村，这里土地贫瘠，人们生活穷困，连填饱肚子都成了问题。离格依玛村不远有一简易公路，经过那里的车辆经常发生事故。有一次，一辆装载着食用罐头的货车在那里翻进了沟里。司机受了伤，拦了一辆车去了医院，那些货物无人看管。格依玛村的村民见了，就将那些罐头偷偷地运回家，一连好几天，家家户户都有罐头吃。这件事给了格依玛村民启发，俗话说，靠山吃山，靠水吃水，他们完全可以靠路吃路了。但车祸毕竟不会经常发生，于是，他们想到一个主意，晚上，趁公路上没人的时候，他们就拿工具，把公路的路面挖得坑坑洼洼，这样一来，车子在那里出事故几率就多起来。

即使车子在那里不出事故，但因路况太差，所有车子行进速度都会大大减缓，村民们会跟在车后，趁司机不注意，偷偷地从车门里拿走一些他们需要的东西。这件事在渐渐演变，起初，他们只是偷拿一些食物，后来，其他货物他们也拿，拿了好送到市场上去卖钱。

再发展到下去，他们就明目张胆地抢了，一时间那条简易公路成了最不安全的路段，每个月都会发生几起抢劫案。警局出动警力破案，他们在现场抓住了两个正在抢货的格依玛村民，给这两个村民量刑。但这样做并没有威慑住其他村民，反而让村民们学会了抢劫时更加隐蔽更加机警。他们的作案开始有组织并有序起来，有专人负责把风预警，抢到货物后就拿回家藏起来，或者更换货物的包装，让前来搜查的警察找不到物证。

当地政府也想了很多办法，想让格依玛村民放弃哄抢货物的不道德和非法行为，引导他们走上正途。无奈，格依玛村民已经从哄抢货物中尝到甜头，他们习惯了这种不劳而获的生活方式，所以哄抢货物的事在格依玛村附近屡屡发生。

那年冬天，因为从格依玛经过常丢失货物，所以，许多货车司机选择绕道行驶避开格依玛路段，这样一来，格依玛村民好几天没有收获。这一天，终于有辆货车从那里经过，车上装的是一袋袋磷酸酯淀粉，是一种工业用淀粉。大家就一拥而上，抢走了二十多袋磷酸酯淀粉。司机是个小伙子，见有人抢了他的货，便停下车，跟在抢货人的身后往格依玛村追。这样一来，反给了其他格依玛村人机会，他们不慌不忙地将无人看管车上所有淀粉搬了个空。小伙子追进村子，就请求村民将他的货还给他，但格依玛村人都不承认拿了他的东西。小伙子百般恳求都没用，他只能告诉村民们，那些磷酸，有酯淀粉不是普通的食用淀粉，而是工业淀粉，那是有毒的，吃了会死人，他们拿去也没用。

小伙子说的是实话，但格依玛村人都不相信，因为这种磷酸酯淀粉无论是从色泽还是手感，都与他们平时吃的食用淀粉毫无区别。小伙子见村民们不信，吓得不知所措。他本想去警局报案，但是又担心他一离开，真有人将那些淀粉做成食品吃了会闹出人命。

他一家家登门去说明情况，甚至向村民们下跪，请求他们："千万别吃那些淀粉，那样是会死人的。"小伙子的不懈努力，让村民们对他的话将信将疑。有人就将那种淀粉拿来喂鸡，结果吃了这种淀粉的鸡不一会儿就死掉了，这下，村民们都惊骇了，继而是深深的感动。他们抢了小伙子的货，小伙子理应怨恨他们，即使他们吃了那种淀粉被毒死，也是罪有应得，可小伙子为拯救他们的生命不惜给他们下跪 来请求他们别吃这些淀粉。

这样的爱心，这样的善良，这样的胸襟，让他们羞愧难当，感动不已。村民们自发地将那些工业淀粉都交了出来，重新送到了小伙子的车上。自此之后，格依玛村人再没哄抢过货物，即使有人想打过往车辆的主意，立即就会有人站出来说话了："想想那个好心人吧，我们伤害了他，他却救了我们全村人的命，想想他我们还有脸继续干这种伤害别人的勾当吗？难道我们真的是魔鬼？"格依玛附近的公路太平了。

人的善念是可以唤醒的，就看你怎么去唤醒。即使在一个道德急速下滑的社会中，只要还有人义无返顾地坚持善良，无私地为他人付出，那么这个社会就是有希望的。任何人心里，其实都有一根善良的弦，这根弦，只有爱心才能拨得动它。想要人善良，首先付出你的爱，再恶的人，你用你的爱，都能唤醒他的善良，让他摒除恶念。

金钱和物质并非现代社会的全部意义，中国人传统的"温、良、恭、俭、让"在现实世界中同样存在着广阔的适用性。选择善良吧，就像在人生的银行中储存了一笔巨款，说不定将来它就在你的生命里发挥着巨大的作用。

上善若水，万物不争

长州有个大户，叫作尤翁，他开了一家非常大的当铺，当年有上万两银子入账，生活当然非常富有。这一年，将近年关，各家各户都忙着准备过年了，家家张灯结彩，好不快活，尤翁家的当铺也高高的悬起了红灯笼，家里人忙里忙外，准备年货。

这天，当铺外面突然传来一阵争吵的声音。尤翁问伙计到底是怎么回事，伙计说："主人，这个人先是将衣服当了钱，现在却空手来取衣服，我与他讲道理，他反而骂人，天下哪有这样的道理呢？没有钱却来赎当，当铺还不亏死了。"

尤翁再看看那人一副气势汹汹的样子，丝毫没有退缩的意思。尤翁便将那人拉到一旁，和声细语地对他说："老兄，我明白你的意思，不就是为了过年吗？这点小事，何必搞得这么紧张呢？"说完，就让伙计去屋里找出那人曾经当过的四五件衣服，指着其中一件棉衣对他说："这件棉衣嘛，是冬天御寒不可缺少的，你拿回去穿吧。"接着又指着一件道袍说："这件嘛，过年的时候给亲戚朋友，穿得着，你也拿回去吧。至于其他几件不是争用的，可不可以先放在我这呢？"

那人也不推辞，更不言谢，拿了两件衣服默默地走了。那天夜里，这个人竟然死在了另一户人家中，他的亲属与别人打了多年的官司才得以了结。

后来，人们才知道，那邻居因为欠了很多债，无力偿还，于是，就事先服了毒，准备去诈骗，如果人家不给他钱，他就赖在那里，直到毒发身亡，让对方吃官司。他首先想到的就是尤翁，他知道尤翁很富有，准备来诈他一笔钱，但是由于尤翁的忍让，他的目的没有达成，于是他便转到了另一户人家，实现了他的目的。

于是有人问尤翁："您是怎么预先知道那人喝了毒药，是在敲诈您，所以才那么容忍他呢？"尤翁谦逊地答道："哪里，哪里，我怎么会事先知道他有这么一手呢？不过，就我的经验来看，凡是无理取闹的，他一定有所倚仗，如果我们小不忍就要遭到大的祸害了。"

大家听后，都很佩服尤翁的见识。

可见，包容退让是换来平安的法宝，是免去灾祸的良方。退让，不是胆怯、懦弱，而是具有丰富积淀的大智慧。须知，在事业的道路上，在人生的旅程中奋力拼搏、努力进取无可非议，但这并不意味着在拼搏进取中不留一分宽容、一分谦逊。在路行狭窄处，不妨做出高姿态，退一步海阔天空。同样的道理，高潮过后必定平淡，由清淡到浓情，是在步步高升；由浓情到平淡，是在步步后退。所以，在浓情处不妨只用三分，留下清淡的余韵会历久弥香。

忍一时风平浪静，退一步海阔天空

某君博学多才，是乡里有名的绅士，一日，赶着去参加一个诗会，急匆匆地就出门了。去那个诗会有一条必经之路——独木桥，刚好这天是逢集，来赶集的人也要从这条独木桥上经过。

刚到独木桥边，见有一老婆婆正从对面上桥，他一想自己是绅士，不能没风度地叫老婆婆让他先过，于是就礼貌地让老婆婆先过桥，老婆婆过来以后他还很绅士地向她微微一笑，老婆婆夸他真不愧是大家公认的绅士，他心里美滋滋的。

见老婆婆过了桥他又准备过桥了，恰巧这时他看到有一个孕妇已经在那头上了桥，尽管心里有些不乐意，但还是很礼貌地让孕妇先过了，孕妇过桥以后也夸赞他有风度，他也是对那孕妇报之一笑，以示风度。他看了看日头，时间是迫在眉睫了，于是低着头就直往桥上冲。走到桥的一半，却与迎面而来的樵夫撞了个满怀，他有些生气了，但为了保持他的绅士风度，还是强忍着怒火，礼貌地对那樵夫说：

"请让我先过去吧。"樵夫不乐意地回答："你没看见我这肩膀上扛着很重的柴火吗？为什么你不让我先过呢？"绅士也急了："你这个没文化的粗人！赶快让我过去！我要赶着去参加诗会！"樵夫并没有要让他过去的意思："就你的时间要紧啊，你不知道今天是赶集吗？要是去迟了，我这担柴火还卖给谁，我一家老小吃什么？你以为像你们这些自视清高的文人写诗做文章就有饭吃了吗？"

二人就这样喋喋不休地吵了起来，绅士一看参加诗会的时间早过了，索性也就赖在桥上了。樵夫心里盘算着，就算此时过桥，那买柴火的人也早走了，你赖在这里我也不会让你，任凭后面赶着要过桥的人怎么劝说，他们就是不让，就这样僵持着，偶尔争吵几句。

这时，桥下漂来一叶小舟，小舟上坐着一位神态悠然的老和尚，绅士赶紧叫住了那和尚："老师父，请慢行，您来给我评评理。"和尚问是怎么回事，樵夫和绅士都理直气壮地把事情的经过说了一遍，老和尚向樵夫问道："你这担柴火能卖多少钱？""如果去得早，能顺利地全卖完的话，可卖 10 文。"樵夫回答。老和尚哦了一声继续问道："那现在若是让你先过桥，你这担柴火还能卖完吗？"樵夫听他这么一问更来气了："被他这么一挡，市集早散了，我还卖给谁？"这时老和尚不慌不忙地说："既然如此，你为什么一开始不让这位绅士先过桥呢？这样一来，他可以按时去参加诗会，而你也可以顺利把柴火卖完了。"樵夫被问住了，无言以对地低下头。

　　绅士见樵夫被问住了，心中暗喜，以为老和尚是帮着他说话的，还没乐完，老和尚又开口问他了："你的诗会很重要是吗？""当然，对于我们这些读书人来说，诗会是非常重要的，况且今天的诗会我是主角！"绅士得意地说道。老和尚又是"哦"了一声，继续问道："既然它对你那么重要，你为什么不让这位樵夫大哥先过去，这样你便可以在诗会上展现自己了，更何况谦让应该是你们这些读书人必备的品行吧？"绅士没想到老和尚会这样说他，有些急了："可是在这个樵夫之前我已经让了两个人了，凭什么还要我让他！"老和尚笑笑，说道：

　　"既然此前你都让了两个人了，那么你就不能再让多一个人吗？"这下绅士被彻底问住了，顿时从脸红到脖子，他没有再反驳一句。

　　老和尚最后给他们留了一句话就飘然而去。

　　"年轻人哪，给别人让路的同时也是在给自己让路啊。"

　　在社会生活中，人们的习惯各异，脾气秉性不同，难免会发生误会和矛盾，只要不是原则性的问题，不妨多一点宽容，不妨主动相让，做出适当的妥协和让步，以化解不必要的矛盾。谦让是中华民族的传统美德，谦让是一个人有涵养的表现，是对其他社会成员的尊重和宽容，并非意味着软弱可欺，更不是妄自菲薄。在社会生活中，我们应学会谦让，妥善地处理与他人的矛盾和冲突，给别人让路也是在给自己让路，与人方便，自己方便。

　　忍一时风平浪静，退一步海阔天空。在生活中放宽心态，多一分宽容，少一点狭隘，谦让一些，既能显出自己的风度，又能减少很多不必要的麻烦，还有什么理由争执呢？

人 生 智 慧

◇做人就要谨记：真、善、美。

◇忍一时风平浪静，退一步海阔天空。

◇包容退让是换来平安的法宝，是免去灾祸的良方。

注重道德，以正其身

我：您觉得为人处世中怎样才能让别人心悦诚服。

孟子：以力服人者，非心服也，力不赡也；以德服人者，中心悦而诚服也。

我：这句话是什么意思呢？

孟子：这是我《孟子·公孙丑上》中的一句，意思是：用武力征服别人的，别人并不是真心服从他，只不过是力量不够罢了，用道德使人归服的，才是心悦诚服。

我：可在这里我看到的是品德对治理国家的重要性。

孟子：是的，这引申到我们的为人处世中，也同样是适用的。人的品行、道行其实就是"德"，生活中人们对自己仰慕的人最常说的就是德才兼备。

我：原来这样。

孟子：一个品行不端、德行糟糕的人不可能结交真正的朋友，获得长久的事业成功。这样的人很难有人能与之长期合作，因为这种人不是搞一锤子买卖，就是过河拆桥；这种人在家庭中，也会做出不道德的事情，极有可能造成爱人和孩子的痛苦与不幸；他们甚至还可能因为某种利益的驱动，铤而走险以致落入法网……

我：德性真的非常重要啊！

孟子：是的，"德"非常重要，在我们现实的生活中，那些外貌风流倜傥、内心空虚的人，那些只图享乐、追求不劳而获的人，那些对于个人得失斤斤计较、唯利是图的人，那些投机钻营、见风使舵、两面三刀的人以及为谋求私利、苟且偷安而不惜辱没人格品性的人，都会被认为是失却了德性从而使生命黯然无光的人。伟人和圣者的德性是至善至美的，我们通常只能高山仰止，心向往之。但是，我们并不因此而放弃自我德性的造就，否则，我们就丧失了生命底色的光芒。

我：看来必须重视德性的养成。

孟子：对，每一个有意义的人生，都因其独特的德性而点缀着大千世界的处处风景。虽然这一风景不一定形成胜景，但是，只要这风景有其独特而崇高的风味，能充实自我的生命，能丰富我们的社会，它就是有价值的。

【使命解读】　◦───　**重视德性的养成**　───◦

古人云："石蕴玉而生辉，水怀珠而川媚。"的确，人的内在崇高德性一旦形成，就一定会流溢于生命的感性形象之中，使我们的生命具有一种绚丽的华彩。因此，要走向成功，需要以德立身，这是一个成功者必须确立的内在标准，没有这个内在的标准，人生之路就会失去支撑，最终导致失败将是必然的。同样，在做人处世中，要想在人际交往中畅通无阻，成为一个人人喜欢的人，以德立身也是必不可少的。

据《论语》记载，曾子每日必自觉地反思这样三个问题：其一，答应为别人做的事，有没有不尽心竭力去做？其二，与别人交往有没有不讲信用，甚至虚伪的地方？其三，所学的东西有没有真的付诸实施？曾子德行的高尚，我想肯定首先得益于他的这种自觉。

这种自觉常常也是生命快乐的来源。在与人交往中，我们总是可以碰到一些胡搅蛮缠、极令人讨厌的家伙，倘若我们还以胡搅蛮缠，或者诉诸愤慨，那是不明智的。孟子的办法是："有人于此，其使我以横逆，则君子则必自反也。……其自反而仁矣，自反而有礼矣，其横逆由是也，此亦妄人也已矣。"一句"妄人也已"的蔑视，我们便可以走出烦恼的心境，这无疑是一种潇洒的"仁者无忧"之境。

所以，生命的这种自觉实在是一种生存的智慧。我们常可发现银行每天下午四点半钟关起门来结账，隔着玻璃门，可以看见职员们比上午还忙碌。他们每天都要把当天的账目弄得清清楚楚，不拖延，不马虎，这是做生意的道理。其实做人也要像做生意那样，每天把账目弄得清清楚楚。如果赚了，继续努力；如果亏了，赶快改弦更张。

倘若，没有这种理性的自觉，没有对生命的这种"反求诸己"，我们或许会把自己的人生输得一败涂地。

1999年3月，美国的《读者文摘》刊登了一篇文章，作者写道：我应邀为一家银行诊断员工士气低沉的原因，年轻的银行总裁叹气说："我真不明白哪里出了问题。"他精明能干，由底层晋升至现在的高位，却发觉银行业务日渐衰落，他归咎于下属工作不力："我使尽浑身解数激励员工，他们还是无法振奋。"

他说得对，银行里到处弥漫着互不信任的气氛，我与员工多次私下交谈之后，终于明白了真相。所有员工都知道，这个已婚的年轻总裁与一名女职员有婚外情。现在事情清楚了：银行业绩差劲是受总裁品德所累，他只顾偷欢，忽略了其行为的后果。

由此可见，品德其实对每一个人来讲都极为重要。品德由种种原则和价值观组成，给你的生命赋予了方向、意义和内涵。品德构成你的良知，使你明白事理，而非只根据法律或行为守则去判断是非。因此，正直、诚实、勇敢、公正、慷慨等品德，在我们面临重要抉择之时便成了首要。

没有德性的看护，我们的社会将会陷入人人自危的境地，我们将自绝于自己创造的文明，而我们的社会就将变成人人凭感性冲动和物欲办事的角斗场。由德性所铸成的道德自觉和心灵秩序，将是扼制恶欲、恶念、恶势力的蔓延和滋长的精神武器。德性无形，于心灵深处凝结，化理想、美德为日用常行。我们之所以必须重视德性的力量，其根本原因便在于德性在塑造人的心灵秩序和人格结构方面具有不可替代的作用。

注重道德，以正其身，才能有资格赢得人们的喜欢，在灯红酒绿的现代生活里，很多人抵挡不住诱惑而丧失操守、道德纶丧，纷纷坠入堕落的深渊，我们一定不能掉以轻心。

> **人 生 智 慧**
>
> ◇在做人处世中，要想在人际交往中畅通无阻，成为一个人人喜欢的人，以德立身也是必不可少的。
>
> ◇品德由种种原则和价值观组成，给你的生命赋予了方向、意义和内涵。
>
> ◇德性无形，于心灵深处凝结，化理想、美德为日用常行。

和气生财，善待朋友

【聊天实录】

我：俗语说：一个篱笆三个桩，一个好汉三个帮。一个人，即使是天才，也不可能样样精通，所以，他要完成自己的事业，就必须善于利用别人的智力、能力和才干，那么怎么借助别人的力量呢？

孟子：君之视臣如手足，则臣视君如腹心；君之视臣如犬马，则臣视君如国人；君之视臣如土芥，则臣视君如寇仇。

我：这句话是什么意思呢？

孟子：如果君主把臣下当手足，臣下就会把君主当心腹；君主把臣下当狗马，臣下就会把君主当一般不相平的人；君主把臣民当泥土草芥，臣下就会当仇敌。

我：您在这里指出了君与臣之间的关系，只有君主把臣民当作手足，那么臣民才会对君主死心塌地。

孟子：这是我仁爱论之一。这一观点运用于企业管理中，可以理解为管理者把员工当作朋友，员工才会对公司死心塌地。作为企业管理者，要最大限度地调动下属的工作积极性，最好不要把自己和员工定位为雇佣和被雇佣的关系，而要把员工当作自己的朋友，这样他们才会在关键时刻助你一臂之力。

【使命解读】　　善待伙伴，视他们为朋友

人是一种感情动物，他必须时刻进行感情上的交流，他需要获得友谊。在迈向成功的道路上，要想坚持到底，仅仅依靠信念的支撑是不够的，还必须有友谊的滋润。良好的人际关系会使你获得一种强大的力量和热情，在成功时得到分享和提醒，在挫折时得到倾诉和鼓励，这必将会有助于你心理的有益平衡，从而有勇气迈向新的征程。

在许多人的心目中，商场就是战场，充满着尔虞我诈、你死我活的斗争，根本没有什么人情好讲；其实不然，要想在商场上不被淘汰掉，你就必须懂得广交朋友，善于用"情"，就会收到意想不到的收获。

香港富豪李兆基就非常善于处理人际关系，这使他的生意也充满了人情味儿，并且获益匪浅。他的哲学是：对长期合作伙伴，一定要让彼此皆大欢喜。

1988 年的一天，建筑部的经理偶然向李兆基提及，说承接恒基集团一项工程的承包商要求他们补发一笔酬金，遭建筑部的拒绝。

李兆基便问："那个承包商为什么要出尔反尔呢，一定有他的原因吧？"

"是的。"建筑部的人回答："他说他当初落标时计错了数。直到如今结账时，才发觉做了一桩亏本生意。"

本来，这桩买卖是签了合同的，有法律保障，大可不必对此进行处理。但李兆基却说："在市道不俗时，人人赚到钱，唯独他吃亏，也是够可怜的。法律不外乎人情，承包商是我们的长期合作伙伴，反正这个地盘我们有钱赚，也就补回那笔钱给他，皆大欢喜吧！"由此可见，注重人情投资也会使你获利。无论做什么事，一定要讲点儿人情味。

李兆基

李兆基之所以能成为亿万富翁，做出那么大的局面，这与他善于运用人际关系技巧有着十分重要的关系。

凡跟李兆基工作过的人都对他赞不绝口，认为他是最照顾伙计利益的好老板。

为了取得同事的精诚合作，李兆基给几位重要的管理决策人员一些机会，让他们投股于一些十拿九稳的房地产计划上，让他们能赚到比薪金多几倍的利润。使员工分享业务的盈利，感受做生意的乐趣，对士气肯定会有良好帮助，这是李兆基的一贯态度。

有一次，李兆基就拿出某地产项目的 15%让身边的 5 位员工入股，结果，有一人没那么多钱，只好把股份放弃了 2%。

李兆基知道了这件事，在问明原委之后，对他说："我有机会赚 1 万，都希望你们赚 10 万。这样吧，我把我名下的 2%股份让给你，股本暂时你欠我的，将来赚到钱，你再偿还给我吧！"于是，大家都赚到了钱。对于李兆基来说，真是本小利大，付出小小的钱，就能赢得一团和气，合作愉快。

对于普通员工，李兆基同样是善用人情，巧妙关怀，扶危济急，赢得一片忠心和无限感激。

有一次，李兆基身边一位任事多年的下属因自己炒楼炒股失败，血本无归，又被证券经纪行迫仓，搞得欲哭无泪，走投无路。李兆基知道了这件事，也不等对方开口，马上叫来会计，嘱咐说："替他平仓吧。"

当时李兆基的恒基集团也欠下银行很多的债务，可以说是自顾无暇，而市场又不景气。会计便忍不住问了句："在这个时候帮他吗？"李兆基说："就是这个时候，我不帮他，还会有谁帮他？"

这一做法自然是让那位下属感激涕零，做起工作来更加勤恳卖力了。

和气生财，这是李兆基成就事业的秘诀之一。

不论对上对下、对内对外，良好的人际关系有时就是一笔巨大的投资，必然会在你需要的时候给你丰厚的回报。把这种方式用在管理中，处处为员工着想，像对待朋友一样对待他们，他们怎么能不感动，又怎会不为你卖力地工作呢？

想成为一名卓越的管理者，必须注意加强你所领导的这个集体的凝聚力，并把这种凝聚力潜移默化的灌输到员工心里面去，对此绝不可掉以轻心。你必须把员工当作你事业上的伙伴和朋友，而非你的佣人。要善待他们，让他们以积极的态度快乐地工作。也只有这样，你才可能得到他们的回报———尽心尽力地为你工作。

人生智慧

◇企业管理者，要最大限度地调动下属的工作积极性，最好不要把自己和员工定位为雇佣和被雇佣的关系，而要把员工当作自己的朋友，这样他们才会在关键时刻助你一臂之力。

◇想成为一名卓越的管理者，必须注意加强你所领导的这个集体的凝聚力，并把这种凝聚力潜移默化的灌输到员工心里面去，对此绝不可掉以轻心。

第六章
孟子与我聊人生进取之道

　　每个人都渴望成功，都渴望成就一番事业，却又谈何容易。因为每一件事的成功办理，背后都绝不会是偶然的。正如我们知道，每一个成功人士的背后，除了鲜为人知的艰辛外，一定还有无数的策略和技巧。孟子告诉我们的诀窍就是创新，只有不断创新、勇于变革才能不断地适应市场，赢得竞争的胜利。

成功不要拘泥于过去

我：您所说的"大人者，言不必信，行不必果，惟义所在。"这话怎么理解呢？

孟子：通达的人说话不一定句句守信，做事不一定非有结果不可，只要合乎道义就行。

我：您本来是非常强调个人修养问题的，认为君子一定要言必信，行必果，但在这里却又提出言不必信、行不必果的命题，这不得不让人怀疑。

孟子：其实我指出是一个大信与小信的问题，人在不同环境下，要能审视不同的条件，只要符合道义的就是可取的，我这里为大家指出的是一个变化的思想，只要是符合道义的，一切都可以变。

【使命解读】 拘泥过去，只会让你一事无成

中国商朝的始祖汤，以仁慈的心布施仁政，就连孔圣人都称他是明君，并对他的道德倍加赞赏。商汤曾在他使用的盘子上面刻着"苟日新、日日新、又日新"的字句，这句话的真正意义，是告诉我们，应该抱着日新又新的心理去观察每一件事情。如果能够确切实行，自己的思想也会愈变愈新，商汤就是把这种观念当作自己的座右铭，才会把这句话刻在他每天都使用的盘子上。在3000多年前，一切变化迟缓的时代，就能够有日新又新的观念，真可以说是一位伟大的领导者。

时代的进步有着快慢的差异，但它时刻都在转变中，所以说，即使昨天认为是无可挑剔的事情到了今日可能已是过时的了。在如此多变的状况中，如果以十年如一的方式反复去做同样的事情，一定没有成功的希望，所以，一个人应该敏

锐地观察事态的变化，让自己拥有日新又新的观念，不拘泥于过去的思想和做法。

比商汤稍晚的时代，大约是 2500 多年前，释迦牟尼曾说过"诸行无常"，希腊的哲学家赫拉克黎多士也说过："万物都在流转，连太阳也不例外，今天的太阳已经不是昨天的太阳了。"可见不论东方或西方的圣贤都在强调"日新又新"的观念，更何况我们身处在现代这种日新月异的时代。

美国实业家罗宾·维勒说过："我成大事的秘诀很简单，那就是永远做一个不向现实妥协而刻意创新的叛逆者。"罗宾·维勒的言行是一致的。我们能从罗宾·维勒的身上看到创新思维对一个人成大事所起的作用有多么巨大。

当全美短帮皮靴成为一种流行时尚的时候，每个从事皮靴业的商家几乎都趋之若鹜地抢着制造短帮皮靴供应各个百货商店，他们认为赶着大潮流走要省力得多。

罗宾当时经营着一家小规模皮鞋工场，只有十几个员工。他深知自己的工场规模小，要挣到大笔的钱绝非易事。自己薄弱的资本、微小的规模，根本不足以和强大的同行相抗衡。罗宾如何在市场竞争中获得主动权，争取有利地位呢？他有两条路可以选择：

一是在皮鞋的用料上着眼。就是尽量提高鞋料成本，使自己工场的皮鞋在质量上胜人一筹。然而，这条道路在白热化的市场竞争中行走起来是很困难的，因为自己的产品本来就比别人少得多，成本自然就比别人高。如果再提高成本，那么获利有减无增，显然，这条道路是行不通的。

二是着手皮鞋款式改革，以新领先。罗宾认为这个方法比较妥当，只要自己能够翻出新花样、新款式，不断变换、不断创新，招招占人之先，就可以打开一条出路，如果自己创造设计的新款式为顾客所钟爱，那么利润就会接踵而至。经过深入的思考，罗宾决定走第二条道路。

他立即召开了一个皮鞋款式改革会议，要求工场的十几个工人各竭其能地设计新款式鞋样。为了激发工人的创新积极性，罗宾规定了一个奖励办法：凡是所设计的新款鞋样被工场采用的设计者，可立即获得 1000 美元的奖金；所设计的鞋样通过改良可以被采用，设计者可获 500 美元奖金；即使设计的鞋样不能被采用，只要其设计别出心裁，均可获 100 美元奖金。与此同时，他又设立了一个设计委员会，由 5 名熟练的造鞋工人任委员，每个委员每月额外支取 100 美元。

这样一来，这家罗宾的皮鞋工场，马上掀起了一股皮鞋款式设计热潮，不到一个月，设计委员会就收到 40 多种设计草样，采用了其中 3 种款式较别致的鞋样。罗宾立即召集全体大会，给这 3 名设计者颁发了奖金。

罗宾的皮鞋工场根据这 3 个新款式试行生产了。第一次出品是每种新款式各制皮鞋 1000 双，立即将其送往各大城市推销。顾客见到这些款式新颖的皮鞋，争相购买。两星期后，罗宾的皮鞋工场收到 2700 多份数量庞大的订单。罗宾开始忙于出入各大百货公司经理室，跟他们签订合约。

因为订货的公司多了，罗宾的皮鞋工场逐渐扩大。3 年后，罗宾已经拥有 18 间规模庞大的皮鞋工场。皮鞋工场增多，做皮鞋的技工便抢手了，最令罗宾头疼的是别的皮鞋工场尽可能地把工资提高，挽留自己的工人，即便罗宾出重薪，也难以把其他工场的工人拉过来。缺乏技术工人对罗宾来说是一道致命的难关，因为他接到了不少订单，如无法给买主及时供货，将意味着他得赔偿巨额的违约损失。罗宾忧心忡忡，他召集 18 家皮鞋工场的工人又开了一次会议。他始终相信，集思广益可以解决一切棘手问题。

罗宾把没有工人可雇用的难题告诉大家，要求大家各尽其力地寻找解决途径，并且重新宣布了以前那个动脑筋有奖的办法。

会场一片沉默，与会者都陷入思考之中，不遗余力地想办法。过了一会儿，有一个小工举起右手请求发言。得到罗宾的允许后，他站起来怯生生地说："罗宾先生，我以为雇不到工人无关紧要，我们可用机器来制造皮鞋。"

罗宾还来不及表示意见，就有人嘲笑那个小工："孩子，用什么机器来造鞋呀？你是不是可以造一种这样的机器呢？"

那小工尴尬的满面通红，惴惴不安地坐了下去。罗宾却走到他身边，请他站起来，然后挽着他的手走到主席台上，大声说道："诸位，这孩子没有说错，虽然他还没有造出一种造皮鞋的机器，但他的想法非常好，大有用处，只要我们沿着这个思路想办法，问题一定会迎刃而解。我们永远不能安于现状，思维不要局限于一定的桎梏中，这才是我们永远能够不断创新的动力。现在，我宣布这个孩子可获得 500 美元的奖金。"

经过 4 个多月的研究和实验，罗宾的皮鞋工场的大量工作就被机器取代了。

罗宾·维勒的名字，在美国商业界，就如一盏耀眼的明灯，他之所以能成大事，与他时时保持锐意创新的精神是密不可分的。

人 生 智 慧

◇只要是符合道义的，一切都可以变。

◇一个人应该敏锐地观察事态的变化，让自己拥有日新又新的观念，不拘泥于过去的思想和做法。

创新为你带来无限财富

【聊天实录】

我：人生是不一个不断进取，不断进步的过程，你可以给我一点建议吗？

孟子：故说诗者，不以文害辞，不辞害志。以意逆志，是为得之。

我：这句话，我该怎么去理解呢？

孟子：这句话是《孟子·万章上》里的，可以这样理解，所以解说诗的人，不要拘泥于于文学而误解，也不要拘于词句而误解诗人的本意。要通过自己读作品的感受去推测诗人的本意，这样才能真正读懂诗。

我：您的这段话可以作为学习中的座右铭，虽然在这里主要阐述的是学习方法问题，但您要求鉴赏者对诗人进行再创造的精神是值得我们重视的。

孟子：创新的活动是永不停止的，是一种美丽的奇迹。

【使命解读】　　　　神奇的地毯

有一个年轻人，找了很长时间的工作，但都以失败而告终。这次，他好不容易在朋友的介绍下，在一家牙膏制造公司得到了一份做杂事的工作，薪水少得可怜。

为了使目前已近饱和的牙膏销售量能够迅速提高，总裁重金悬赏，只要能提出足以令销售量增长的具体方案，便可获得高达十万美元的奖金。

所有人无不绞尽脑汁，在会议桌上提出各式各样的点子，诸如加强广告、更改包装、设更多销售据点，甚至于攻击对手……几乎到了无所不用的地步，而这些陆续提出来的方案显然不为总裁所欣赏和采纳。

在会议凝重的气氛当中，恰巧一位年轻人走进会议室为众人加咖啡，无意间听到讨论的议题，不由得放下手中的咖啡壶，在大伙儿沉思更佳方案的肃穆中，怯生生地问道："我可以提出我的看法吗？"

总裁瞪了他一眼，没好气地说："可以，不过你得保证你所说的能令我产生兴趣，否则你给我滚出去。"

这位男孩轻巧地笑了笑："我想，每个人在清晨赶着上班时，匆忙挤出的牙膏长度早已固定成为习惯。所以，只要我们将牙膏管的出口加大一点儿，大约比原口径多40%，挤出来的牙膏重量就多了一倍。这样，原来每个月用一管牙膏的家庭，是不是可能会多用一管牙膏呢？诸位不妨算算看。"

总裁细想了一会儿，率先鼓掌，会议室中立刻响起一片喝彩，年轻人获得了十万美元的奖金。

一个好主意往往需要换种思维，这样就可以获得意想不到的精彩。正如故事中那位男孩所提出的意见一样，有时将自己的思考模式或方向巧妙地转个弯，的确可以看到更开阔、更壮丽的美景。

有位名叫范德维格的比利时人，他开发了一种嵌有指南针的地毯，作为穆斯林教徒祈祷的专用品，在阿拉伯国家一上市，立刻成了抢手货，很快就卖掉 2.5 万多张，他也因此而成为富人。

他是位比利时商人，专做地毯生意。有一次，他到阿拉伯一些国家去推销地毯，当他看到那里虔诚的穆斯林教徒每天守时不辍跪在地上祈祷，而且还必须面向圣城麦加时，他忽然感觉到这是个商业机遇。因为他想到了辨别方向的指南针。于是，他回去后，立即开发出了嵌有指南针的祈祷地毯。自然，指南针指的不是正南正北，而是始终指向麦加城。这样，那些伊斯兰教徒们只要拥有他的地毯，不论走到哪里，只要把地毯一铺，就可以准确地找到麦加城的方向所在，以便顶礼膜拜。

换种思维就会改变命运

在菲律宾的首都马尼拉，有一家"侏儒餐厅"。这家餐厅上至经理下至侍者，都是些最高不过 1.30 米、最矮只有 67 厘米的侏儒。由于奇特的服务方式，使得各国游客纷纷慕名而至，餐厅生意十分兴隆。

然而，餐厅的老板吉姆在酒店林立的马尼拉刚开始经营餐厅时，也同其他餐厅一样，招了一帮漂亮的姑娘和英俊的小伙子当招待，但生意并不景气，顾客稀稀拉拉。可吉姆是个雄心勃勃的人，他不甘示弱，决心将餐厅的经营面貌彻底改观。

吉姆苦苦思索着振兴餐厅的良策，一天，吉姆在大街上偶然发现一个头大身小的侏儒，这个小矮人看上去相貌滑稽可爱，平时极少见到。吉姆灵机一动，一个奇妙的想法立刻出现了他的脑海：何不办一个侏儒餐厅。

于是，吉姆招了一些矮人，这些侏儒有的当厨师，有的当收银员，而更多的是当服务生。很快，"侏儒餐厅"就以它奇特、滑稽可笑的服务方式而独领风骚。

每当顾客走进餐厅，马上就会受到一位身小头大的矮个子服务生的热忱欢迎，他笑容可掬地向顾客递上一条热毛巾，顾客在舒适的座位上坐定，又有一个动作、形态滑稽可笑的矮服务生送上菜谱，顾客们拿过菜谱往往笑得合不上嘴，且不说该店的佳肴如何精美，单是这些矮人的殷勤好客、滑稽幽默，就够让人欢畅开怀、赞不绝口了。

像吉姆这样出奇制胜的感悟妙法，不得不令人佩服。现代社会竞争异常激烈，为求得自身的生存和发展，各路能人无不使出浑身解数。好运的人懂得换种思维面对生活细节，并且能在细节中创新，正所谓换种思维就会改变命运。

人 生 智 慧

◇创新的活动是永不停止的，是一种美丽的奇迹。

◇好运的人懂得换种思维面对生活细节，并且能在细节中创新。

远大的目标让你更加优秀

【聊天实录】

我：我曾在《孟子·告子上》看到一句：圣人，与我同类者。这句话是什么意思呢？

孟子：圣人，与我是同类的。在此，我主要说的是成为"圣人"的捷径，那就是敢想敢做敢打拼。

我：人人都能成圣人？

孟子：其实，圣人并没有什么，他们与我们是一样的，只有你内心想成为圣人，并在实践中付诸行动，努力追求，就能达到，生活中，我们每个人都要有成为"圣人"的志向，要有远大的目标。

我：原来如此，正所谓心有多大，舞台就有多大；志有多高，路就有多远！

【使命解读】 ❧ **合理设置自己的人生目标** ❧

燕雀看见高飞的鸿鹄，不解地问："这里有吃有喝的，为什么不停下来还要去面对狂风暴雨的袭击呢？"

鸿鹄坦然地一笑，回答说："你们安乐于蓬草之间，而我的目标却是在远方更为广阔的天地。安于享乐，没有高远的志向，只会让自己放弃远大的前程，失去追求的目标，狭促在蓬草之间，难道你们就不知道心有多大舞台就有多大吗？"

同样的道理，作为一名优秀的管理者，远大的目标是必需的。否则一旦失去了对美好未来的追求，他就会安于现状，失去了工作的激情，更不会再拥有任何的上进心，最终成为一个没有远大抱负的平庸之人。

微软的一位主管和微软总裁比尔·盖茨在主持面试的时候，同时有三个应征者脱颖而出，最后，主管问他们："进微软以后，你们有什么打算？"

第一个人说："能进这么伟大的企业工作是我的荣幸，我将尽全力做好自己的本职工作，争取把分内的一切事情做到最好。"主管赞许地点了点头。

第二个人说："不瞒您说，我感觉自己的压力很大，微软是一个优秀人才聚集的地方，如果我能有幸进入的话，我希望适应的这一段时期内不要犯什么错就好。"

第三个人则说："每个人都希望有发挥自己才能的舞台，而微软，正是一个发挥能力的好舞台，我希望能把任何一份工作都当成一个学习和积累的机会，最终成就一番大事业！"

比尔·盖茨笑着问："那么，您所指的事业，是指什么呢？先生！"

那位应试者说："和您一样，先生。"前两位面试者当中有一位是第三位面

试者的朋友，他拼命地给第三个面试者使眼色。

没想到，比尔·盖茨说："好，心有多大，舞台就有多大，既然你有雄心，我愿意为你提供这个表现自己的大舞台。"

会后，面试官不解地问比尔·盖茨："那个人要么是个空想家，要么是个狂妄自大的家伙，即使他真的有才能，从他说的话来看，他将来即使是成功了，也不会再留在公司，为公司所用，为什么还要录取他呢？"

比尔·盖茨说："一个人能否取得成就，与他的志向有着直接的关系，一个没有大志向的人，即使再有才能，也不可能取得大的成绩，因为他的人生目标早已被他的鼠目寸光给羁绊住了。也许像你担心的那样，他将来有所成就的时候可能会离开微软，可是他为公司创造的利润将会比任何普通员工都大，这对我们而言，并没有失去什么。"

果然不出比尔·盖茨所料，微软在录取了这三个人之后，前两个工作都兢兢业业，成为合格的员工，而最后一个人则工作出色，很快就进入了公司的管理层，为微软的发展做出了很大贡献。

人生就好像爬山，最重要的是先给自己定一个高度，如果你只把自己的人生目标定在半山腰，那么你就绝不可能爬上荣誉的顶峰。

志存高远，追求卓越

世界500强企业之一的美国国际贸易公司的CEO詹姆斯刚开始只是一个小职员，没有任何家庭或者社会背景，当他回忆的时候说："当时我只是一个穷小子，根本就没想过会成为一家国际企业的管理者，更没想到有一天自己会坐到今天这个位子，我只是在想着如何能解决自己的温饱，一次偶然的事件让我改变了想法。"

那时候，詹姆斯还在一家名不见经传的公司里当推销员，一次他为了推销一种杀虫剂，敲开了一个老人的家门。老人一个人孤独地住在一套房子里，出于同情，詹姆斯经常过来和老人聊天，很快，两人就成了无话不谈的朋友。

原来，老人竟然是沉船打捞业内最著名的潜水员之———杰斯·瑞尔，老人谈起了自己以前的一些经历，其中有一段话让詹姆斯感受颇深。

老人说："海底打捞是一个看起来很渺茫的工作，你根本不了解你要去的地方是哪里，在那里你又会碰到什么，你也不知道你今天到底要潜到什么深度，这一切的一切都是未知的。"

詹姆斯问："那么您又是怎么坚持了这么多年呢？"

老人说："是志向，我的朋友。我的志向就是要把那些沉睡在海底的宝藏和无尽的秘密展示到众人的面前，一想到这个，我就会热血沸腾。广阔的海底世界，成了我一个人的舞台，其中的任何东西都成了我的道具，而我是真正的主演，正是这种颇有成就的自豪感，支撑着我一直从事这项事业，并取得了不少成功。"

老人拿出很多他以前打捞出来的沉船照片给詹姆斯看，脸上洋溢着无限的幸福。

经过这件事情以后，詹姆斯彻底抛弃了以前只为满足温饱问题的人生目的，把成为世界上最优秀的管理者作为自己人生的目标，他说，他也要拥有一个广阔的舞台———一个能展现自我的舞台！

后来，成功以后的詹姆斯在回答记者时，这样说："当我认定了自己要做一个什么样的人以后，以前一直困扰我的许多问题都迎刃而解了，原来压抑、沉闷的心情也一扫而空，就好像在很远的地方亮起了一盏灯，原来你不知道自己该往哪走，而现在，虽然你离那盏灯还很远，可是至少你不会迷失方向了！"停顿了一下，詹姆斯继续自豪地说："这种感觉就好像是你原来站在漆黑的舞台上，根本就不敢动，然后所有的灯一下子全都打开了，你可以清楚地看到周围的一切，就可以尽情展现你的才华了。"

作为 21 世纪的新一代，就要让自己拥有一颗高远的心，勇敢地去追求自己的目标，在广阔的舞台———职场上点亮自己理想的明灯，尽情地挥洒自己的才华，最终获得经久不息的喝彩与掌声。

人生智慧

◇人生就好像爬山，最重要的是先给自己定一个高度，如果你只把自己的人生目标定在半山腰，那么你就绝对不可能爬上荣誉的顶峰。

◇让自己拥有一颗高远的心，勇敢地去追求自己的目标。

学会用发散思维去思考

【聊天实录】

我：我在翻阅《孟子·万章上》中时，看到这句：可以久则久，可以速则速。这句话怎么解释呢？

孟子：可以保持长久就保持长久，可以快的时候就快。

我：通俗点怎么说呢？

孟子：在不同条件下，要审时度势，说长则长，该快就快，通权达变。事物的发展都不是孤立的、片面的，换一个角度看待问题可能就会产生截然不同的感受。而善于做人处世的人，往往都能从多个角度去分析和思考问题，此路不通的时候就会及时调整去寻求彼路。

我：也就是说，只有学会多角度看待问题，并学会调整，才能够让自己拥有成功。

孟子：是的，思考能使人不断进步，创新能使你的事业再上一个巅峰，与众不同的创新个性能使你成为众人的灵魂。不管你从事的是哪行哪业，幸运之神往往偏爱会思考、有创新精神的人，因此，从现在起培养你不断思考、敢于创新的习惯，而不要拘泥不变，安于守成，只有这样才能在激烈的市场竞争中最终赢得主动。

【使命解读】　　　　　　　　**及时调整，创造奇迹**

　　中国的企业界往往简单地将"市场创新"认为是做广告搞促销，实际上市场创新是一个复杂的系统工程，它包括产品策略、价格策略、品牌策略以及服务网络架构这样一些主要内容。看一个企业市场创新能力如何，主要看这几个方面工作的综合运作水平。好的策划、好的广告和好的促销方案，实际上仅仅是市场创新活动的一小部分内容。

　　华若德克，美国实业界大名鼎鼎的人物。在他未成名前，有一次，他带领属下参加在休斯敦举行的美国商品展销会时感到懊丧，因为，他被安排到一个很少有人光顾的偏僻角落。为他设计摊位布置的装饰工程师劝他干脆放弃这个摊位，等待来年再参加商品展销会，装饰工程师认为在这种情况下展览是无论如何也不可能成功的。华若德克觉得自己若放弃这一机会实在太可惜，他认为这个不好的位置带给他的弱势一定能够化解，关键就在于自己怎样利用这不好的环境使之变成整个展会的焦点。可是怎样才能出奇制胜呢？他陷入了思考。他想到了自己创业的艰辛，想到了展销会的组委会对自己的排斥和冷眼，想到了摊位的偏僻，他感到自己就像一个受到不应有歧视的非洲人，感到自己像是在偏远的非洲。非洲？对，就是它了！想到这里，一个妙招在他的脑海里应运而生。他走到了自己的摊位前，心里充满悲哀又有些激愤，心道："既然你们把我看成'非洲难民'，那我就给你们打扮一回'非洲难民'。"

　　于是，华若德克让他的设计师给他设计了一个古阿拉伯宫殿式的氛围，围绕着摊位布满了具有浓郁的非洲风情的装饰物，把摊位前的那一条荒凉的大路变成了沙漠。他安排雇来的人穿上非洲人的服装，并且特地雇用动物园的双峰骆驼来运输货物，此外还派人定做大批气球，准备在展销会上用。还没到开幕式，这个与众不同的装饰就引起了人们的好奇，不少媒体都报道了这一新颖的设计，市民们都盼望开幕式尽快到来好一睹为快。展销会开幕那天，华若德克挥了挥手，顿时展厅里升起无数的彩色气球，气球升空不久自行爆炸，落下无数的胶片，上面写着："当你拾起这小小的胶片时，亲爱的女士和先生，你的运气就开始了，我们衷心祝贺你。请到华若德克的摊位，接受来自遥远的非洲的礼物。"这无数的碎片撒落在热闹的展销会场，当然华若德克也因为这个奇特的思维与创新取得了巨大的成功。

有一年，市场预测表明，该年度的苹果将供大于求，这使众多的苹果供应商和营销商暗暗叫苦，他们似乎都已认定：他们必将蒙受损失！可就在大家为即将到来的损失长吁短叹、准备低价出售时，有一个聪明的人却想出了绝招！他想：如果在苹果上增加一个"祝福"的功能，即，只要能让苹果上出现表示喜庆与祝福的字样儿，如"喜"字"福"字，就肯定能卖个好价钱！

于是，当苹果还长在树上，他就把提前剪好的纸样贴在了苹果朝阳的一面，如"喜"、"福"、"吉"、"寿"等。果然，由于贴了纸的地方阳光照不到，苹果上也就留下了痕迹——比如贴的是"福"，苹果上也就有了清晰的"福"字了！这样的苹果的确少见，这样的创意也的确领先于人，正因为他的苹果有了这种全新的祝福的功能——而这又是别人所没有的，他果然在该年度的苹果大战中获得了胜利，赚了一笔大钱！

很多事情都是这样，从常规思维角度看来是办不到、不可能实现的，但是用发散思维去思考，往往看似办不成的事也能办成，不可能实现的目标最终也会实现。华若德克和苹果商的故事告诉人们：创新来自于不受局限的自由幻想，它可以帮助我们以一种崭新的、与以往不同的方式来看待事物之间的关系，并且使习惯的思维方式成为助益而非伤害。在很多情况下，看上去无关的事物，却能提供人们对问题的领悟和答案。飞机外形的设计就来源于人们对飞鸟的观察，潜水艇的外形很像是海豚，雷达来自于蝙蝠的知觉给人类的启发，皮下注射针像响尾蛇的牙……这一切都是很好的证明。

能创新就一定有出路

法国美容品制造师伊夫·洛列是靠经营花卉发家的。伊夫·洛列从 1960 年开始生产美容品，到 1985 年，他已拥有 960 家分号，各个企业在全世界星罗棋布。

伊夫·洛列生意兴旺，财源茂盛，摘取了美容品和护肤品的桂冠，他的企业是唯一使法国最大的化妆品公司"劳雷阿尔"惶惶不可终日的竞争对手。

这一切成就，伊夫·洛列是悄无声息地取得的，在发展阶段几乎未曾引起竞争者的警觉。

这有赖于他的创新精神。

1958 年，伊夫·洛列从一位年迈的女医师那里得到了一种专治痔疮的特效药膏秘方，这个秘方令他产生了浓厚的兴趣，于是，他根据这个药方，研制出一种植物香脂，并开始挨门挨户地去推销这种产品。

有一天，洛列灵机一动，何不在《这儿是巴黎》杂志上刊登一则商品广告呢？如果在广告上附上邮购优惠单，说不定会有效地促销产品。

这一大胆尝试让洛列获得了意想不到的成功，当他的朋友还在为巨额广告投资惴惴不安时，他的产品却开始在巴黎畅销起来，原以为会泥牛入海的广告费用与其获得的利润相比，显得轻如鸿毛。

当时，人们认为用植物和花卉制造的美容品毫无前途，几乎没有人愿意在这方面投入资金，而洛列却反其道而行之，对此产生了一种奇特的迷恋之情。

1960 年，洛列开始小批量地生产美容霜，他独创的邮购销售方式又让他获得巨大成功；在极短的时间内，洛列通过这种销售方式，顺利地推销了 70 多万瓶美容品。

如果说用植物制造美容品是洛列的一种尝试，那么，采用邮购的销售方式，则是他的一种创举。

时至今日，邮购商品已不足为奇了，但在当时，这却是行之所未行。

1969 年，洛列创办了他的第一家工厂，并在巴黎的奥斯曼大街开设了他的第一家商店，开始大量生产和销售美容品。

伊夫·洛列对他的职员说："我们的每一位女顾客都是王后，她们应该获得像王后那样的服务。"

为了达到这个宗旨，他打破销售学的一切常规，采用了邮售化妆品的方式。

公司收到邮购单后，几天之内即把商品邮给买主，同时赠送一件礼品和一封建议信，并附带制造商和蔼可亲的笑容。

邮购几乎占了洛列全部营业额的50%。

洛列邮购手续简单，顾客只需寄上地址便可加入"洛列美容俱乐部"，并很快收到样品、价格表和使用说明书。

这种经营方式对那些工作繁忙或离商业区较远的妇女来说无疑是非常理想的，如今，通过邮购方式从洛列俱乐部获取口红、描眉膏、唇膏、洗澡香波和美容护肤霜的妇女已达6亿人次。

这种优质服务给伊夫·洛列的公司带来了丰硕成果，公司每年寄出邮包达99万件，相当于每天3万~5万件。1985年，公司的销售额和利润增长了30%，营业额超过了25亿，国外的销售额超过了国内的销售额。

如今，伊夫·洛列已经拥有400余种美容系列产品和800万名忠实的女顾客。

洛列的经历正好证实了金克拉的话："如果你想迅速致富，那么你最好去找一条捷径，不要在摩肩接踵的人流中去拥挤。"

在摩肩接踵中举步维艰地发展，不如走一条尚没有人走过的路，迅速崛起，这就需要你具备一定的创新精神，这便是能做事和不能做事的人的最大区别！

人生智慧

◇思考能使人不断进步，创新能使你的事业再上一个巅峰，与众不同的创新个性能使你成为众人的灵魂。

◇不管你从事的是哪行哪业，幸运之神往往偏爱会思考、有创新精神的人。

◇很多事情都是这样，从常规思维角度看来是办不到、不可能实现的，但用发散思维去思考，往往看似办不成的事也能办成，不可能实现的目标最终也会实现。

打破常规、灵活应变

【聊天实录】

我：我们常被常规牵制手脚，不能大步前进，我们该怎么办？

孟子：梓匠轮舆，能与人规矩，不能使人巧。

我：这句话是什么意思呢？

孟子：此话出自《孟子·尽心下》，意思是：木匠和车匠能教给人圆规、曲尺的使用方法，却不能使人技术精巧。

我：您在此强调了常规对人们的牵制与束缚，而要想使人技术精巧，就必须打破常规。

孟子：很多时候，人们常常不自觉地戴上自己制造的桎梏，并被那些实际并不存在的障碍所挫败，其实，要想创造出奇迹，就必须打破常规。

我：是的，现实中，人们在处理问题时往往会被固有的常识给困住，思维都在一个圈圈里打转，谁能突破这个桎梏，看到问题的另一个层面，谁就可获得思维上的升华。为人处世也是一样，不要总是依照旧俗常规来做事，偶尔另辟蹊径也会有惊喜。

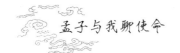

【使命解读】　　　别让经验束缚了头脑

20世纪90年代，伴随着我国市场经济体制改革大幕的拉开，一大批企业迅速崛起。史玉柱领导的巨人集团风光无限，先后在电脑业、房地产业、保健品业等领域全面开花，掀起了规模扩张的热潮。

但是，旧有的成功经验不能保证在其他市场上一帆风顺，不久，巨人集团轰然倒塌，引起了人们的思考。仔细考察史玉柱的失败可以发现，他在企业重大决策方面过于依赖旧有的成功经验，离开了自身的实际情况，结果在盲目行动中导致了失败。

在信息化、全球化浪潮的裹挟下，市场环境更加复杂多变。在新经济变革浪潮中，能够成为"百年老店"的世界顶级企业可谓是凤毛麟角。任何一个领导都要不断适应新环境、研究新情况，才能做出正确决策，制订科学发展规划。

美国GE前领导人韦尔奇有过这样的观点："企业要跟着市场变，要走在市场的前面。"尽管市场观念已经深入人心，但是如何把握市场走向，并且在实践中正确行动，并不是人人都能做到的。显然，跟随变化行动，不是让经验束缚头脑，才是最重要的准则。

在制定公司发展策略的时候，韦尔奇意识到将来的市场将没有国家的界限，一个世界性的市场将会最终形成，并且随着各国硬件生产能力越来越得到加强，大多数企业的产品质量将会相差无几。根据这一判断，他将GE公司的重点从卖产品转变为向用户提供解决方案，结果使得GE公司成功完成了大规模的战略转型。显然，不了解新的市场信息，不对未来市场有准确的预测，只在经验的圈子里打转，经理人很难有大的作为。人们不论做什么事情，经常会依照过去的模式行事，认为那样可靠，但这样做同时也存在着非常大的弊端，那就是容易被传统模式所束缚。只有随时调整自己的思维方式，灵活应变，才能不让经验左右自己，最终获得成功。

在现实生活中，人们往往过于相信自己的经验，以为自己的经验非常正确，不会出现偏差，正是这种一成不变的思维方式，使得人们有时犯下难以弥补的错误。

经验是宝贵财富，可以指导我们在日后行动更加游刃有余。但是，在实践中过于依赖、迷信经验，就会丧失进取精神，甚至遭遇失败。在商业管理中，尤其如此。

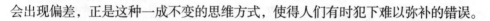

别让常规牵制了我们的手

公元前 293 年，秦国与齐国连横之后，向韩、魏两国发动了大规模的军事进攻。韩、魏两国虽然面临共同的威胁，但它们之间却貌合神离，互相之间并不信任，不但不愿意真诚合作，而且还互相推诿，谁都不愿意打先锋，结果两国连连吃败仗。后来魏国为了自身的利益，企图将韩国抛在一边，单独同秦国议和，这样一来，形势马上变得对韩国十分不利。

这时有很多人都进言，也像魏国一样同秦议和。而一位谋士却对韩相公仲说："双胞胎的长相非常相似，只有他们的母亲才能分辨清楚；而利与害就是一对双胞胎，在表面上也很相似，只有明智的人才能分辨清楚，看透它们的本质。韩国目前正面临着利与害相似的情形，也需要由明智的人把它们分辨清楚。如果能采取正确的处理方法，就能尊卑有序、各安其分，否则就会败坏纲常、带来祸患。如果秦魏联盟不是您促成的，韩国就面临遭到秦魏图谋的危险；如果韩国追随魏国去讨好秦国，那样韩国将依附于魏国并遭到轻视，韩国国君在诸侯中的地位就降低了，那时候，秦王就要把他宠信的人安插到韩国做官，这样您的处境就危险了。"

谋士层层递进地分析引申出如何判断当时的政治局势后，又说："从目前的形势分析，你不如主动去撮合秦、魏进行和谈。两国和谈成功与否，对于韩国都会很有利。若和谈成功，是你穿针引线撮合而成，韩国就成了秦魏联合的门户，既可以受到魏国的推崇，也可以得到秦国的友善。再说，秦魏不可能永远互相信任，秦国会因为得不到魏国的援助而发怒，一定会亲近韩国而远离魏国。魏国也不会永远服从于秦国，一定将设法亲近韩国而防备秦国，这样您就可以像选择布匹随意剪裁一样轻松。由此可见，如果秦魏联合，它们都会感谢您；如果秦魏分裂，两国又都会争取您。这样做，进退对韩都非常有利。希望您能下定决心。"

从中可以看出，这个谋士不只是站在韩国的角度看待问题，而且是从全局观察，从而得出化被动为主动的办法——主动撮合秦魏和解，同时取信于两国，而使整个局面向着有利于韩国的方向转化。

这就是从多角度考虑问题的优势，打破常规、灵活应变的一种表现。这样的例子其实很多，在智利首都圣地亚哥的埃尔科兹酒店就上演了这样的一幕。

当时，埃尔科兹酒店的电梯装载量不够，酒店召集了一些专家和工程师来讨论，看怎么解决这个问题。结果大家意见一致：多装一部电梯。但这需要从底层起，每层楼都进入施工。正在工程师和建筑师们在热议讨论安装事宜的时候，一位正在拖地的清洁工人听他们说要给每个楼层打洞，就说："那这里就会乱成一团粥了，还怎么营业啊？"

"当然，不过我们会处理好的。"一个工程师说。

另一个人说："如果要考虑它的未来，而不至于影响营业的话，我们也只能这么做了，因为不装一部电梯不行啊。"

清洁工人拄着拖把，看着他们："你猜如果让我来干的话，我会怎么干？"

一位建筑师好奇地问："如果让你来干的话，你会怎么办？"

清洁工人道："我会把电梯安装在酒店的外面。"一句话说得建筑师和工程师们面面相觑。

后来，他们真的把电梯装在了酒店的外面，这是建筑史上的第一次建筑革命。

人生智慧

◇不要总是依照旧俗常规来做事，偶尔另辟蹊径也会有惊喜。

◇经验是宝贵财富，可以指导我们在日后行动更加游刃有余。但是，在实践中过于依赖、迷信经验，就会丧失进取精神，甚至遭遇失败。

勇于创新才能不断成功

【聊天实录】

我：取之而燕民悦，则取之。古之人有行之者，武王是也。取之而燕民不悦，则勿取，古之人有行之者，文王是也。以万乘之国伐万乘之国，箪食壶浆以迎王师，岂有他哉？避水火也。如水益深，如火益热，亦运而已矣。这段话怎么理解呢？

孟子：这是出自《孟子·梁惠王下》的一段话，意思是：占领它而使燕国的老百姓高兴，那就占领它，古人有这样做的，周武王就是。占领它而使燕国的老百姓不高兴的话，就不要占领它。古人也有这样做的，周文王就是。以齐国这样的一个拥有万辆兵车的大国去攻打燕国同样拥有万辆兵车的大国家，老百姓却用饭筐装着饭，用酒壶装着酒来欢迎大王您的军队，难道有别的什么原因吗？不过想摆脱他那水深火热的日子罢了。如果您让他们的水更深，火更热，那他们也就会转而求其他的出路了。

我：您一贯反对霸道，反对战争的，但在这里，您却支持齐宣王攻打燕国，这不是与自己的思想相矛盾吗？

孟子：其实不然，这只不过是创新思想的又一体现。我认为只要这符合道义的就可以去攻占，这一思想运用到现代企业运营之中也同样重要，有变通，有创新，才能在激烈的市场竞争中立于不败之地。

【使命解读】 ❦ **国家的英雄——艾柯卡** ❧

艾柯卡在福特公司做副总裁时，负责过"林肯"牌高级轿车的生产销售工作。当时"林肯"牌轿车车型老旧，缺乏时代气息，整个销售部门也缺乏生气，形势非常不妙。艾柯卡认为要扭转乾坤，必须在产品上下功夫，于是他领导下属为"林肯"品牌高级轿车研制出了新的合乎时代流行的新型车，即豪华型轿车侯爵和豪华型跑车美洲豹，从而适合了市场需求，销售非常成功。

然而，好景不长，由于树大招风，再加上亨利·福特二世这位老板的独裁作风使艾柯卡不得不离开福特公司。

1978 年 11 月，艾柯卡入主克莱斯勒公司，当时克莱斯勒公司损失严重，极其需要艾柯卡妙手回春术。艾柯卡入主克莱斯勒公司后，开始实施他的领导大计，他根据市场要求的分析，首先恢复了克莱斯勒生产的道奇卡车的品牌标志，即一只大公羊，还根据顾客要求卡车结实、可靠、耐用的特点而在广告上宣传"道奇卡车和公羊一样壮实"的广告语。这样一来，克莱斯勒的卡车形象和美国公众心中的福特和雪佛莱一样的有名气了，不少想买卡车的人，开始首选道奇卡车。

艾柯卡还首次推出了"退款保证"的销售方法，他宣传说："请买我们的汽车开回家。如果在 30 天内，你不喜欢这辆车，可以开回车来退还车款。"这种销售方法引起了巨大的轰动，道奇卡车销量大增。

20 世纪 80 年代初期，美国民众对小型车情有独钟，艾柯卡决定也生产小型车。经过努力他们研制成了一种成功的小型车，命名为 K 型车。艾柯卡抓住机会大肆宣传 K 型车的种种优点，并在广告中宣称"K 型车出世了"以吸引大众的注意。后来，他又决定与一家大型经销商策划进行一场特殊的行销活动，称之为"K 型车，来到了 K 市场"，使 K 型车更加出名。在 1981 年中，K 型车占据了小型车市场的 20%份额，此后销路也一直不错。这一仗，艾柯卡在其他公司不加注意的方面，迅速推出新产品，在市场上抢得了一席之地。

1984 年，艾柯卡又领导克莱斯勒推出了符合市场需求的微型面包车。微型面包车比传统的旅行车稍大，又比常规面包年稍小，这是艾柯卡推出的一个新车型，可以装下 7 个人，比较适合家庭使用。这款新车被《幸福》杂志评为年度十大最新产品，获得了消费者的热烈欢迎。这一年，克莱斯勒公司的汽车产量比去年同期增长了 53.6%，销售额高达 49 亿美元，赢利 7.05 亿美元。

　　至此，艾柯卡重新挽救了克莱斯勒公司，他被美国百姓视为国家的英雄，甚至 188 有人劝他去竞选总统，以挽救美国。

　　勇于创新是一个企业决胜于市场竞争的法宝，创新是企业不断适应市场、寻求立身之地的制胜绝杀手，不断创新也是企业生命延续的法则，现代企业要以技术和创新来提高产品的竞争力，增强企业的生命力才能不断地走向成功。

“西铁城”手表

　　瑞士手表世界闻名，以其精准的性能、耐用质的量和经典的款式雄踞世界上百年，可总有一些其他国家的手表制造者雄心勃勃地试图与手表王国一争高下，“西铁城”手表就是其中比较有实力的一个。当时，日本研制成了性能良好的“西铁城”手表，再一次向手表王国发起了强烈的冲击。

　　可是，想在手表王国瑞士几乎垄断了手表业的情况下，打开产品销路并不是一件容易的事。刚上市的时候，“西铁城”手表根本不受人赏识，更无法为自己争取一席之地。连续的亏损，“西铁城”总经理犯愁了，为此，他专门召开公司高级职员会议，来商量对策。

　　当时，许多人都将打开销路的目光停留在广告上了，通过了很长时间的讨论，最终大家综合出来一个奇异的方法。

　　没过多长时间，“西铁城”通过新闻媒介发布了一条令人震惊的消息，某天某时将有一架飞机在某地抛下一批“西铁城”手表，谁拾获手表，表就归谁。这条消息在社会上引起了很大的轰动，街头巷尾都在谈论这则消息。

　　到了指定的日子，人们怀着好奇和怀疑的心情，像潮水般地拥向指定地点。人们果然看到一架直升机飞了过来，当飞临人群的百米上空时，果然向人群旁的空地上下起了“表雨”。期待已久的人们，拥上去捡表。由于抛下的表数量特别多，所以很多人都有所收获。而捡获手表的人们在惊喜之余发现“西铁城”手表从空中丢下后，居然还在走动，甚至连外壳都未受损害，对"西铁城"手表的质量连连称奇。人们不禁感叹："'西铁城'的表真是精良耐用，名不虚传。"当时，电视台又播放了这次抛表的实况录像，使"西铁城"的品牌很快深入人心，那些没有在现场捡表的人也对"西铁城"手表充满兴趣，纷纷抢购，这样以来"西铁城"表的销路一下子就打开了，而"西铁城"也因此逐渐成为世界知名的手表品牌。

在现实中，因为一些习惯、规则的存在，遵守规则便成为一种生活智慧，这种生活智慧在发明创新上变成一种阻碍、一道心理枷锁，阻碍着人们突破常规思维，开创新的人生天地。超越常规，反其道而行之，不仅使得柯达公司这样的企业有了创新的机会，甚至于能使企业起死回生。

人 生 智 慧

◇有变通，有创新，才能在激烈的市场竞争中立于不败之地。

◇勇于创新是一个企业决胜于市场竞争的法宝，创新是企业不断适应市场，寻求立身之地的制胜绝杀手，不断创新也是企业生命延续的法则，现代企业要以技术和创新来提高产品的竞争力，增强企业的生命力才能不断地走向成功。

将你的思路左顾右盼一下

【聊天实录】

我：有人说："识时务者为俊杰。"何谓"识时务"？

孟子：识时务就是在世事的无常变化面前，能够认清客观形势或时代潮流，能够跟着客观形势或时代潮流的变化，因时制宜，顺势而动，这就是创新。正所谓：彼一时，此一时也。

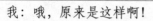

我：哦，原来是这样啊！

孟子：对，因而无论古今中外，只有识时务的人才能成为时代的俊杰。反之，如果不识时务，不顾客观条件的变化和限制，逆势而行，盲目蛮干，其结果只能是以鸡蛋碰石头——自取灭亡，或被时代的车轮远远甩在后头，最终一事无成。

我：也就是要不断创新，不同的环境、不同的时间有不同的想法，人不能一成不变。时代在发展，科技在进步，我们也要学会创新。

孟子：凡事都要想到别人还没有想到的一面，方法也必须讲求创新。因为人是善变的，任何一种产业都必须不断地改良，以适应市场不断改变的需求。

我：我曾在《孟子·尽心下》中看到：尽信书，则不如无书。这句话的意思应该是：完全相信书，那还不如没有书。您为什么这么说呢？

孟子：因为，人生在世，每个人的自身条件不一样，每个人可能遇到的困难也迥然不同，因此，每个人在解决问题时所采取的方法也千差万别。但有一点是一样的，那就是任何人遇到任何困难，都必须变通，不变通，就无法克服困难，就很难走向成功，我的"尽信书，不如无书"就是这个道理。

我：原来是这样，这就是告诉我们要突破固有思维！

孟子：是的，人生在世，一旦形成了习惯的思维定式，就会习惯地顺着固有思维思考问题，不愿也不会转个方向、换个角度想问题。因此，无论我们遇到什么困难，处于什么环境都应该学会变通，而不要被最初始的思想所左右。如果我们能够挣脱固有思维的约束，不断开创出新的处事方法，那么对于我们来说，天下就没有解决不了的问题，就没有办不到的事情了。

第六章 孟子与我聊人生进取之道

【使命解读】 ❧ **因时制宜，顺势而动** ❧

　　1947年的冬天，在密歇根州的卡索波里斯，洛厄正帮着他的父亲做木屑生意。这时候有一位邻居跑进来，想向他们要一些木屑，因为她的猫房里的沙土给冻住了，她想换一些木屑铺上去。当时，年轻的洛厄就从一只旧箱子里拿出一袋风干了的黏土颗粒，建议她试试这玩意儿。因为这种材料的吸附能力特别强，当年他父亲卖木屑的时候，就是采用这种材料清除油渍的，这样一来，那位邻居的燃眉之急就给解决了。

　　几天以后，这位邻居又来了，她想再要一些这样的黏土颗粒。这时洛厄灵光闪动，突然意识到自己的机会来了。他马上又弄了一些黏土颗粒，分5磅一装，总共装了10袋。他把自己的新产品命名为"猫房铺"，打算以每份65美分的价格卖出去，大家知道后都笑话他。

　　但出人意料的是，洛厄的10袋黏土竟然很快就卖完了，而且，当这10个用户再次找上门来，指名道姓要买"猫房铺"的时候，洛厄笑了。一丝灵感，一笔生意，一个品牌，一种使命，就这样开始了。

　　更让你想不到的是，洛厄采用黏土颗粒做猫房铺，反倒促使这些小动物变成更受人欢迎的宠物了，当然，洛厄也因此而变得富有起来。仅仅在1995年洛厄去世前的两三年间，"猫房铺"的销售价值就达到了两亿美元。也许可以说，正是洛厄的发明所带来的生存条件的改善，最终使猫取代狗成为在美国最受欢迎的宠物。

　　人们常说：当上帝在为你关闭一扇门的同时，也在为你打开另一扇门。世界首富比尔·盖茨、股神巴菲特、科学奇才霍金、阿里巴巴总裁马云、美容大师郑明明、不向命运低头的海伦·凯勒……这些人留给我们的都是他们生命中最璀璨的部分，但在他们辉煌的背后更值得我们思考的是：同样的条件，为什么只有他们能创造奇迹。那是因为他们善于思考，他们有着与别人不一样的思路，他们有着失意的时候还能保持清晰思维的能力，所以他们改变了命运，改变了一切。

我国古代，有位北方的商人到南方去购买茶叶，当他历尽艰难困苦到达目的地时，却发现当地的茶叶早已被其他商人抢购一空，好不容易来到这里，总不能这样空手而归吧？

情急之中，他突然心中冒出了个想法，那么多茶叶要运走，是需要很多篾箩筐来装的，既然买不到茶叶，买篾箩筐也可以卖钱的。于是，他将当地用来盛茶叶的篾箩筐全部买下，当其他商人准备将所购买的茶叶运回各地时，才发现买不到箩筐！无奈之下只得花高价钱向这位商人购买。结果这位北方商人轻而易举地在想赚钱的人身上赚了一大笔，还省下了往北方运茶叶的运费和麻烦，直接将钱带回了家。

这个故事是否真实并不重要，把它看成是一则寓言也没有什么不可，重要的是它能让我们从中得到一些启示："山重水复疑无路"与"柳暗花明又一村"在多数时候总是形影不离。在很多时候，成功与失败之间只隔一步之遥，甚至是一纸之隔。只是这"一步"或"一纸"不一定在你的正前方，它可能在你的左边，也可能在你的右边，还有可能在你的身后——这时不妨将你的思路左顾右盼一下，或许就是你不经意回首的一刹那，转机就会出现。

别让固有思维害了你

读书的人只困于一本书，一种思想，死死抓住一套理论而用来解决所有的问题，必然是行不通的。兼听则明，采取兼容并包、取长补短的开放思想，才能够让自己的视野更广阔，思路更宽泛。只有开放的头脑才能够有开阔的思路，也才能够在困难、危难之时，灵活变通，使问题迎刃而解。海伦·凯勒就曾说过这样的话：当一道门关闭了的时候，另一道就会打开。然而我们太多时候总是遗憾地盯着那道已经关闭了的门，从而对那道为我们敞开的门视而不见，所以任何时候你都应该保持一个开放的头脑。

所谓保持开放的头脑，就是要让自己思维的触角向各个方向延伸，接触更多的新知识和观念，对新的领域进行积极的探索，让头脑丰富起来。大脑有充足的营养，才能够促使思路的产生和生长，如果头脑闭塞、思维死板的人，则会在很多重要的时刻陷入困境，无法自拔。

有两个探险家在林中狩猎时，一头凶猛的狮子突然跳到他们面前。

"保持镇静，"第一个探险家悄悄地说，"你还记得我们看过的那本关于野生动物的书吗？那书上说，如果你非常冷静地站着别动，两眼紧盯着狮子的眼睛，那它就会转身跑开的。"

"书上是那么写的，"他的同伴说，"你看过这本书，我也看过，可这头狮子看过吗？"于是第二个探险家拔腿就跑，最终逃离了魔掌，而第一个探险家却站着不动，准备与狮子对视的时候，狮子扑上来把他撕成了碎片。

遇到危险情况，保持冷静是必要的，但也不能盲目冷静，书上说狮子不咬人，难道现实中它就真的不咬人了吗？谁也没有实践过，与其用生命做代价来检验"真理"，不如趁机赶快逃命。生硬的理论，不一定处处能够适应时刻变化的现实。学会应变，学会变通，切不可拘泥于一时一事。

然而，要保持开放的头脑，还要能够虚心向别人学习，承认别人比自己强，拥有自知之明，才会有忍耐别人的胸怀，更有向别人学习的谦恭，最终青出于蓝而胜于蓝，变成最强的人。

有一个聪明的男孩，有一天妈妈带着他到杂货店去买东西，老板看这个小孩很可爱，就打开一罐糖果，让小男孩自己拿一把。

但是这个男孩却没有任何的动作，几次的邀请之后，还是无动于衷，最后老板看孩子这么懂事，就亲自抓了一大把糖果放进他的口袋中。

回到家中，母亲很好奇地问小男孩，为什么没有自己去抓糖果？

小男孩回答得很妙："因为我的手比较小呀！而老板的手比较大，所以他拿的一定比我拿的多！"

这是一个聪明的孩子，他知道自己的力量有限，更重要的，他明白别人比自己强。凡事不只靠自己的力量，学会适时地依靠他人，是一种谦卑，更是一种聪明。能够真心地承认自己的弱点，找到差距，就更容易促进自己的发展和提高。

在如今信息无限宽广的数字化时代，没有一个开放的头脑，很快你就会被时代甩得远远的。逆水行舟，不进则退。在时代的激流里面，如果你不能紧随时代的步伐，渐渐地就会迷失方向，走进困惑。

不要让自己的头脑封闭起来，积极地接收和学习新的知识和理论，融会贯通，变为己用，灵活变通，才能够在通往成功的路途上避免崎岖和坎坷。当你有了一个明确的目标，并在实现它的过程中开放头脑，善于学习，并能够灵活机动地行事，你就能取得最大的成功。

对于某些思想僵化的人来说，一些微小的变化当然不足以引起他们的注意和敏感，即使遇到了某些重大的变化，他们也往往无所适从，只得顺其自然。"穷则思变"，与其到穷途末路的时候才想起来要学习、要变通，不如从一开始就保持一个开放的头脑，提高认识，拓宽思路，增强灵活应变的能力，最终把你引向成功的坦途。

心理学家认为，你在生活中的自由程度是由你可以选择的行动方案的数量所决定的，而你头脑开放的程度又决定着你能够想出的思路和方案数量。开放你的头脑，思路就会变得宽阔。

人生智慧

◇凡事不只靠自己的力量，学会适时地依靠他人，是一种谦卑，更是一种聪明。

◇学会应变，学会变通，切不可形而上学，拘泥于一时一事。

◇开放你的头脑，思路就会变得宽阔。

第七章

孟子与我聊做人操守骨气

　　人争一口气，佛争一炷香。做人绝不能没有骨气。有骨气的人，面对强权不卑不亢。有骨气的人，笑对贫穷，不食嗟来之食。有骨气的人，保持本色，威武不屈坚定不移。骨气表现出的不仅是一种气节，还是一种其他东西不可取代的人格魅力。一个铁骨铮铮的人无论物质有多么贫穷，生命有多么短暂，他们熠熠生辉的人格魅力，永远能穿越历史的沧桑，让人铭记……

骨气是奋发向上的动力

【聊天实录】

我：俗话说，人穷志短，马瘦毛长，您怎么看这句话？

孟子：一箪食，一豆羹，得之则生，弗得则死。呼尔而与之，行道之人弗受；蹴尔而与之，乞人不屑也。

我：这句话是什么意思呢？

孟子：此话出自《孟子·告子上》。意思是：一筐饭，一碗汤，得到就能活，得不到就饿死，（但如果）吆喝着施舍给人，路上的饿汉也不愿接受；如果用脚踢着施舍给人，那就连乞丐也会不屑一顾的。

我：在这里，您论述了一个与孔子如出一辙的观点，那就是"廉者不受嗟来之食"。

孟子：人穷并不可耻，穷得没了骨气才可耻。因为身为穷人，要想如富人一般用各种方式为自己脸上贴金，以赢得大家的赞美与尊敬是不可能的。这时候，能够留住最后的尊严的，只有人人都可以具备的骨气。所以，有骨气的穷人绝不会因为一点点财物就任人践踏自己的尊严，更不会因为禁不住诱惑就做出出卖良心的事。

【使命解读】　　穷人更要有骨气

季德胜是 20 世纪六七十年代治疗蛇毒的著名专家，其治毒秘方，是他的先祖们一代一代地流传下来的，而且由于此方"传子不传女，世代不外传"，所以季德胜视秘方比生命还宝贵。

秘方的内涵，全在于"秘"。祖父传给父亲时，有多少味药，季德胜不清楚。

这个秘方，不是单方，药味繁多，他的先祖在代代相传中，秘方药味有没有进行增减变化，季德胜更无从得知，不过他曾经听父亲说过，季家的秘方是一代胜一代，代代有发展，这就暗示了秘方的药味是有增减变化的。他父亲传给他的是一个囊括几十味动植物药的"乱方"，没有固定的药物剂量，一般凭目测、凭经验信手抓药配制而成。这个秘方，不仅药物种类多，而且用药量大，病人服用很不方便，有时疗效也不稳定。于是，在季德胜独立闯江湖的第三个年头，他决心把秘方简化成一个服用方便、疗效更高的秘方。

经过无数次的筛选与试验，季德胜用了近十年的时间，终于实现了他的夙愿。他将秘方中的各种药物研成粉末，加药液调和，用手工做成直径2.5厘米、厚0.5厘米的黑色药饼，和一种状如梧桐子的药丸，每个药饼和药丸都印有红色"季"字标记，亮出了"季德胜蛇药"的牌子，继续走江湖、卖蛇药。

1942年春，季德胜来到苏州，不少蛇伤患者经他治疗，无不痊愈。同年秋季的一天，一个日本商人以"交朋友"为名，请季德胜赴宴，并送上钞票、礼品，夸奖季德胜是他的良师益友，要拜季德胜为师。季德胜深知，日本商人这样做，目的只不过是为了骗取他的蛇药秘方。所以，当时的他虽然穷困潦倒，却人穷志坚，不被金钱所动，随即以"去城外山上采药草，改日细谈"为借口，连夜逃离了姑苏城。事后他说："我是中国人，就算穷死、饿死，也绝不会把秘方卖给日本鬼子！"

生活中有句俗语："富人有脸面，穷人有骨气。"骨气是穷人的精神支柱，也是奋发向上的动力。如果一个人本来就一穷二白，又为了钱财而出卖人格，为了巴结有钱人而奴颜婢膝，那他将真的一无所有。这样的人是悲哀的，他不但会被有钱人不屑，也会被穷人所唾弃。

贫困并不可耻

贫困不是荣耀，但贫困也不是一种耻辱，它是一种力量。有贫困经历的人更能适应变幻莫测的社会，而从贫困中走出来的强者才会更有非凡的能量。

少一点物欲，多一点快乐。金钱乃身外之物，淡然面对金钱，做到知足常乐，平凡的人也能找到快乐。

人生都是在不断追求中绽放美丽，即使再富华的生活，没有一颗宁静的心，没有花一样唯美的心灵，永远也不会看到花开的美丽，更不会听到花开的声音。

聪明的人是善于取舍的人，是适时取舍的人。

大凡人的内心世界，都有不为人知，而物质、名利的追求苦极一生，是众多人的心愿。

如果一个人很穷，但他却不愿卑躬屈膝阿谀逢迎，不愿为了钱而出卖自己，不因为穷困就自甘堕落、作奸犯科，那么，他的贫困就是世上最可敬的。那些从不负债，同时还能以自身的节俭积累财富的人同样值得尊敬。那些买什么都用现金，从不赊账的人同样很富有。他们要比那些衣食住行样样都靠赊欠的人强百倍，也更加快乐。

有一个孩子出生在英国苏格兰，他父亲以手工纺织作为谋生的之道，而他的母亲的缝鞋为业。后来，他们的家庭已非常贫困，没办法最后移民到美国。在美国，他在纺织厂做童工，锅炉燃烧油池浸纱由他管，而且他负责寄信。在寄制备信件的过程中，他表现出极大的努力，后来他成为一家铁路公司的工作人员。在该公司工作 10 年以上，他很勤快，但生活仍然不富裕，第一次股票投资，他家所有的积蓄不足 60 元。在这种情况下，他抵押房子加上母亲的工资，买了金额为 600 的股。就是这样的一个贫穷的人，经过多年的努力，他成功了，他就是他就是后来闻名世界的钢铁大王卡内基，他与洛克菲勒，摩根，并称美国三大巨头。

贫穷并不可耻，关键在于我们用什么的态度对待贫穷，人穷志不穷，人穷骨气在。不管我们处于一种怎样的生活环境和生活条件，我们都要乐观向上对待生活中的每一天，好好地去利用，去享受生活。不要为自己的处境而抱怨，不要为自己的一时失意而不断的自负自己，不要老是把精力停留在昨天，如果这样，那跟浪费时间、浪费生命又有什么区别呢？任何事情都有两面性，有好的一面就有坏的一面，只要我们有一个乐观的心态，去面对每一件事，朝着自己的目标，坚持向着一个正确的方向，不断地努力，做到永不放弃，我相信成功将离你不远，成功的大门将会向你打开。

阿尔弗雷德·诺贝尔是诺贝尔奖的创始人。在诺贝尔出生之前，他们祖祖辈辈积累下来的财产被一场无情的大火烧得光了，生活的贫穷迫使他们不得被搬到狭小、简陋的房子里栖身。就在这样恶劣的环境下，一个营养不良的弱小生命降生了，那就是诺贝尔。不久，由于贫穷，处在生长发育阶段的诺贝尔经常忍饥挨饿，导致他百病缠身，但他以顽强的毅力与命运抗争，终于奇迹般地活下来了。

阿尔弗雷德·诺贝尔

由于贫穷交不起学费，又使诺贝尔失去了上学的权利，他只能每天站在窗口眼睁睁地看着平日的小伙伴快乐地去上学。诺贝尔想要学习，母亲看在眼里，急在心里，省吃俭用将积累下来的钱买了小学、中学的课本，诺贝尔看了这些书好像获得珍宝一样高兴。在学习的过程中，他遇到了很多困难，虽然没有老师指导，但他迎难而上，经过三年的刻苦自学，诺贝尔终于学完了小学、中学全部课程，这为他以后的科学研究打下了坚实的基础。

诺贝尔为了给人类造福，潜心钻研，反复实验，失败了不气馁，功夫不负有心人，他终于发明了硝化甘油，成为一名伟大的科学家。

孟德斯鸠说过："一个人穷并非因为他一无所有，而是因为他不愿工作，或者不能工作。有能力，并且乐于工作的人要比拥有1000克朗却无所事事的人更富有。再没有比贫穷更能令人变得智慧而通达了，要知道，无数伟人圣者在人生的最初阶段都是穷人。贫穷，能够净化人心，并提升人的道德境界。"

对于那些蕴藏着勃勃生机的人来说，艰巨的任务反而更能激发他们的潜能，更令他们无比快乐。倘若从历史中寻求作证，我们就会看到，一个人勇敢、诚实、高尚与否与他的富裕程度毫不相关，最优秀的人往往也是最贫穷的人，因为他们认为自己所拥有的一切，已足够自己满足世俗需要。

一位圣人说过："上帝制造了贫穷，可上帝并没有制造悲惨。"当然，二者之间还是存在很大差异的。确实，贫穷值得众人尊敬，悲惨则是可耻的。因为痛苦悲惨大多是行为不当的结果，往往也是酗酒和懒惰的恶果，对于能够忍受贫穷的人来说，这不是件丢人现眼的事。不过，如果一个人发现乞讨能够致富，那么，他就永远不会再做善事了，从此，他就只能与邪恶龌龊为伍。

人生智慧

◇骨气是穷人的精神支柱，也是奋发向上的动力。

◇贫穷并不可耻，关键在于我们用什么的态度对待贫穷，人穷志不穷，人穷骨气在。

◇上帝制造了贫穷，可上帝并没有制造悲惨。

尊严是一个人生存的基础

【聊天实录】

我：常听到一句话是这么说的：穷则独善其身，达则兼善天下。这应该讲的是做人应该有尊严，您对这句话怎么理解呢？

孟子：这句话出自《孟子·尽心上》，意思是：穷困时照管自己，努力修养好本身的品德；通达时就兼及众人，让天下人都能修养好其品德。

我：您认为，无论在什么情境下，人们都必须秉义直行，以维护人格的尊严。

孟子：是的，我信命，认为困穷或是通达，是人生偶然的遭遇，非人力所能掌握，但行为是否依循道义，是个人可以自我做主的，儒者必须严以自律，因为唯有依循道义，才能让自己俯仰无愧，而得意自在。

我: 的确, 生活之中, 人如果不能自律, 丢弃了骨气, 就会丧失尊严, 从而很容易近墨者黑, 变成受人鄙弃的对象。

孟子: 做人不可有傲气, 但不可无骨气。我们只有始终坚持自己正直的性格, 保有做人的骨气, "不为五斗米折腰", 才能发愤图强获得人生的良好发展, 同时才能得到做人的尊严。

【使命解读】　　做人不能没有尊严

有一位作家曾经说过: "人的尊严是一种高度和一种质量, 再不起眼的人有了这种高度和这种质量, 就能面对权贵不卑不亢, 面对不义之财不馋不贪, 面对不公之事不忍不避。" 所以, 一个有骨气的人, 必然会非常看重自己的尊严。

1995 年的春天, 珠海一家电子公司的韩国老板金老板因为一件惹自己生气的小事, 竟然无视中国工人的尊严, 强迫所有的工人给她下跪。

这件事的起因是因为工人师傅们在繁重的劳作中破天荒地获得了 10 分钟的休息, 因而高兴的忘记了金老板定下的休息时排成 4 队离开车间的 "铁律"。在金老板的威吓下, 工人们一个个地被迫跪下了。只有一位名叫孙天帅的小伙子, 始终铁骨铮铮地站着。金老板面对不跪的中国工人孙天帅, 气急败坏地大吼: "不跪就给我滚!"

孙天帅无所畏惧, 毅然转身大踏步走了出去。

懂得尊重自己, 是一种清醒, 更是一种智慧。孙天帅这个有着铮铮傲骨的年轻人虽然失去了工作, 却用行动捍卫了自己的尊严。然而, 现实生活中, 却有很多高官在 "孔方兄" 面前断了脊梁, 很多大款在 "石榴裙" 下乱了方寸, 很多的名流在蝇头小利上绊了跟头, 这些人虽然要过无数一呼百诺的威风, 玩过许多一掷千金的阔绰, 摆过许多一时之选的派头, 但他们却抛却自己的尊严, 失去了自己的傲骨, 这些人何曾像孙天帅一样有过这么不动声色的一立?

社会是复杂的，其中充满着无数的诱惑与迷惑，人生活其中，很容易失去本色、磨光棱角，以至于让人卑躬屈膝，置尊严于不顾。

做人不能没有尊严，尊严是一个人生存的基础，是一个人的生命价值所在，任何时候都不能放弃。一个人如果有了尊严，也就有了支撑生命的灵魂的骨架；如果一个人丧失了尊严，那么这个人虽空有一副人的躯壳，也犹如太阳没有了炽热的光芒，江河没有了豪迈的奔涌，失去了生命存在的意义。

1948年6月，国民党政府的法币像大江东下一样，时时刻刻在贬值，买一包纸烟要几万块钱。教授的薪水虽在涨，但法币贬值得更快，物价涨得更快，原来生活比较优越的教授们，这时候也和广大人民一样，活不下去了，特别是家口众多的人，生活更为困难。

朱自清

国民党政府也知道人民的怨恨，便耍了一个花招，发了一种配购证，可以用较低的价格，买到"美援的面粉"。也正当这个时候，美国政府积极扶助日本，美国驻华大使司徒雷登对中国人民发出诬蔑和侮辱的叫嚣，于是吴晗等人为了揭穿国民党政府的阴谋，抗议美国政府的侮辱，便发表了一个拒绝购买美援平价面粉的声明。声明写好后，便征集签名。

第二天，吴晗手持稿子来到朱家请求朱自清签名。此时，朱自清其实已陷入严重的生活困境。营养不良使得他的胃病逐日恶化，全家也处于半饥半饱状态。对此，朱自清夫人陈竹隐在《追忆朱自清》一文中回忆道："我们家人口多，尤其困难。为了生活，佩弦（朱自清的字）不得不带着一身重病，拼命多写文章，经常写到深夜，甚至到天明。那时家里一天两顿粗粮，有时为照顾他有胃病，给他做一点细粮，他都从不一个人吃，总要分给孩子们吃。"朱闰生在《魂牵梦萦绿杨情——记父亲朱自清与扬州》中也说，1948年春夏，朱自清"身体越来越坏，胃病经常发作，一发作起来就呕吐，彻夜甚至连续几天疼痛不止。……6月9日又来信说：'……又大吐，睡了九天才起床，这回因为第二次并未复原，又来一下，人更瘦了……'"

但朱自清看了声明，毫不迟疑，立刻颤颤地提起笔，在宣言上签上了自己的名字。在当天的日记中，朱自清写道："此事每月须损失六百万法币，影响家中甚大，但余仍决定签名。因余等既反美扶日，自应直接由己身做起，此虽只为精神上之抗议，但绝不应逃避个人责任。"

不到两个月，来自清便逝世了，临终，他还不忘叮嘱家人，不要购买美援面粉，因自己是在声明上签过名的。

朱自清的胃病，是必须严格选择食品的，而那时候面粉是不可多得的好食品。如果他不签字，别人也能理解，但他还是签了。我们可以想象，朱自清不能忍受食用美国面粉的侮辱，却忍受了病痛的剧烈折磨，这种选择为他赢得了做人的尊严，也显示了他作为一个中国人的骨气。

其实，我们每个人都应该有尊严地活着，而一个人的尊严，除了需要他人的尊重与维护外，最需要的是自己用坚定的信念及风骨甚至以生命来维护和捍卫。只有你懂得尊重自己，拥有独立的人格，别人才会尊重你；只要我们能够挺起做人的脊梁，那么即使贫穷、孤独，内心也依然会有一份宁静与和谐。

❧ 人格尊严，重于泰山 ❧

法国著名的将军狄龙在他的回忆录中讲过这样一次恶战，他带领第 80 步兵团进攻一个城堡，遭到了敌人顽强抵抗，步兵团被对方火力压住无法前行。狄龙情急之下大声对他的部下说："谁高法炸毁城堡谁就能得到 1000 法郎。"他以为士兵肯定会前仆后继，但是没有一位士兵冲向城堡。狄龙大声责骂部下懦弱，侮辱法兰西国家的军威。

一位军士长听罢，大声对狄龙说："长官，要是你不提悬赏，全体将士都会发起冲锋的！"狄龙听罢，转发了另一条命令："全体将士，为了法兰西，前进！"

结果整个步兵团从掩体里冲了出来，最后，全团 1194 名博士兵只有 90 人生还。一个人的人格比生命更重要，如果用钱驱使它无异于奇耻大辱。

有一天，一个猎人捉到了一只狗，狗惊恐地等待猎人的发落。猎人对狗说："只要你投降，我就会给你荣华富贵，条件是，你一切要听我指挥。"狗心里想：猎人有权有势，想找这样的靠山还找不到呢。于是，它同意投降猎人，并全心全意地为猎人做事。

狗做事从不偷懒，任劳任怨，忠心耿耿，做出了许多成绩，令猎人十分满意。猎人越来越信任狗，以至于把许多大权交给狗，狗又风光又潇洒。

有一次，猎人和狗发现一匹狼。猎人与狗紧密配合，捉住了这匹狼。猎人想，狼和狗是近亲，既然狗已经投降了，那么狼的投降也是指日可待的，于是猎人让狗去说服狼投降。

狗对狼说："投降猎人是一件很荣耀的事情。对于猎人来说，想投降他是有条件的，他看中了你才这样做。你看看我，如今多风光呀。再说了，我们本没有什么大的差别，别不识抬举。"

狼听了，无比蔑视地回答道："我们看上去差别不大，可实际上相去甚远。你把荣华富贵看的最重要，可我把骨气看的最重要。我们看上去是有点像，可骨子里却是截然不同的！"

猎人不相信狼不在乎利益，他一次又一次地给狼提高投降的待遇，但是，最终他还是没有降服这匹狼。狗在猎人面前挑拨道："你给出的待遇已经很高了，可它太贪得无厌了。"猎人却意味深长地说："对于一个有骨气的动物来说，荣华富贵对它一点儿用也没有。"

然后，猎人对狼威胁道："你不投降，我只能杀掉你。"

但狼毫无惧色："难道我现在比死了更好受吗？"

猎人没有杀狼，而是亲手把狼放了。狗看了大为不解："你是不是糊涂了？它没有投降反倒放了它，太便宜它了。"猎人一脚把狗踢开，狠狠地骂道："你是什么东西，一点骨气都没有。"

无论是人还是动物都必须有骨气，有骨气才会得到尊重。

人 生 智 慧

◇只有你懂得尊重自己，拥有独立的人格，别人才会尊重你；只要我们能够挺起做人的脊梁，那么即使贫穷、孤独，内心也依然会有一份宁静与和谐。

◇无论是人还是动物都必须有骨气，有骨气才会得到尊重。

人格不应该拿去交换任何东西

【聊天实录】

我：做人应该有底线，您觉得做人的底线是什么呢？

孟子：求我所必求，为我所必为。当取则取，当舍则舍，如此而已。

我：这句话是什么意思呢？

孟子：不要我所不要的东西，不干我所不干的事，应当拿取的就拿取，应当舍弃的就舍弃。

我：这句话又一次显示出了您做人的骨气与人格。

孟子：在这个世界上，有些东西是不该要的，有些事情是不该做的，尤其是在涉及人格问题时，更是应该有所为有所不为。正人君子都明白这个道理，所以在历史的长河中，出现了那么多宁愿隐居山林，也不巴结讨好权贵，宁愿牺牲性命，也不肯屈服于人的有骨气之人。

我：我想起罗曼·罗兰说过一句话："自私和怯懦的人常不快乐，因为他们即使保护了自己的利益与安全，却保护不了自己的品格与自信。"

孟子：是的，如果你想活得有自信有尊严，就应该拿出做人的骨气来，好好守护你的人格。

【使命解读】 ❧ 做人不能丧失人格 ❧

说起骨气，大家一定会想到有着铮铮傲骨的鲁迅，想起鲁迅，或许还会有很多人立刻会想到那个跟他截然相反的弟弟——周作人。

当初北京陷落后，北京大学南迁，周作人留在了北京。让人没想到的是，在1938年2月9日，这个自称要隐居的雅士竟然出席了由日本军和大阪每日新闻社合办的"更生中国文化建设座谈会"。1939年8月，接任"伪北京大学教授兼任文学院长"之职后，又于1940年12月19日，成为汪伪政权华北政务委员会特派常务委员兼教育总署督办，与头号汉奸汪精卫打得火热！

周作人

更可恨的是，1941年4月，周作人与钱稻孙等一行人赴日本出席东亚文化协议会文学部会。14日上午进宫晋见天皇后，出席日本首相的午餐会，下午便接着参拜明治神宫，然后，他又马不停蹄地赶往所谓的护国英灵靖国神社进行参拜！还誓言真心日"东亚永久和平之志向相同，径往宿舍云"，已完全丧失了做人最起码的尊严与良知。

按理说，熟读经史的周作人应当知道大汉奸秦桧等鼠辈的千古骂名，而且，东洋指挥刀也并没有架在他的脖子上威胁他，但他却甘愿牺牲人格，为日本鬼子卖命。

为什么说他是"甘愿"呢？这就得看看他自己的话了，据他回顾："关于督办事，既非胁迫，亦非自动（后来确有费力气自己运动的人），当然由日方发动，经过考虑就答应了。"

请注意，在这里周作人承认是"经过考虑"，可见他是权衡过名誉地位、掂量过利弊得失，才下定决心"答应"卖国投敌效鹰犬之劳的。那么，他反复"考虑"的究竟是什么呢？究竟是何等致命的因素，比东洋指挥刀还厉害，能让他泯昧良知就任伪职"督办"的呢？

我们无须揣测，周作人在《知堂回想录》中自己就给我们揭开了这个老底，原来"该职特任官俸，初任一千二，晋一级加四百圆，至二千圆为止"。这里必须说明的是，旧时代行政官员分四等：特任、简任、荐任、委任。日本侵略者给周作人定的身价不低，一上台就是头等达官，月俸一千二百圆，是他原有薪金的两倍（合今人民币 4.8 万元）。而且还有显赫的前途等着他：晋级可以一直加到月俸二千圆（合今人民币 8 万元）。如此在和平时期他做梦也得不到的横财，明晃晃地摆在他眼前了，怎能不让他心动！面对如此诱惑，别说拿人格做交换，就是拿妻儿做交换，估计他也会考虑。

以史为鉴，做人千万不可丧失人格。出卖人格的人，就会被千夫所指，被万人唾弃。因此，真正有自尊心有骨气的人，绝不会拿人格交换任何东西。

不为五斗米折腰

陶渊明从小就喜欢读书，不想求官。家里十分贫困，常常揭不开锅，但他还是照样读书作诗，自得其乐。后来陶渊明家境更为贫寒，靠自己耕种田地根本就无法养活一家老小。亲戚朋友于是劝他出去谋一官半职，他无可奈何只好答应了。当地官府听说陶渊明是名将陶侃的后代，又有文才，就推荐他在大将刘裕手下做个参军。但是没过多少时日，陶渊明就看出当时的官员、将领互相倾轧，心里十分烦恼，提出到地方上去做官，上司就把他派到彭泽当县令。

当时做个县令，官俸并不高，加上陶渊明既不会搜刮百姓，又不会贪污受贿，因此日子过得还是不富裕，但是比起他在乡里的穷日子，当然要好得多，他觉得留在一个小县城里，没有什么官场应酬，也还比较自在。

一天，郡里派了一名督邮到彭泽检查工作。县里的小吏听到这个消息，连忙跑来向陶渊明报告。当时陶渊明正在他的内室里捻着胡子吟诗，一听到来了督邮，万分扫兴，但是又没办法，只好勉强放下诗卷，准备跟小吏一起去见督邮。小吏一看他身上穿的还是便服，吃了一惊说："督邮来了，您应换上官服束上带子去拜见才好，怎么能随随便便穿着便服去呢！"

陶渊明本来就看不惯那些依官仗势作威作福的督邮，一听小吏说还要穿起官服行拜见礼，更不愿受这种屈辱。他叹了口气说："我可不愿为了这五斗米官俸，去向那督邮打躬作揖。"说着，他也懒得见督邮，索性把身上的印绶解下来交给小吏，辞职不干了。陶渊明回到老家以后，觉得整个社会混乱的局势跟自己的志趣、理想相差太远了，从那以后，他就隐居起来，过着逍遥自在的日子，闲着就写诗歌、文章，来寄托自己的心情。

陶渊明不愿为"五斗米折腰"是一种有骨气、有人格的体现。做人不能丧失人格，出卖人格的人，就会被千夫所指，被万人唾弃。因此，真正有自尊心有骨气的人，绝不会拿人格交换任何东西。

司马迁曾说："人固有一死，或重于泰山，或轻于鸿毛。"其实死亡是每个人都要面对的，一个人如果能为正义而死，那是死得其所；但如果因为害怕死、逃避死而对敌人卑躬屈膝，就会成为寓言里那只没骨气的狗，被万人唾弃，比如金兵入侵时公开投敌的南宋叛臣杜充，再比如被俘后因畏惧死亡而成为千古奸臣的秦桧……他们的行径是有着铮铮铁骨的人所鄙夷的，有骨气之人在面临生死抉择时，总是选择舍生取义。

人 生 智 慧

◇出卖人格的人，就会被千夫所指，被万人唾弃。

◇骨气是人骨子里与生俱来的一种东西，是不会因为外物的干扰或阻挠就能消减的。

◇有骨气的人在生死关头，真正能够做到宁可站着死，也不跪着生，宁可舍弃生命，也不出卖人格。

人活一口气

　　我：我在《孟子·尽心》读到：吾善养浩然之气。……其为气也，至大至刚，以直养而无害，则塞于天地之间。这句话是什么意思呢？

　　孟子：善于培养自己的浩然之气，这种气极端浩大，极端有力量，用正直去培养它不加以伤害，就会充满天地间。

　　我：浩然之气是什么呢？

　　孟子：我说的浩然之气指的是一种精神，一种天地运行所表现出来的精神，人应该不断加强自己的修养、修为，以直养而扩充自身的浩然之气，以达到一天地之精神相合，与天地之信息相通，这是大智慧。因此，孟子的这句话被许多人作为毕生追求的人生格言。

【使命解读】　人生要养浩然气

　　白居易有诗曰："尧舜揖让三杯酒，汤武征诛一局棋。"人的修养有三个层次，体会天地长久不衰的广大德性，效法天地自强不息的健行精神，修养天地清刚浩大的正气，这是第一个修养层次。以天地为法式才显得博大、高明，这是第二个修养层次。不注重我字，不注意私字，这是第三个修养层次。要想有大的作为，有大的成就感，我们就要从远处、大处着手。

　　老子说："域中有四大：道大、天大、地大、人大。"人能体会天地之道而存养天地之气，也就是孟子所说的至大至刚，能充满天地的浩然正气。正气在得志时能经天纬地，正气在贫穷时能恪守道义。孔子说："朝闻道，夕死可矣。"在生死关头，"当道存在我就存在，当道消失我就死亡。眼前见到的只是道，不考虑我的生死"。为道而死，也就是通常说的气节或节操，也就是杀身成仁、舍生取义、视死如归的节操。

若不培养正气，邪气就会产生。"思则得之，不思则不得"。节操不确立，人格便丧失。这样不是家庭的忤逆之子，就是社会的害群之马；不是社会的奸人，就是人类的蟊贼。

西汉将军霍去病，以"匈奴未死，何以为家"的思想精神，戎马一生，战绩赫赫，26战死他乡，终年仅24岁。东汉班超，出使西域，以"不入虎穴，焉得虎子"的英勇气概，沉重打击了匈奴的势力，恢复了西域同内地的密切联系。宋代辛弃疾，以"男儿到死心似铁"的不屈意志，在妥协投降派的阻挠、打击下，为收复被侵占的失地奔走、奋战了一生。明代海瑞，看到嘉靖皇帝残暴昏庸，黎民苦难沉重，毅然为自己置备了棺木，诀别妻儿亲友，上书直斥嘉靖皇帝。戚继光，以"封侯非我意，但愿海波平"的坦荡胸怀和非凡抱负，率军痛剿东南沿海的倭寇，保卫了国疆边防。清代老将关天培，在鸦片战争英军进攻虎门的战斗打响时，将几件旧衣服和几颗脱落的牙齿装入木匣寄回家，以示死战之决心，战场上亲自上阵搏敌，壮烈牺牲。邓世昌，甲午中日海战中，指挥受伤的"致远舰"开足马力，向敌"吉野"舰撞去，要与之同归于尽。著名人物谭嗣同，在变法失败后拒绝出走，甘为变法流血牺牲，以"我自横刀向天笑，去留肝胆两昆仑"的正气之歌唤取后来者的觉醒。

浩然正气包括壮气、豪气、逸气、清气。

临渊不惧，临危不惊；宁死不屈，宁折不弯；宁抛头颅、洒热血不失节操；国难当头能愤然而起，危急时刻敢舍身成仁。富贵不能淫，贫贱不能移，威武不能屈。"此是壮气。

临风把酒，横槊赋诗；壮心不已，志在千里；天生我材必有用，千金散尽还复来；孟子有云："如欲平治天下，当今之世，舍我其谁也？"此是豪气。

不以物喜，不以己悲。即使在人生最低谷的时刻，也能沐江山之风月，驾凌波之扁舟，举杯邀月，游目骋怀；不求与日月相始终，只见今世之乐趣无穷。此是逸气。

与自然天地相应合，春虫秋蝉，声声入耳，夏雨冬雪，皆可濯心扉，万物静观皆自得，四时佳兴与人同；见花放水流，能知其乐趣，听禽鸣天籁，可悟其天真。此是清气。

这壮气、豪气、逸气、清气，合在一起，便是君子所有的正气，也正是孟子所说的具有不竭生命力的浩然之气。

人活一口气，要活得光明磊落，顶天立地，就必须有一股浩然正气。因此，每个人都应培养这股浩然正气，以正气来工作便能自忠，以正气来办事便能自敬，以正气来理财便能自廉，以正气来交友便能自诚，以正气来养心便能自谨。

君子不屑嗟来食

人争一口气，佛争一炷香。做人绝不能没有骨气。有骨气的人，面对强权不卑不亢。有骨气的人，笑对贫穷，不食嗟来之食。有骨气的人，保持本色，威武不屈坚定不移。

骨气表现出的不仅是一种气节，还是一种其他东西不可取代的人格魅力。一个铁骨铮铮的人无论物质有多么贫穷，生命有多么短暂，他们熠熠生辉的人格魅力，永远能穿越历史的沧桑，让人铭记。

曾子说过："士不可以弘毅，任重而道远乎？"先有安贫乐道的性情和勇于牺牲的精神，而无忍辱负重、百折不挠地追求理想实现的吃苦精神，还不足以证明是真正有气节的。太史公司马迁为完成《史记》，在受了宫刑的残酷打击下，忍羞含辱，呕心沥血，以锲而不舍的吃苦精神和惊人的毅力花了19年时间，终于完成了辉映千秋的巨著。我们不能说司马迁是苟且偷生，而应该钦佩他这种面对命运而不倒下，不计个人得失，面对困难迎头而上的真正的大丈夫气概。

立足现实，对比今昔，其道理是十分明显的。我国历代王朝的更替，莫不是统治者的浮华软弱造成的；反过来，我们整个中华民族历经五千年的沧桑而愈益焕发光彩，是因为我们伟大民族的灿烂文化养育了一代又一代大批为捍卫中华传统而坚贞不屈、与敌血战到底的仁人志士，他们的高风亮节、英勇行为捍卫着中华民族的存在和发展。古人云："志士仁人，无求生以害仁，有杀身以成仁。"

南宋文天祥抗元失败，拒绝高官厚禄，受尽折磨，慷慨牺牲。古有穷人，宁可饿死，也不吃嗟来之食。闻一多拍案而起，横眉怒对敌人的手枪，宁可倒下也不屈服。屈原为报国爱民，即使沉江自溺也在所不辞。陶渊明清贫如洗，却不愿为五斗米折腰。顾炎武饱经忧虑，坚持抗清。郑成功历尽艰险，收复台湾，大振台湾，大振国威。朱自清一身重病，宁可饿死，不领美国的"救济粮"。鲁迅横眉冷对千夫指，俯首甘为孺子牛，徐悲鸿不为高官厚禄所诱惑，也不被政治上高压所屈服，坚决拒绝为蒋介石画像。

骨气是一种气质，一种风度，一种人格，一种素养，一种知识和道德综合后的存在，是人格的最高境界。

人 生 智 慧

◇人活一口气，要活得光明磊落，顶天立地，就必须有一股浩然正气。因此，每个人都应培养这股浩然正气，以正气来工作便能自忠，以正气来办事便能自敬，以正气来理财便能自廉，以正气来交友便能自诚，以正气来养心便能自谨。

◇人争一口气，佛争一炷香。

为原则而活着

【聊天实录】

我：做人要坚守底线，上面您告诉了我，什么是底线，那怎么坚守做人的底线呢？

孟子：古之贤王，好善而忘势；古之贤士，何独不然？乐其道而忘人之势。

我：这句话出自哪里，是什么意思呢？

孟子：这句话出自《孟子·尽心上》，意思是：古代的贤王，因喜好善人善行因而放下对本身权势的顾念；古代的贤士，何尝不如此？因悦足于本身的道术而放下对他人权势的仰望。

我：您认为，能坚守自己义道的人，就是"古之贤士"，就如您本人。这种人不论有无贤王来礼敬，都会坚守自己的义道，这个义道就是做人的底线，做人的原则。

孟子：是的，孔子说"随心所欲不逾矩"，事可以随心所欲地去做，话可以随心所欲地去说，但有一个前提，就是不能"逾矩"，不能违背基本的原则。

我：嵇康也说："不以荣华肆志，不以隐约趋俗。"做人不因荣华富贵而放纵心志，不因卑微穷困而趋赴流俗，这些贤言皆是说做人要坚守底线，不可没有原则。

孟子：一个一身正气的人，他会坚守做人的原则，在原则问题上，不妥协，不退让。

【使命解读】 ~ **求真直言，不迷信权威** ~

2003 年春，突如其来的"非典"疫情让全国人民陷入了恐慌。

作为抗非典阵营中的领军人物钟南山，他冷静、无畏，以医者的妙手仁心挽救生命，以科学家实事求是的科学态度应对灾难。他仗义执言，一语千钧，以令人景仰的学术勇气、高尚的医德和深入的科学探索给予人们战胜疫情的力量。

在"非典"传播之初的 2003 年 2 月 18 日，北京有关权威部门发布消息："引起广东非典型肺炎的病因基本查清",元凶是"衣原体",并建议使用抗生素进行治疗。

然而,对于这一结论,钟南山没有盲目相信,鲜明地提出了自己的质疑,认为还需要在科学实验和防治实践中进一步检验。

在当天下午,广东省卫生厅召开了一次紧急会议,讨论关于发布"非典"病因元凶是"衣原体"这一消息的问题。

轮到钟南山发言时,他沉思良久,科学家的良知和临床实践,使他无法盲从这一结论,他摇摇头说:

"大量的事实证明,临床症候与治疗用药均不支持这个结论!"

他不同意典型衣原体是非典型肺炎病因的观点,而认为典型的衣原体可能是致死的原因之一,但不是致病原因。经过他有理有据的论证,广东省决策层采纳了他的意见,并坚持和加强了原来的防治措施。

4月初,由钟南山带头的广州专家和香港专家的合作取得突破:在对40多例"非典"患者的呼吸道分泌物及血清检测中,分离出两株冠状病毒,经检测初步认定,这极可能就是"非典"的重要病原体。

4月16日,世界卫生组织正式宣布:经过全球科研人员的通力合作,可以确认冠状病毒的一个变种是引起非典型肺炎的病原体。

事实再次证明,钟南山的坚持是正确的。他为广东卫生行政部门及时制定救治方案提供了决策论据,使广东成为全球"非典"病人治愈率最高、死亡率最低的地区之一。

有人曾替他担心,有一位朋友事后问他:"你就没想过可能会判断失误吗?要知道,稍有差池都可能有损院士的声誉。"

钟南山平静地说:"我只尊重事实和真理,明哲保身不是科学家的品格。明知不对还要盲从,受害的只能是患者。"

求真直言,不迷信权威,是一个一身正气的人应当坚守的底线、原则。正直的人追求真理,忠实于真理。不会因为迷信权威或者考虑个人的得失而欺骗自己、欺骗别人。见风使舵、无原则、无主见的人不可能赢得别人的尊重，因为按古人的观点，他们是一些胸无正气、身无硬骨的"小人"。小人当然不会成就一番大事业！

保持本色，坚持原则

人的一生的确充满许多坎坷，许多遗憾，许多迷惘，许多无奈，稍不留神，就会迷失自己，找不到方向。此时，如果你心如明镜，认清自己的真实面目，不迎合他人，不丢失自我，那你就可以在快乐中找到自我，进而成就自我。

每一个人的成功都是因为坚持了正确的做人原则，成龙的成功同样如此。虽然，我们大多数人都无法取得像成龙那样辉煌的成绩，但我们应该像成龙那样做一个刚柔并济的人，在别人需要我们的时候伸出温暖的双手，在利益面前坚持正确的做人原则。

成龙有一次曾经说："虽然我很丑，但是我很温柔。"成龙确实算不上是一个十足的帅哥，但正如他自己所说的那样，他有温柔的一面。他怀着一颗温柔之心在社会的公益事业中不断奔波，尽自己最大的努力帮助那些需要帮助的人，他的温柔让许多人感受到了他的温暖。但在做人的问题上，他始终都坚持着自己一贯的作风，他的刚正不阿让所有人一提起他就会竖起大拇指。在他的演艺生涯中，他从不会因为害怕去找一个替身演员，能够自己完成的危险动作，他绝对不会让替身代替，因为在他看来一旦有替身代替，就不会给观众真实的感觉。为此，他曾多次负伤，但他始终都没有放弃这一原则。

他很小的时候就被家人送到戏班，十几年的苦练，终于学有所成，却在出师后遇到了戏曲行业的最低潮。他空有一身本事，却毫无用武之地，只好在香港邵氏片场做了一个"臭武行"专门跑龙套。在那里，他又苦又累而且没有尊严，并时常遭人百般刁难、冷嘲热讽，但他以刚强的个性为自己争得了应有的一席之地。几年以后，他开始担当主角，小有名气，每月能拿到 3000 元薪水。

有一天，行业内的何先生约他出去，请他出演一个新剧本的男主角："除了应得的报酬，由此产生的 10 万元违约金，我们也替你支付。"何先生说完强行塞给他一张支票，匆匆离去。

他仔细一看，支票上竟然签着 100 万，这让从小受尽苦难、尝遍艰辛的成龙欣喜万分，可转念一想，如果自己毁约，手头正拍到一半的电影就要流产，公司必将遭受重大损失。于情于理，他都不忍弃之而去。他于是一宿难眠，为这个问题想了一晚上，直到最后想出了解决的办法。次日清晨，他找到何先生，送还了支票。当何先生见到成龙如此做时感到非常意外，成龙却淡淡地说："我也非常爱钱，但是不能因为 100 万就失信于人，大丈夫一诺千金。"公司得知后非常感动，主动买下了何先生的新剧本，交给他自导自演。就这样，他凭借电影《笑拳怪招》造了当年的票房纪录，大获成功。

在一次电视访谈中，成龙回忆起这些往事，感慨万千，深切地说道："坦率地讲，我现在得到了很多东西，但是当初如果我背信弃义，从戏班逃走，没有这身过硬的武功，或者为了得到那 100 万一走了之，我的人生肯定要改写。我只想以亲身经历告诉现在的年轻人，金钱能买到的东西总有不值钱的时候，做人就应当诚实守信，一诺千金。"

做人不要因外界的诱惑而迷失了自己的本色，成龙成功的经历告诉我们：坚持自我，保持本色是一切成功的基础。

保持本色，是要坚持自己的心，不要为外界干扰而改变自己的原则；保持本色，不要为了取悦别人而仰人鼻息，从而丧失做人的风骨；保持本色，不要为了名利而变腔变调，不娇柔，不做作，尽显真人风采。保持本色，就是坚持自我，做最真实的自己。

人生智慧

◇正直的人追求真理，忠实于真理。不会因为迷信权威或者考虑个人的得失而欺骗自己、欺骗别人。

◇做人不要因外界的诱惑而迷失了自己的本色，成龙成功的经历告诉我们：坚持自我，保持本色是一切成功的基础。

拥有骨气，人才能有自尊

【聊天实录】

我：孟老先生，您对"骨气"有何理解？

孟子：富贵不能淫，贫贱不能移，威武不能屈，此之谓大丈夫。

我：这句话我听到过，通俗些讲是什么意思呢？

孟子：这句话出自《孟子·滕文公上》，意思是：高官厚禄收买不了，贫穷困苦折磨不了，强暴武力威胁不了，这就是所谓的大丈夫。

我：您就这么寥寥数语，就把"骨气"的含义准确而深刻地概括了出来。

孟子：骨气，不仅是一种气节，而且还是一种不可取代的人格魅力。一个软骨头是谈不上有什么人格魅力的，而一个铁骨铮铮的人，则无论物质有多贫穷，生命有多短暂，他们那熠熠生辉的人格魅力，都能穿越历史的沧桑，让人铭记。

【使命解读】 **做人就做堂堂大丈夫**

"人生自古谁无死，留取丹心照汗青"，就是文天祥铮铮铁骨的写照。南宋末年，元军占领临安后，文天祥组织武装力量坚决抵抗。失败被俘后，张弘范让他写信招降张世杰。文天祥说："我不能保护父母，难道还能教别人背叛父母吗？"张弘范不听，一再强迫文天祥写信，文天祥于是将自己前些日子所写的《过零丁洋》

一诗抄录给张弘范。张弘范读后，不禁也受到感动，不再强逼文天祥了。

南宋在崖山灭亡后，张弘范向元世祖请示如何处理文天祥，元世祖说："谁家无忠臣？"命令张弘范对文天祥以礼相待，将文天祥送到大都(今北京)，软禁在会同馆，决心劝降文天祥。

元世祖首先派降元的原南宋左丞相刘梦炎对文天祥现身说法，进行劝降。文天祥一见刘梦炎便怒不可遏，刘梦炎只好悻悻而去。元世祖又让降元的宋恭帝赵㬎来劝降，文天祥北跪于地，痛哭流涕，对赵㬎说："圣驾请回！"赵㬎无话可说，怏怏而去。元世祖大怒，于是下令将文天祥的双手捆绑，戴上木枷，关进兵马司的牢房。文天祥入狱十几天，狱卒才给他松了手缚，又过了半月，才给他褪下木枷。

元朝丞相孛罗亲自开堂审问文天祥，文天祥被押到枢密院大堂，昂然而立，只是对孛罗行了一个拱手礼。孛罗喝令左右强制文天祥下跪，文天祥竭力挣扎，坐在地上，始终不肯屈服。孛罗问文天祥："你现在还有什么话可说？"文天祥回答："天下事有兴有衰，国亡受戮，历代皆有。我为宋尽忠，只愿早死！"孛罗大发雷霆，说："你要死？我偏不让你死。我要关押你！"文天祥毫不畏惧，说："我愿为正义而死，关押我也不怕！"

从此，文天祥在监狱中度过了三年。在狱中，他曾收到女儿柳娘的来信，得知妻子和两个女儿都在宫中为奴，过着囚徒般的生活。文天祥深知女儿的来信是元廷的暗示：只要投降，家人即可团聚。然而，文天祥尽管心如刀割，却不愿因妻子和女儿而丧失气节。他在写给自己妹妹的信中说："收柳女信，痛割肠胃。人谁无妻儿骨肉之情？但今日事到这里，于义当死，乃是命也。奈何？奈何！……可令柳女、环女做好人，爹爹管不得。泪下哽咽。"

元世祖至元十九年(1282年)三月，权臣阿合马被刺，元世祖下令籍没阿合马的家财、追查阿合马的罪恶，并任命和礼霍孙为右丞相。和礼霍孙提出以儒家思想治国，颇得元世祖赞同。八月，元世祖问议事大臣："南方、北方宰相，谁是贤能？"群臣回答："北人无如耶律楚材，南人无如文天祥。"于是，元世祖下了一道命令，打算授予文天祥高官显位。文天祥的一些降元旧友立即向文天祥通

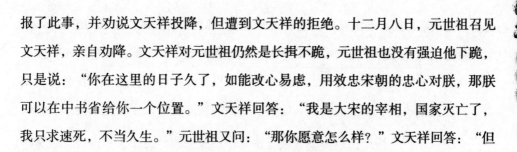

报了此事，并劝说文天祥投降，但遭到文天祥的拒绝。十二月八日，元世祖召见文天祥，亲自劝降。文天祥对元世祖仍然是长揖不跪，元世祖也没有强迫他下跪，只是说："你在这里的日子久了，如能改心易虑，用效忠宋朝的忠心对朕，那朕可以在中书省给你一个位置。"文天祥回答："我是大宋的宰相，国家灭亡了，我只求速死，不当久生。"元世祖又问："那你愿意怎么样？"文天祥回答："但愿一死足矣！"元世祖十分气恼，于是下令立即处死文天祥。

第二天，文天祥被押解到菜市口刑场，从容就义。死后在他的带中发现一首诗："孔曰成仁，孟曰取义，唯其义尽，所以仁至。读圣贤书，所学何事？而今而后，庶几无愧。"文天祥死时年仅47岁，但他的名字却因为铮铮铁骨而万古长存。

我们这个年代，已经很少用"有骨气"赞扬人了，大家仿佛更喜欢用"帅呆了"、"酷毙了"之类的词语对人加以赞扬，但这并不代表现代人看不见"骨气"给人带来的光辉，否则，人们就不会对陶渊明、朱自清这些有骨气的人念念不忘，对那些四肢健全却以乞讨为生或者吃软饭的人嗤之以鼻了。

动物可以没有骨气，因为它不能明事理，看不清世道的善与恶，更没有所谓的人格和思维。但人却不能没有骨气，因为骨气是人的根本，是人格的升华。拥有骨气，人才能有自尊，才能在对人世间丑恶的反抗中散发出"大丈夫"的魅力，否则，即使能逃过人们的口水，也不能光明正大地挺起脊梁做人。

不要气馁，希望一直存在

有个才华横溢、事业有成的年轻人，讲述了他的亲身经历。他曾经有很长一段时间饱受贫穷的困扰，后来他下定决心要摆脱穷困。他认为，穷困是一种精神层面的缺陷。他每天都给自己强化信念，暗示自己可以变得拥有财富、拥有才能，他暗示自己可以成为对社会有用的人。他发现，那些关于贫困的思维，对他一无好处，所以他一直努力将那些念头赶出大脑。他不允许自己去考虑任何可能的失败，

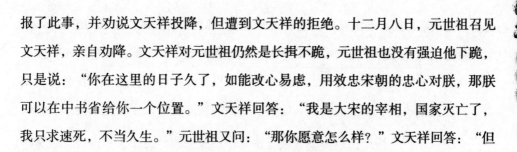

他将目光锁定目标、锁定成功，他尝试永远抛弃那种担忧穷困或失败的想法。

年轻人说，这种积极的心理暗示发挥了惊人的效果。先前，他想尽一切办法节省花销——吃最便宜的食物，即使步行几公里也舍不得坐公交车。在新的驱动力下，他完全改变了以前的习惯。他会去高档的餐厅吃饭，住舒适的房子，会以各种方式去结识文化人，会结交那些可能帮到他的上层人士。年轻人发现，越是自由自在地展现自己，面前的事情就会变得越顺利。他总结道，先前正是那种拿不起、放不下的态度阻碍了他的发展。

现在，这个年轻人感觉生活已经变得非常美好，而且他所有的开销相比他的收入，可说是微不足道的。他所取得的这一切，都因为通过改变精神状态而带动了思维方式的改变。

当今时代，许多穷人面临的最大困难，是他们没有信心也没有勇气和贫困作战，并且夺取最后的胜利。他们满耳听到的都是关于穷人缺少机遇的言论，以至于他们认为，只有通过拼死拼活地给别人打工才能挣到钱。他们还听说了太多关于富人的苛刻和贪婪的言辞，结果，他们对改变自己处境的信心日渐消退，变得消极沮丧。

当然，我从不忽视许多富人的冷漠和刻薄，我也知道道德败坏的政客和唯利是图的奸商，带来了社会的不公正和严酷的生活形势。但是，尽管如此，我还是想告诉各位尚处于贫困的朋友们，你们中的大多数人是完全可以改善目前的处境的，你们的希望一直存在。事实上，有志者事竟成，只要你认为自己可以战胜困难，那么你经年累月的努力就一定会结出累累硕果。

人生智慧

◇骨气是人的根本，是人格的升华。

◇有志者事竟成，只要你认为自己可以战胜困难，那么你经年累月的努力就一定会结出累累硕果。

铮铮铁骨不会卑躬屈膝

【聊天实录】

我：做人一定要有骨气，要自尊自爱自强不息。翻开历史画卷，我们不难看到，在这个世界上，的确不乏有骨气之人，比如前文所提到的文天祥、季德胜，还有现代的孙天帅。然而大千世界，无奇不有，并不是每个人都能让自己有骨气地活着，尤其是在生死关头，真正能够做到"宁可站着死，也不跪着生"的人更是寥寥无几，倒是那些为了苟活不惜跪地求饶的贪生怕死之辈随处可见，您对这种现象如何评论呢。

孟子：我在《孟子·离娄上》中提到：人必自侮，然后人侮之；家必自毁，而后人毁之；国必自伐，而后人伐之。

我：这句话怎么解释呢？

孟子：人一定是先做了使自己侮辱的行为，别人才会侮辱他；一个家必定先有了自取毁坏的因素，别人才能毁坏它；一个国家必然先有自取讨伐的原因，别人才去讨伐它。

我：您再次强调了，小到一个人，大到一个民族、一个国家，只有自强不息，自尊自爱，才能获得他人的尊敬，这就是气节、骨气。

孟子：骨气是人骨子里与生俱来的一种东西，是不会因为外物的干扰或阻挠就能消减的。所以，封建专制的凄风苦雨也罢，异族侵略的剑影刀光也罢，高官厚禄的利诱也罢，坐牢杀头的威胁也罢，灵魂的摧残也罢，肉体的折磨也罢，从来不曾毁灭这撑高天之骨，贯长虹之气。

【使命解读】 ❧ 宁可站着死，也不跪着生 ❧

顺治二年(1645年)四月二十日，清兵围攻扬州，史可法调兵不至，城内守将总兵李栖凤、监军副使高岐凤拔营出降，城孤势单，史可法亲率部属分段拒守，决心与城共存亡。

多铎不断派明降将劝降，史可法说："我为朝廷首辅，岂肯反面事人？"接着多铎亲自出马，连发五封书信，史可法都不启封，全部付之一炬。史可法清楚地知道，在这样的艰难的情况下要想取得胜利是不可能的，他只能抗战到底，以死报国。他首先召集诸将说："吾誓与城为殉，然仓皇之中不可落于敌人之手以死，谁为我临期成此大节者？"副将史德威凛然担起此任。

接着他一气写下了五封遗书，除了一封是给豫王多铎的，其余都是给家人母亲、夫人、叔父、兄弟的，二十一日又作遗书给母亲和夫人："……北兵于十八日围扬城，至今尚未攻打，然人心已去，收拾不来！法早晚必死，不知夫人肯随我去否？如此世界，生亦无益，不如早早决断也！"

二十五日，扬州城西北崩塌以后，清兵攻入，城陷。史可法欲以佩刀自杀，部属强行夺过佩刀，拥其走入小东门，清兵迎面而来，史可法大呼："我史督师也！可引见汝兵主。"接着被俘。

史可法被俘后，多铎以宾礼相待，口称先生，当面劝降，并许以高官厚禄。史可法骂不绝口，严加拒绝："我为朝廷大臣，岂肯偷生为万世罪人！吾头可断，身不可辱，愿速死，从先帝于地下。""城亡予亡，我意已决，即碎尸万段，甘之如饴，但扬城百万生灵，不可杀戮！"壮烈牺牲于南城楼上，时年仅44岁。

这就是一个有骨气之人对待生死的态度——宁可站着死，也不跪着生。

强权面前不低头

大唐武德五年五月，皇帝李渊下了诏，责令拆毁少林寺，解散众僧。少林寺在十三立功僧的率领下，以少林寺虽居伪郑之地，却曾助大唐攻下辕州并曾劫救秦王为由，硬是抗旨不遵。

因为，就在一年前，也就是武德四年的四月底，少林寺刚刚为大唐平定夏国和郑国立下大功，并被秦王李世民亲书嘉奖并赐寺田四千亩，少林寺惠场、昙宗、志坚等十三立功僧被晋封为将军僧。

而当时的秦王李世民正被太子一党挤对，泥菩萨过江，自身难保。在 1500 年前的帝王时代，也就是绝对专制的年代，大唐皇帝亲自下诏，寺院和众僧竟敢不听从，不拆迁，不离寺。

唐高祖李渊当时颁布的减寺疏僧诏（节选）是这样的：释迦阐教，清净为先，远离尘垢，断除贪欲。所以弘宣胜业，修植善根，开导愚迷，津梁品庶……自觉王迁谢，像法流行，末代凌迟，渐以亏滥。乃有猥贱之侣，规自尊高；浮惰之人，苟避徭役。妄为剃度，托号出家，嗜欲无厌，营求不息。出入闾里，周旋阛阓，驱策田产，聚积货物。耕织为生，估贩成业，事同编户，迹等齐人。进违戒律之文，退无礼典之训。至乃亲行劫掠，躬自穿窬，造作妖讹，交通豪猾。每罹宪网，自陷重刑，黩乱真如，倾毁妙法……徒长轻慢之心，有亏崇敬之义……

欲使玉石区分，薰莸有辨，长存妙道，永固福田，正本澄源，宜从沙汰。诸僧、尼、道士、女寇等，有精勤练行、守戒律者，并令大寺观居住，给衣食，勿令乏短。其不能精进、戒行有阙、不堪供养者，并令罢遣，各还桑梓……

接到诏书后，全寺上下数百僧人俱不肯服从。上座善护把少林寺僧劫救秦王并助唐军擒拿郑王、攻克辕州之事拟表后，命慧场昙宗二人前往觐见秦王，并请代为诣阙进表，恳乞留置少林寺。

少林寺的努力，终于使唐高祖李渊不得不默认了少林寺助唐之功，也终于默许"留置"，但秦王赐予少林寺的四千亩寺田却被收走了。这样，就使得数百修行的和尚们断了炊，没有了最基本的生活来源。

尽管如此，当年以十三棍僧为首的少林寺僧人仍旧团结一心，坚持不懈，不肯妥协。直到拖延到四年以后，发生了玄武门之变，太子李建成被秦王射死，李渊禅位，少林寺的后台大老板——秦王李世民终于当上了大唐国的第一把手之后，少林寺才又被重新赐地四千亩。李世民登基后还封昙宗和尚为大将军，并特别允许少林寺和尚练僧兵，开杀戒，吃酒肉。寺内有一块《唐太宗赐少林寺主教碑》，记述了这一段历史。

历史永远在不停地更迭，但不畏强权的精神不会随着时间而失去它的光泽，它会永远留在大家的心中，鞭策着我们，强权面前，骨气不能丢。

强权面前不低头是一种气节，强权面前站的起是一种力量，强权面前不屈服是一种骨气。

人生智慧

◇做人一定要有骨气，要自尊自爱自强不息。

◇宁可站着死，也不跪着生。

◇强权面前不低头是一种气节，强权面前站得起是一种力量，强权面前不屈服是一种骨气。

第章

孟子与我聊做人胆略智慧

　　孟子认为凡事要运筹帷幄，做事要勇敢踏实，并懂得选择，"无以小害大，无以贱害贵。""二者不可得兼，舍鱼而取熊掌者也。"要想成为一个强者，成为一个成功者，不只需要有良好的战略判断，更是需要有超人的胆略。

其进锐者，其退速

【聊天实录】

我：我们都知道您的一生非常忐忑，您可以将你做事的经验与我们分享一些吗？

孟子：我在《孟子·尽心上》提到：于不可已而已者，无所不已；于所厚者薄，无所不薄也。其进锐者，其退速。

我：这句话是什么意思吗？

孟子：对于不可以停止的工作，却停止了，那就没有什么不可以停止的了；对于应当厚待的人却薄待了，那就没有谁不可以薄待的了。前进速度太猛的人，后退也会快。

我：这句话可以看作是您自身的反面写照，您当年在政治理想追求之路上的行进是那样缓慢而艰难，而您的思想主张在我们历史的长河中又是那样鲜活、富有生机，永远都没有消退的迹象。

孟子：我告诫大家：凡事不可冒进，要脚踏实地，细水方能长流。

【使命解读】　　　**不冒进方能有所成就**

有这样一个故事：几位游客登山，在崎岖陡峭的山路上遇到一位往山上挑送货物的挑山工。挑山工挑着沉甸甸的担子，走着"之"字形的路线，慢腾腾地往前走，游客们则轻装行进，自然很快便超过了他，并把他甩在身后。但是快要到山顶时，他们却惊讶地发现，那位挑山工依然循着"之"字形路线，在他们前面不紧不慢地走着。

故事虽小，但其中有着耐人思考的道理。冒进只能让我们的精力很快消失，从而导致最后的疲惫与失败。因此，日常生活中，做任何事情都要稳扎稳打，而不可急躁冒进。

李牧是赵国的大将，他深沉大度，尽心报国。当时他曾奉命在北方抵御匈奴，在他防守的时候，所在地的官吏都由他任免，百姓缴纳的税收都归入他的军营，作为供养兵将的军资，赵王一律不过问，李牧可谓位高权重。

李牧带兵严格，认真地训练士卒射箭骑马的技术，并让他们留心远方烽火的消息，还派遣许多间谍到敌方探查动静，不过他也非常优待属下，每天都要杀好几只牛羊给士兵们享用，因此深得将士爱戴。但让人意外的是，如此忠心的李牧却严格命令："如果匈奴进攻，就赶紧收拾好兵器回到城内把守，有哪个人私自出去攻击对方，定杀不赦。"

于是每次匈奴来犯，李牧都事先得到烽火的报警，然后妥当地退守要地，不与之正面开战，一连好几年，没有任何土地被匈奴夺走。

时间长了，匈奴人都觉得李牧是怯懦的人，因此对他毫不在意，甚至连赵国的士兵们也认为主帅胆小无能。赵王听说了此事，便遣使责备李牧，但李牧依然如故，没有改变以前的做事方式。赵王一怒之下就把李牧召了回来，派其他将领代替他的职位。

不到一年时间，匈奴再次进犯，赵兵皆出与之争战，但出战的结果多是失败，丧失了许多土地，边境百姓也无法正常安稳地生活。赵王见边事不利，便想请李牧回来统御北方。这时李牧已经称病在家，不愿出仕，无奈赵王强请硬求，非要他重任边将不可。李牧于是要求必须依照他以前的方法治军，才愿意奉命出马，赵王立刻就答应了。

重做将军的李牧命令手下的士兵遵循以前的做事方法，这让匈奴数年里一无所获，但他们终究还是认为李牧胆小怯懦。防守边塞的将士天天得到赏赐却不用打仗，他们都很希望能和匈奴一决死战，以作为对赏赐的回报。此时，李牧知道军心齐了，就挑选了十多万精兵，并让他们做好战斗的准备，然后把城中百姓养的牲畜都赶到城外去。

没多久，就有一小部分匈奴来犯，李牧先命数千人应战，然后假装不敌，故意败北回营。匈奴首领听说了，便率军大举侵边，这时李牧才率主力迎击，一鼓作气，歼灭了匈奴十多万人马，这让匈奴元气大伤。这时，他们才明白李牧的碌碌无为不过是掩人耳目的假象，从那时起，匈奴人一听见李牧的名字，简直闻风丧胆，再也不敢来进犯了。

想成就大业的人，要有忍耐的精神，凡事不可冒进，不可被自己一时冲动的感情所左右，要想取得最后的胜利，就要分清远近大小和轻重缓急，分配好自己的精力，在该舍的时候要忍痛割爱，在该忍耐的时候要从长计议，谨慎行事。

回过头来，让我们再看看孟子吧。孟子本身似乎就是一个慢慢腾腾的人，试想，凭他那渊博的学问与才能，应该是出将入相、高官厚禄、风光无限的，但他这位贤才在各国游历了大半生后却落得个一无所获，两手空空返回了老家，他在仁进之途上的办事效率可实在让人不好"恭维"。再看看当时的那些纵横家们，他们的效率是孟子无法比的。就拿苏秦来说。苏秦最初游说秦惠王没有成功，那时的样子真是惨不忍睹：衣服破烂，脸色漆黑，面容枯槁，一个人担着自己的行李回到家中。但是后来到了赵国，见到赵王，用连横之策把赵王鼓动得心花怒放，当即就被授予了相位，封为武安君，而且天下各国多数都和赵国联合起来，听从苏秦的指挥，就是这转瞬之间，狼狈不堪的苏秦便身成为天下声势最为显赫的人。这就是纵横家的效率，取王侯将相之高位，得万镒黄金之巨富，获得天下俯首之权势，易如反常、速度转瞬。孟子与之相比，真是一个天上一个地下。其实对孟子有所了解的人都知道孟子并非是一位天天慢性子的人，他的慢慢腾腾全是因为在苦苦坚持他的儒家之道、仁政思想，他并不反对名和利，但他坚决不愿在名利之途上不择手段地突飞猛进。

追求不同，居心各异，以持之以恒之心坚守道义，这就是孟子一生坎坷、仕途不畅的原因。以挖空心思之道去追逐名利，所以苏秦之辈才会骤取高官，显赫一时。

历史是睿智而公平的，无数事实印证了"其进锐者，其退速"这句话的道理，作为21世纪的我们也应该铭记于心。

人生智慧

◇凡事不可冒进，要脚踏实地，细水方能长流。

◇追求不同，居心各异，以持之以恒之心坚守道义。

◇想成就大业的人，要有忍耐的精神，凡事不可冒进，不可被自己一时冲动的感情所左右，要想取得最后的胜利，就要分清远近大小和轻重缓急，分配好自己的精力，在该舍的时候要忍痛割爱，在该忍耐的时候要从长计议，谨慎行事。

懂得选择，敢于舍弃

【聊天实录】

我：人生在世，有许多东西是不愿舍弃的。有既得的，有想要的；有精神的，有物质的；有名利的，有情分的。"难舍"、"割舍"、"舍不得"等词汇，体现了人们面对舍弃时的痛苦和无奈。但是，经验告诉我们，一些东西如果不舍弃，势必成为一种负累。正如印度诗人泰戈尔所说，当鸟翼系上了黄金，鸟儿就飞不远了。勇于舍弃是一种现实需要，善于舍弃是一种处事艺术。有智慧的人都是些懂舍得知放弃的人，所以他们离成功总是很近很近。关于舍得，您觉得应该怎么取舍呢？

孟子：鱼，我所欲也，熊掌，亦我所欲也，二者不可得兼，舍鱼而取熊掌者也。

我：这句话的意思应该是：鱼是我想得到的，熊掌也是我想得到的，在两者不能同时得到的情况下，我宁愿舍弃鱼而要熊掌。

> 孟子：是的，其实为人处世要懂选择知放弃，人生就是一个不断选择不断舍弃的过程。
>
> 没有放弃的勇气和胆识，你就无法比别人看得更远，无法比别人走得更远。我们的时间和精力都是有限的，在一个时间段内，我们也许能做好一件事情，但不可能同时做好几件事情。

【使命解读】 　　　　知足知止，不贪无欲

苏格拉底的"如何寻找最大麦穗论"就是教我们如何选择的：在一块麦田里先走上三分之一的路，观察麦穗的长势、大小、分布规律，在随后的三分之一的田地里选定一个相对最大的，然后从容走完剩下的三分之一。即使在这三分之一里面还有更大的麦穗，按照规律来说也不至于令你太过遗憾了，总比一上来就匆匆选定，或者行程快结束了才胡乱抓一个更具有科学性，更能使人心安理得。苏格拉底的"寻找最大麦穗理论"是选择的技巧，也是放弃的智慧。有时候你的目标太多，不妨扔掉一些，这样选择对你而言才会是快乐的而不是苦恼的。

一个不成功的人，往往并不是没有目标，而是目标太多。这样的人不懂得放弃那些不切实际的目标，他们什么都想要，但因为精力和时间有限，结果什么都没有做好。在物欲横流的今天，如果不懂得选择，那就意味着你放弃了自己成功的机会。所以，舍弃是必要的，必要的"舍"往往能换来更大的"得"。

2000年初，一个生意人老李发现了一赚钱的商机：生产IP拨号器。因为整个机器成本才五十块钱左右，可是因为是新生事物，所以当时的市场价却高达一千多元。其实，IP拨号器的技术原理很简单，基本是电话机原理，只不过多了块控制芯片。

老李了解到这一行情后，马上行动，买来了数万元的生产调试设备，并招聘了一批技术人员，日夜兼程地设计、生产、调试。很快，产品便推向市场。老李

的分析也得到了市场验证，他因此而大赚了一笔。就在别人以为他会立即扩大生产规模时，他却来了个急刹车，放弃了这一生意，他卖掉了设备，辞退了技术人员，转租了厂房。

很多人对此很不理解，有的人甚至说老李是个十足的傻瓜，放弃了这么好的赚钱机会，但只有老李自己最清楚这样做的原因。他清醒地认识到，IP拨号器利润是超高的产品，竞争对手肯定会纷纷跟进，而且其中好多都是实力雄厚的电话生产厂商和大通信公司。他们一旦介入，自己的产品就毫无优势可言。与其到时候灰溜溜地被别人打败，还不如自己先撤退，所以他明智地选择了放弃。老李的放弃又一次得到了市场的验证。

老李的放弃是为了更好地前进，没有放弃就没有收获，人的精力就那么多，当你把精力放在了势头渐衰的事情上时，自然没有精力去做势头正盛的事情，可想而知，你的人生之路也会随之势头渐衰。

有些人就是不能做到知足知止，贪心不已，他们的人生永远在选择，在追逐更好的东西，以便壮大自己的名望、地位，他们从来就没有想过放弃，放弃那些不足取的东西，因此，他们的人生永无宁静，永无快乐。

放弃不一定意味着失去

帕瓦罗蒂

著名歌唱家帕瓦罗蒂在回顾自己的成功之路时，曾讲过这样一个故事：他小时候很喜欢唱歌，在这方面也表现出了一定的天赋，但他同时也是一所师范院校的学生，学习成绩也不错。师范毕业时，他很苦恼，是继续学习唱歌呢，还是做一名教师？他想边做教师边用业余时间唱歌，但他父亲说："孩子，如果你想同时坐两把椅子，你只会掉到椅子中间的地上，在生活中，你必须学会放弃一把椅子。"帕瓦罗蒂于是为自己选择了一把"椅子"。他说:"选择和放弃是一件痛苦的事情,但却是成功的前提。"

其实,放弃并不一定意味着失去。放弃贪婪,就得到了轻松;放弃痛苦,就得到了快乐;放弃患得患失,就得到了洒脱;放弃阴霾的昨天,就得到了晴朗的今天。

一位老禅师坐在快速前进的马车上,一不小心掉了一只刚买的新鞋子,由于急着赶时间,也来不及停车去拾取了。

他身边的小沙弥叹了口气说:"师父,好可惜呀,那是刚买的新鞋子啊。"

没想到老禅师迅速地把另外一只鞋也扔了出去,小沙弥惊讶地问:"师父,您这是做什么呀?"

老禅师微笑着说:"这一只鞋无论怎样,对我而言已经没有用了。如果有谁能捡到一双鞋子,说不定他还能穿呢!"

这是禅的智慧,是深悟的哲学。我们很多人常常患得患失,很多时候对自己已经失去作用的事物却一直耿耿于怀,不能放下。其实一旦放下,放眼长空,不仅可以使自己释怀,更多时候还能使他人获益,一举多得。

人生中,必要的放弃不是失败,而是智慧;必要的放弃不是削减,而是升华。人要学会退一步思考,有舍才会有得。所以,我们说必要的"舍"是一种理智,是一种智慧,是一种升华,因为这样的"舍"是一种更高层次的"得"。

人生智慧

◇没有放弃就没有收获,人的精力就那么多,当你把精力放在了势头渐衰的事情上时,自然没有精力去做势头正盛的事情,可想而知,你的人生之路也会随之势头渐衰。

◇人生中,必要的放弃不是失败,而是智慧;必要的放弃不是削减,而是升华。

领导要能从大处着眼

【聊天实录】

我：身为领导者，事必躬亲不好，做甩手掌柜的怎么样？

孟子：故为政者，每人而悦之，日亦不足矣。

我：这句话是什么意思呢？

孟子：如果那些搞政治的人，一个一个地去讨每一位百姓的欢心，那么用来治理国家的时间就太不够用了。

我：你认为，当政者首先应处理好自己的政务，从大处着眼，完善公共事务，而不是因计较于细节而忽略根本性的问题。

孟子：是的，这个哲理对管理有着深刻的指导意义。

我：看来，处理好集权与分权的关系至关紧要。

孟子：在这个问题上，领导者的正确态度应该是大事拍板，琐事不管。领导者一定要把握分寸，运用得当，绝对是一种管理下属的好方法。

【使命解读】 ❦ 下达命令要谨慎 ❦

领导的一个重要职责就是给下属下达指示和命令，因此培养下属以积极的态度接受命令也是管人的一个基本环节。如果你想做好这一点，建议你注意下面这些：

首先，应积极地接受下属对命令提出的意见，对他们的每一点疑问，都给予正确的答复。如果一个领导在下命令时总忽视下属的意见，不能及时处理下属反馈上来的信息，最后很可能导致失败。其次，在下达命令后，领导应及时督促他们行动，在行动中，要随时提醒他们工作的认真程度。另外，作为一个领导，下达任务时要抓住中心，重复重点，还可以要求你的下属在接受命令时采取记笔记的方式，在发布完命令之后，要鼓励他们积极发言，提意见，展开讨论。

下达任务后要注意什么呢？一般说，任务和命令下达后，下属都能认真完成并严格执行。但往往也有例外的情况，有时领导在部署任务时，工作布置还没结束，下属就回答"我懂了"，这样，领导就忽略了详细的交代和安排，很放心地去让下属办。但事实上，下属并没有真正开始去做，或者做了但不符合领导的意图，此时，领导该怎么办？

领导对部下所说的"我懂了"，应该弄清其确切含义，并准备好应付的具体措施。

领导平时必须善于注意和观察下属的性格，了解他们的心理和语言习惯，有些人回答"我懂了"，确实是懂了，领导可放心大胆地让其去做。另一种情况是，虽然下属回答"我懂了"，但未必真懂，只是略知一二，便自以为是，到了真正工作时，力所不能及。对于这种下属，领导下命令，应缓慢有力，语言简洁，中心明确，以利他们较好地完成工作任务。

❧ 大事拍板，琐事不管 ❧

里根

里根是美国的一任总统，即使不支持他的人也会承认，他在任总统期间取得了显著成就，这完全归功于他的领导原则简单明了，其突出特点是精于决策，善于组织干才去实施决策。他认为，他的作用是为政府指明方向的，而不是一个不放手的经理人或谋士，他的日常工作都交给下属去做，而把注意力集中在一些重大问题上，这是里根取得成功的要领之一。

里根从不过问细节，但在重大问题上，他注意得到据以做出正确决策的足够信息。在做每一个重要决策前，他都要求内阁秘书办公室为其准备一份两三页的备忘录，概要列出各种选择及其利弊，并详细说明那些内阁成员和高级助手力主采取哪些方案。有关机关还准备了内容较详细的文件，里根对这些文件都仔细阅读并熟记，随时召集有关人员开会，对问题进行辩论。他听取激烈争论的不同意见有极大的耐心，里根依赖工作人员的分析，加上自己的判断力做出决策，关键时刻还站出来向国会和选民发出呼吁，并提出某项计划的战略意见，以便求得支持。

他曾对美国《幸福》杂志记者说："让那些你能够物色到的最出色的人在你身边工作，授予他们权力，只要你制定的政策在得到执行就不要去干涉。"他对自己的职责有明确的设想，但也经常地、手段巧妙地做出妥协，避免纠缠枝节问题。集权与分权的正确处理让他的工作卓有成效。

当今世界，由于科学技术的革命，社会化大生产的高度发展，即高度发展的生产社会化、科学一体化，领导者面临着许多新情况、新问题，如决策目标规模大、结构复杂、功能多样且变化迅速；决策所依据的信息量大而多变，具有极大的不确定性即新颖性、模糊性、随机性，要求领导者具有更敏锐的统帅全局的能力，来制定出未来战略性的决策目标；至于决策的实施，则应放手由下属即执行人员去具体执行。领导者要学会驾驭好自己的权力，做好灵活分发手中的权力，如此才能保证工作有效、顺利地进行。

领导者需要集中精力抓的大事是决策的制定和推动决策的实施，而礼仪性的迎来送往、事务性的日常活动、操作性的规章程序等等，只要不是与组织的大政方针直接相关的事情，对领导者而言都是"琐事"，都应尽量避免亲自处理，不能因琐事而干扰领导者对大事的全局性把握和决策。日本的索尼公司领导人规定每周有一定时间不办公，专门闭门"思考"，这对于领导者集中精力抓大事，更好地决策，做到方向明确，推动决策的实施是十分有益的。

尽管昨天你仍和大家在同一岗位上，如今却只有你被提升为主管，相信你必定有些顾虑。周围的同事亦习惯了以前的做法，在说话的语气和态度上，也暂时不会有所改变。

起初由于众人无法适应新的转变，因此你亦不必太在意。但是，你必须尽早创造机会来明示你们之间的关系。若忽略了这一点，则有可能发生下属不服从命令的情形。

比如你是以命令的心态面对属下，然而对方却误认为你只是单纯地与他聊天或者商量某件事情而已。

我们经常可以听见下面的对话。科长说："你认为 A 案和 B 案，哪一个比较妥当？"下属回答："A 案不是比较好吗？"于是那位科长说："好吧！那就依你的意见做吧。"

虽然这位属下说话的用词并不妥当，但是那位科长的语气更犯了大忌，此时，他应当明白地告诉下属："那就这么决定了，你在这个星期内将它完成。"

那么，作为一个单位的领导，哪些权力是需要自己驾驭的呢？

1. 最后决策权

领导者可以在一定范围内授予下属承担一些制定具体行动方案的决策权，但应该保留对该系统工作前途或该项工作任务，结局的最后决策权。特别是当该项工作的最后目标达到发生意见分歧时，领导者要能够根据你所拥有的权力，正确综合全局，权衡利弊，当机立断，做最后决策。

2. 人事任免权

特别是对直接下属和关键岗位的人事任免权，领导者必须保留。人事方面的决定（评估、晋升或者开除）通常来说，是很敏感的，而且往往难以做决定。一旦有些人事工作需要保守秘密，那么这项工作和职责就应该自己亲自行使。

3. 关系协调权

领导者必须保留对直接下属之间相互关系的协调权，协调下属之间的关系是非常重要的，也是其他下属所不能替代的。

4. 机密的事务

分析工作的分类和薪级范围看上去很花时间，这似乎是首先可授权的工作，但由于牵涉到很多的利益，所以应该是领导自己做的工作，不适合授权。

5. 培养直接下属

作为一名领导者，培养你的直接下属不仅有利于你的工作的展开，而且也是你的职责。

6.危机问题

危机会不可避免地发生，假如发生危机，领导者应该亲自坐镇，制定应对方案，很多事情都应该亲力亲为，这不是你该授权的时刻。当处于危机的时候，要保证自己在现场起一个领头的作用，这样，有利于稳定人心，避免事态进一步恶化，为解决问题赢得宝贵的时间。

7.一些特殊的事情

对于一些特殊的事情最好不要授权给下属，而应该亲自做，比如，上司分配给你亲自做的事情。你的上司叫你亲自做一件事情通常会有他特殊的理由，如果你坚定地认为将它授权给你的一个下属去做更为合适的话，应先和你的上司商量一下，弄清楚他是要你做还是叫你给别人做。错误的理解可能会使你和上司之间产生误会，因此，对这种事要与上司沟通，应该谨慎，千万不要自行其是。

人生智慧

◇领导者需要集中精力抓的大事是决策的制定和推动决策的实施。

◇领导者要学会驾驭好自己的权力，做好灵活分发手中的权力，如此才能保证工作有效、顺利地进行。

珍惜机会，才能抓住成功

【聊天实录】

我：大作家狄斯累利说："人生成功的秘诀是当好机会来临时，立刻抓住它。"能不能珍惜机会，决定了我们的未来是否能够成功，无论是一件小事，还是整个人生，皆是如此。机会是前进的路径，是发展的契机，是成功的关键。您对此怎么看呢？

孟子：我在《孟子·公孙丑上》曾提到：虽有智慧，不如乘势，虽有镃基，不如待时。

我：这句话是什么意思呢？

孟子：虽然有智慧，不如趁形势，虽然有锄头，不如等农时。

我：通俗点怎么讲呢？

孟子：我认为做事情要分析情况，抓准时机，所谓"赶得早不如赶得巧，算得精不如运气好"。机遇来了一定要抓住，才能事半功倍。

【使命解读】 机不可失，善抓机遇

有一个人，在某天晚上碰到了上帝。上帝告诉他，有大事要发生在他身上了，他有机会得到很多的财富，他将成为一个了不起的大人物，并在社会上获得卓越的地位，而且会娶到一个漂亮的妻子。

这个人终其一生都在等待这个承诺的实现，可是到头来什么事也没发生。

这个人穷困潦倒地度过了他的一生，最后孤独地死去。

当他上了天堂，他又看到了上帝，他很气愤地对上帝说："你说过要给我财富、很高的社会地位和漂亮的妻子，可我等了一辈子，却什么也没有，你在故意欺骗我！"

上帝回答他："我没说过那种话，我只承诺过要给你机会得到财富、一个受人尊重的社会地位和一个漂亮的妻子，可是你却让这些机会从你身边溜走了。"

这个人迷惑了，他说："我不明白你的意思？"

上帝回答道："你还记得，你曾经有一次想到了一个很好的点子，可是你没有行动，因为你怕失败而不敢去尝试？"

这个人点点头。

上帝继续说："因为你没有去行动，这个点子几年后给了另外一个人，那个人一点也不害怕地去做了，你可能记得那个人，他就是后来变成全国最有钱的那个人。还有，一次城里发生了大地震，城里大半的房子都毁了，好几千人被困在倒塌的房子里，你有机会去帮忙拯救那些存活的人，可是你害怕小偷会趁你不在家的时候，到你家里去打劫、偷东西。"

这个人不好意思地点点头。

上帝说："那是你去拯救几百个人的好机会，而那个机会可以使你在社会上得到莫大的尊敬和荣耀啊！"

上帝继续说："有一次你遇到一个金发蓝眼的漂亮女子，当时你就被她强烈地吸引了，你从来不曾这么喜欢过一个女人，之后也没有再碰到过像她这么好的女人了。可是你想她不可能会喜欢你，更不可能会答应跟你结婚，因为害怕被拒绝，你眼睁睁地看着她从身旁溜走了。"

这个人又点点头，可是这次他流下了眼泪。

上帝最后说："我的朋友啊！就是她！她本来应是你的妻子，你们会有好几个漂亮的小孩，而且跟她在一起，你的人生将会有许许多多的乐趣。"

这个人无言以对，懊恼不已。

机会是一个飞翔的天使，她从一个窗口飞进来，随时都能够从另一个窗口飞出去，如果我们不懂得珍惜，不能好好地把握，那么后悔就总是与我们相伴。生活中，我们经常听到这样的言论："要是那样就好了"，"如果我能够怎样……该多好"，"假设我没有……就成功了"。机会是没有条件的，要想抓住机会，唯一的方法就是珍惜。

❧ 当机立断，抓住机遇 ❧

机不可失，时不再来。犹豫不决、瞻前顾后只能犯下难以弥补的错误，留下永久的遗憾。

在机遇面前，如果我们优柔寡断、犹豫不决，就会失去机遇，因为机遇是不等人的。

世间让人感到可惜的就是那些不能决断的人。事情对他有利时，他不敢拍板，前怕狼后怕虎，这也顾忌那也犹豫。这种主意不定、意志不坚的人，既不会相信自己，也不会为他人所信赖，机遇更不会属于他。

那些成功的人士，他们的成功得益于在机遇面前有果敢决断、雷厉风行的魄力。他们有时难免犯错误，但是，他们比那些在机遇面前犹豫不决的人强得多，因而他们成功的机会也大得多。

因为不敢决断而失去成功机遇的事例在我国古代历史上层出不穷，比如韩信就是一例。

韩信

楚汉相争的时候，作为第三者的韩信实力最大，他完全能左右楚汉的胜败之局。辩士蒯通便对韩信说："当今楚汉二王的命运操在你的手中，你投靠汉，汉就会胜利；投靠楚，楚就会胜利。我愿对你推心置腹，贡献计谋，对你有极大的好处。眼下，你占据齐国的地盘，如果你从燕赵两地空虚的地方出击，就可以控制楚汉的后方。此时，你满足人民的希望、人民的要求，天下自能闻风而起，都来响应你。顺者则昌，逆者则亡，机遇来了不去把握，自己反而会遭祸殃，希望你慎重考虑！"

依照时局，韩信的势力，已经具有称霸的资本，但他对此犹豫不决。几天后蒯通又劝谏说："计谋大事在于时机，错过了时机而能永久处于安稳的地位少见。在机遇面前要迅速做出决断，犹豫不决，是事业的大害。只看到小小的计谋，却失去了天下的大局面，已看清楚了，却不敢去做，是百事的祸害。猛虎的犹豫，还不如蜂虿的致螫；骏马局促不前，还不如驽马的安步。虽然有舜禹的智慧，默默不言，还不如聋哑人的手势指点。唉！功劳难成，却容易毁败；时机难得，却容易失去。时机呀，时机！不会再来了，但愿你细致考虑吧！"

然而韩信仍然在犹豫，他不能下决心背叛刘邦，最后终被刘邦杀害。如果韩信当时听从了蒯通的劝告，鼎足而立，再招揽天下的贤人哲士，收服天下民心，汉室江山就会易主了。

韩信的悲剧在于他对机遇没有充分的认识能力，更没有决断机遇驾驭机遇的能力。

兵家常说："用兵之害，犹豫最大也。"犹豫不决，当断不断的祸害，不仅仅表现于打仗方面，在现代的商业战略上又何尝不是如此呢？商战之中，机不可失，时不再来，如果犹豫不决，当断不断，那你在商场上只会一败涂地，无立身之处。因此，斩钉截铁，坚决果断，已成当代经营企业家的成功秘诀之一。

当然，这里说的是当机立断，首先，指的是认准行情，深思熟虑后的果敢行动，而不是心血来潮或凭意气用事的有勇无谋。宋人张泳说："临事三难：能见，为一；见能行，为二；行必果，为三。"当机立断的另一方面，并非仅仅指进攻和发展，有时按兵不动或必要的撤退也是一种果敢的行为。

你也应该成为一个聪明人，面对机会，聪明人所做的就像正在觅食的饿狼见到小羊，唯有行动才能抓住机会。

看准时机并把握它，将它变成现实的行动，才是你走向成功之路的明智选择。

人生智慧

◇机会是一个飞翔的天使，她从一个窗口飞进来，随时都能够从另一个窗口飞出去，如果我们不懂得珍惜，不能好好把握，那么后悔就总是与我们相伴。

◇临事三难：能见，为一；见能行，为二；行必果，为三。

◇看准进机并把握它，将它变成现实的行动，才是你走向成功之路的明智选择。

敢闯就有路

我：我曾在《孟子·尽心下》中看到：山径之蹊，间介然用之而成路，为间不用，则茅塞之矣。这句话是什么意思呢？

孟子：山坡间的小道，经常有人行走便踏成了一条路，过一段时间没有人去走它，又会别茅草堵塞了。

我：从您的话语中，我们可以得到一些启示，小路经常走便成了路。这是鼓励我们要有一种开拓的精神，不要畏首畏尾，有些东西看似没有，但只要你去闯，有冒险的精神，那么自然就有路了。

孟子：敢于冒险是一个成功的人不可或缺的基本素质，冒险是上帝对勇士的最高嘉奖，不敢冒险的人就没有福气接受上帝恩赐给人的财富。

【使命解读】 ❧ **勇敢铸就辉煌人生** ❧

1990年，在英国温布尔登举行的网球锦标赛女子组半决赛中，16岁的前南斯拉夫选手塞莱丝与美国女选手津娜·加里森对垒。随着比赛的进行。人们越来越清楚地发现，塞莱丝的最大对手并非加里森，而是她自己。赛后，塞莱丝垂头丧气地说："这场比赛中双方的实力太接近了。因此，我总是力求稳扎稳打，只敢打安全球，而不敢轻易向对方进攻，甚至在加里森第二次发球时，我还是不敢扣球求胜。"

而加里森却恰恰相反，她并不只打安全球。"我暗下决心，鼓励自己要敢于险中求胜，绝不能优柔寡断，犹豫不决。"津娜·加里森赛后谈道，"即使是失了球，我至少也知道自己是尽了力的。"结果。加里森在比赛中先是领先，继而胜了第一局，后来又胜了一局，从而赢得全场比赛。

当遇到严峻形势时，人们习惯的做法是小心谨慎，保全自己，不是考虑怎样发挥自己的潜力，而是把注意力集中在怎样才能缩小自己的损失上，正像塞莱丝的经历一样。这种人的结果大都会以失败而告终，错过胜利的机会。

生活中有这样的现象：同样一件事，因为存在一定的风险，甲经过细算，认为有60%的把握，便抢占时机，先下手为强，因而取胜；乙在谋划时过于保守，认为必须有90%甚至100%的把握才下手，结果坐失良机。

任何领域的领袖人物，他们之所以能够成为顶尖人物，正是由于他们勇于面对风险。美国传奇式人物、拳击教练达马托曾经一语道破："英雄和懦夫都会恐惧，但英雄和懦夫对恐惧的反应却大相径庭。"

无论做任何事情，开始时最为重要的是不要让那些总爱唱反调的人破坏了我们的理想。这世界上爱唱反调的人真是太多了，他们随时随地都可能列举出若干条理由，来说明我们的理想不可能实现。我们一定要坚定立场，相信自己的能力，努力实现自己的理想。

但是，当我们从事某项新事务时，失误便会伴随而来。无论是作家、销售人员还是运动员，只要我们不断向自己提出挑战，就难免出现失误的风险。

吉姆·伯克晋升为美国翰森公司新产品部主任后的第一件事，就是要开发研制一种供儿童使用的胸部按摩器。然而，这种产品的试制失败了，伯克心想这下可要被老板炒鱿鱼了。伯克被召去见公司的总裁，然而，他受到了意想不到的接待，"你就是那位让我的公司赔了大钱的人吗？"总裁问道。

"好，我倒要向你表示祝贺，你能犯错误，说明你勇于冒险，而如果你缺乏这种精神，我们的公司就不会有发展了。"数年之后，伯克本人成了翰森公司的总经理，他仍牢记着前总裁的这句话。

勇于冒险求胜，我们就能比我们想象的做得更多更好。在勇冒风险的过程中，我们就能使自己的平淡生活变成激动人心的探险经历，这种经历会不断地向我们提出挑战，不断地奖赏我们，也会不断地使我们恢复活力。

不入虎穴焉得虎子

美国的百货业巨子约翰·甘布士就是一个敢于冒险、善于冒险的勇士，他的经验之谈极其简单："不放弃任何一个哪怕只有万分之一可能的机会。"

冒险的荆棘之路，世界上大多数人不敢走。他们拥挤在平平安安的大路上，四平八稳地走着，这路虽然平坦安宁，但距离人生风景线却迂回遥远，他们很难领略得到奇异的风情和壮美的景致；他们拥挤在人群里争食，闹得薄情寡义也仅仅是为了填饱肚子，穿上裤子，养活孩子。而这，岂不也是一种风险？这是一种难以逃避的风险，是自我沉沦的风险，是一种越来越无力改善的风险。

约翰·甘布士善于抓住机会，因而能战胜逆境，取得成功。

有一次，约翰·甘布士所在地区经济陷入萧条，不少工厂和商店纷纷倒闭，被迫贱价抛售自己堆积如山的存货，价钱低到1美金可以买到100双袜子了。

那时，约翰·甘布士只是一家织造厂的小技师，他马上把自己积蓄的钱用于收购低价货物，人们见到他这股傻劲，都公然嘲笑他是个蠢材。

约翰·甘布士对别人的嘲笑漠然置之，依旧收购各工厂抛售的货物，并租了一个很大的货仓来贮货。

他妻子劝他，不要把这些别人廉价抛售的东西购入，因为他们历年积蓄下来的钱数量有限，而且是准备用作子女未来的教育经费的，如果此举血本无归，那么后果便不堪设想。对于妻子忧心忡忡的劝告，甘布士笑过后又安慰道："3个月以后，我们就可以靠这些廉价货物发大财。"

甘布士的话似乎兑现不了，过了10多天后，那些工厂贱价抛售也找不到买主了，便把所有存货用货车运走烧掉，以此稳定市场上的物价。

太太看到别人已经在焚烧货物，不由得焦急万分，抱怨起甘布士来。对于妻子的抱怨，甘布士一言不发。

终于，为了防止经济形势恶化，美国政府采取了紧急行动，稳定了物价，并且大力支持厂商复业。这时,当地因为焚烧的货物过多,存货欠缺,物价一天天飞涨。约翰·甘布士马上把自己库存的大量货物抛售出去,一来赚了一大笔钱,二来使市场物价得以稳定,不致暴涨不断。在他决定抛售货物时,他妻子又劝告他暂时不忙把货物出售,因为物价还在一天一天飞涨。

他平静地说:"是抛售的时候了,再拖延一段时间,就会后悔莫及。"

果然,甘布士的存货刚刚售完,物价便跌了下来,他的妻子对他的远见钦佩不已。甘布士用这笔赚来的钱,开设了5家百货商店,后来成为了全美举足轻重的商业巨子。他在一封给青年人的公开信中诚恳地说道:"亲爱的朋友,我认为你们应该重视那万分之一的机会,因为它将给你带来意想不到的成功。有人说,这种做法是傻子行径,比买奖券的希望还渺茫。这种观点是有失偏颇的,因为开奖券是由别人主持,丝毫不由你主观努力;但这种万分之一的机会,却完全是靠你自己的主观努力去完成。"

你的才华,你的能力,只有通过冒险,通过克服一道道难关,才能锻炼和展现出来。不入虎穴焉得虎子,只有我们勇敢地面对风险和困难,鼓足勇气去战胜它,才能得到更美好的收获。成功常常属于那些敢于抓住时机、大胆冒险、不放弃有利机会的人。

人生智慧

◇勇于冒险求胜,我们就能比我们想象的做得更多更好。在勇冒风险的过程中,我们就能使自己的平淡生活变成激动人心的探险经历,这种经历会不断地向我们提出挑战,不断地奖赏我们,也会不断地使我们恢复活力。

◇你的才华,你的能力,只有通过冒险,通过克服一道道难关,才能锻炼和展现出来。

解决关键，提升效率

【聊天实录】

我：我在《孟子·告子上》曾看到：无以小害大，无以贱害贵。这句话是什么意思呢？

孟子：不要因为保养了小的部分而贻害大的部分，也不要因为保养了次要的部分而忽略了主要的部分。

我：您在此强调了统筹做事的道理，认为做任何事都要有个先后安排，不可抓小放大，丢了西瓜捡到芝麻。

孟子：是的，每个人在每天的工作生活中都要面对大大小小的事情，如果不进行统筹安排，很可能闹个手忙脚乱，而事情还是一团糟。有先有后，循序渐进，是高效做事的基本前提。分不清事情的轻重缓急，只会让你疲于应付工作，从而使工作的成效大打折扣。

我：工作之中，对于每一名员工来说，做事都需要有章法，不能眉毛胡子一把抓；只有按事情的轻重缓急，一步一步地把事情做得有节奏、有条理，做事效率才能提高上来，才有更多的精力同时间赛跑，取得人生更多的成就。

孟子：是的，很多取得卓越成绩的人，办事效率都极高，这是因为他们能够利用有限的时间，高效率地完成至关重要的工作。任何工作都有主有次，如果工作不分主次，平均使用力量，在时间上就是一种浪费。因此，在主要工作上，在关键部位，我们要用全部精力，尽量做到最好，在次要问题上就不必非要追求完美。

【使命解读】　　　分轻重缓急、把握节奏

刘丽是某私企经理秘书，几年前刚进公司时，刘丽做事分不清主次，每次经理布置工作时，她都认真记录，可到具体执行时便因种种原因"走样"：不是丢三落四，就是缺东少西，为这事，经理没少发脾气。

有一次经理出差，临走前让刘丽起草一份重要的发言报告，以备他一周后回来开会用。刘丽当时认为时间很充裕，不妨慢慢准备。其后几天，刘丽只管忙着处理其他日常事务。转眼到了第六天，刘丽突然意识到，经理第二天就要回来了，可报告还没开始动笔，凑巧的是，刘丽这天的事情又特别多，上午要替经理参加朋友的开业庆典，下午又要接待已提前预约的客户。

等一切处理妥当，已临近下班，刘丽只好回家准备连夜赶写报告。吃过晚饭后，刘丽坐到电脑前开始写报告时，却突然发现，有些背景资料忘了带回家，这可怎么办？第二天，刘丽只好一早就冲到办公室狂赶报告，总算在经理上班前勉强把报告写完了。

开完会后，经理把刘丽叫到办公室，开门见山地质问她这一个星期的工作状况，然后严肃地说："你有一个星期的时间，为什么交出这样没水平的报告，甚至还有一大堆错字？"刘丽这才意识到事情的严重性，便老老实实地讲述了报告的完成过程，等着被"炒鱿鱼"。不料，经理长叹一声说："你有热情但不够成熟，做事情完全分不清主次先后。"随后，经理语重心长地告诉刘丽："秘书的工作很琐碎，但是一定要分清主次，再不能犯同样的错误了。"

经理的一席话，让刘丽茅塞顿开，从那以后，她做事前先安排好顺序，忙而不乱，最后受到了经理的表扬。

工作要讲究章法，懂得突出重点，主次分明，不能眉毛胡子一把抓。哪些事情紧急，就要先去处理，哪些事情不是太紧急，就可以往后放一下。要分轻重缓急，这样才能一步步地把事情做得有节奏、有条理，才能把工作做好。

先做重要而急迫的事

刘辉是一名"海归"，曾在美国一家知名公司做经理助理，工作相当出色，回国后被一家软件公司聘请做总裁助理。在这里，他充分运用了在国外养成的工作习惯，使得工作进展得非常顺利。同时，他也看到公司的员工在工作任务的规划上存在着极大的弊病，那就是做事不分主次，不分轻重缓急。他常常看到很多员工下班之后依然在焦头烂额地工作，而白天的时候这些人并没有怎样忙碌。对于这个现象，他觉得很是不解，他认为员工的工作任务其实并没有那么重，但他们为什么总是喜欢在下班之后工作呢？难道是白天的时间真的不够吗？他决定在公司举办一堂"如何正确安排工作并更好地执行计划"的讲座，以教给这些可怜的"加班族"不再加班的诀窍。

刘辉在讲座时开始就问："我想问一问大家，你们觉得每天加班有必要吗？"大家都说："当然有必要了，不然完不成任务呀！"

"真的吗？"刘辉接着说，"我有一个方法可以让大家从此摆脱加班的枷锁。我会在10分钟后给你们一样东西，这东西能把公司的业绩提高50%。"之后，他递给每人一张白纸，说："请在这张纸上写下你明天要做的6件最重要的事。"

大家很快在5分钟内写完了。

刘辉接着说："现在用数字标明每件事情对于你和公司的重要性次序。"这又花了5分钟。

刘辉说："好了，把这张纸放进口袋，明天早上第一件事情是把纸条拿出来，做第1项最重要的事，直至完成为止。然后用同样的方法对待第2项、第3项……直到你下班为止，如果只做完第一件事，那不要紧，你没有耽误最重要的事情。"

最后，刘辉说："只要每一天都这样做，你们就可以摆脱加班的命运了。如果你们觉得这个方法可行，不妨运用到工作中去，我想大家不会失望的。"

一周之后，刘辉又开了一次会，他想知道那堂讲座是否起到了作用，结果，所有的人都表示，他们从此再也不用加班了，他们的工作轻松了很多，而且也快乐了很多。

一年之后，公司效益大幅度上升，总裁认为这里面有刘辉很大的功劳，因为他告诉了大家一个很重要的工作方法，那就是如何分清事情的轻重缓急。

其实，任何工作，只要找到了窍门，找对方法，做起来就会得心应手。

优秀的职业人会根据实际情况合理安排每一个任务，懂得该把哪个任务放在第一时间完成，也懂得该把哪个任务放在最后完成。他们具有良好的判断力，能够审时度势，安排好优先顺序，先做最重要的事。

人生智慧

◇工作要讲究章法，懂得突出重点，主次分明，不能眉毛胡子一把抓。

◇优秀的职业人会根据实际情况合理安排每一个任务，懂得该把哪个任务放在第一时间完成，也懂得该把哪个任务放在最后完成。

尝试把智慧放在未知领域

【聊天实录】

我：对于许多创业者来说，总是抱怨说市场都被一些大商家垄断了，根本没有他们的立足之地，没有机会与他们竞争，于是就失去了做创业的信心，您觉得这是为什么呢？

孟子：其实这种思想就是没有开发自己的智慧，只要你用心思考，并能够多进行市场调查，就能够发现市场始终有一些大商家忽视的空缺，抓住这种空缺就会在大商家的夹缝中发展起来，走向成功。正如我在《孟子·离娄下》中所说的：博学而详说之，将以反说约也。

我：这句话是什么意思呢？

孟子：广博地学习，详尽地解说，目的在于融会贯通后返归到简约。

我：您为我们指出的是一个学习问题，学习是由厚到薄、由薄到厚的过程。

孟子：虽然谈的是学习问题，但我们也可以从中受到一些启发。由繁到简，其实，并不是很繁，并不是很满，只要你有心，就能发现其实还有空缺。如果能从这些空缺着手，我们一定有新的收获。

【使命解读】 ❧ 从别人忽视的地方着手 ❧

明尼唐克公司是排居在很多大公司之后的小型肥皂制造企业，由于是后起无名小辈，不敢与其他大公司发生正面竞争，因为那样无异是以卵击石。通过仔细思考，公司决定采取侧面出击、出其不意的策略，不去踩别人的脚步，而是另辟新径，独出心裁，推陈出新。

1979 年该公司推出了一种空前绝后的液体肥皂，这种产品悄然上市后，立即引起了消费者的强烈反响，得到大批用户的认可。这种"软体肥皂"的上市，很快冲击了当时名望高规模大的棕榄、乐威、宝洁等知名公司，使他们大为震惊。因为"软体肥皂"的上市抢走了他们生产的块状肥皂的大块市场，明尼唐克公司用智慧赢得了空前的成功。

这就是智慧的力量。智慧运用得当，不管现状怎样，都会给自己开拓出广阔的生存空间。抓住市场的空缺在生存现状里尤为重要，忽视它，就等于忽视了自己的大片市场。如果明尼唐克公司不肯动脑子，依然按别人走过的路逐影随形，可能不会有自己的出路，只能跟在那些大公司后面吃些残羹而已。

任何一位生存在这个世界上的人，都得具备开发智慧的意识，有勇于超越的魄力，只有这样，才会营造出属于自己的生存空间。

随着社会日新月异的发展，生存竞争也日趋激烈，只停留在先人留下的积累中细吃慢品，总有一天会坐吃山空，而这一点却很少被人们认识到。自己不动脑筋，看到别人在某一方面收益甚好，就如影随形，跟着学，往往会导致失败。

唐装，是近年来春节前后最流行的服装之一，而且有很多服装企业在唐装上收益颇丰，同样也有很多的服装企业面对市场悔之莫及，望洋兴叹，为什么呢？就是没有及时把握商机，抓住市场的空缺。在上海各国元首会上，各国元首每人一件唐装着身时，一些敏锐的商家就发现了商机，立马行动，而有些商家看到后还坐在西装牛仔裤上傻笑呢。待到一些服装企业的唐装上市热火朝天时，一些错失商机的企业主才如梦方醒，亦步亦趋地仿效。但在春节后，有些聪明的企业就停止了该装的生产，而那些后来者蜂拥而上，后果可想而知，时机的把握和智商的敏锐性在商业领域的激烈竞争中由此可见一斑。

决策应该是以思考为基础的，思考的过程就该有智慧的协助。那么智慧是什么组成的呢？智慧要从知识的获取、实践经验的积累着手，不间断地跟上时代的脚步，这样，思考后的决策才会有成功的可能。

另外，还得有超前的预知能力，总跟着别人的成功脚步是没有前途的。独创的东西才有发展的空间。怎样使独创的东西从成熟、成功到发展壮大呢？同样，这需要智慧，每一个事业的酝酿成熟到实施成功，都需要有准确的判断能力、分析能力和预测能力，还要有对突发意外事件的应变能力，等等。综合这些能力的唯一手段，就是要拥有智慧，会用谋略。也就是说，拥有了智慧，一切事业和成功路上的阻力都可能随之排除。

聪明人善于从"小事情"做起

日本东芝电器公司 1952 年前后曾一度积压了大量的电扇卖不出去，几万名员工为了打开销路，费尽心机地想了不少办法，依然进展不大。

有一天，一个小职员向公司领导人提出了改变电扇颜色的建议。当时全世界的电扇都是黑色的，东芝公司生产的电扇也不例外，这个小职员建议把黑色改为浅颜色。这一建议引起了公司领导人的重视，经过研究，公司采纳了这个建议。第二年夏天，东芝公司推出了一批浅蓝色电扇，大受顾客欢迎，市场上还掀起了一阵抢购热潮，几个月之内就卖出了几十万台。从此以后，在日本以及全世界，电扇就不再是板起一副统一的"包公脸儿"了。

这一事例具有很强的启发意义，只是改变了一下颜色。这种小事情，就开发出了一种面貌一新、大大畅销、竟使整个公司因此而渡过了难关的新产品。这一改变颜色的设想，其经济效益和社会效益何等巨大！而提出这一设想，既不需要渊博的科学知识，也不需要有丰富的商业经验，为什么东芝公司其他的几万名职工就没人想到、没人提出来呢？为什么日本以及其他国家的成千上万的电器公司，在以往长达几十年的时间里，竟都没人想到、没人提出来呢？看来，这主要是因为，自有电扇以来，它的颜色就是黑色的。虽然谁也没有做过这样的规定，而它在漫长的时间里已逐渐形成为一种惯例、一种传统，似乎电扇就只能是黑色的，不是黑色的就不成其为电扇。这样的惯例、这样的传统反映在人们的头脑中，便成为一种源远流长、根深蒂固的思维定势，严重地阻碍和束缚了人们在电扇设计和制造上的创新思考。

很多传统观念和做法，不仅它们的产生有客观基础，它们得以长期存在和广泛流传，也往往有其自身的根据和理由。一般来说，它们是前人的经验总结和智慧积累，值得后人继承、珍视和借鉴。但也不能不注意和警惕，它们有可能妨碍和束缚我们的创新思考。

所谓的"小事情"，因其小被人们忽略了，然而它却会造成了大难题，常常会给人们带来大麻烦。一些聪明人善于从"小事情"做起，从而使局部得到很大的甚至是彻底的改观。

人 生 智 慧

◇我们任何一位生存在这个世界上的人，都得具备开发智慧的意识，有勇于超越的魄力，只有这样，才会营造出属于自己的生存空间。

◇拥有了智慧，一切事业和成功路上的阻力都可能随之排除。

后 记

　　"国学今用"系列丛书是我们组织十多位国学知识功底深厚、文学造诣极深且对社会学、心理学等学科综合研究方面有较高水平的专家、学者，经过近两年通宵达旦的辛苦创作、数易其稿而苦心经营出来的历史传记作品，本套图书共十本，每本十五万字，语言通俗流畅，内容精彩有趣，知识性和可读性极强，在此，我们对在本书创作中付出辛勤劳动的作者们表示衷心的感谢！

　　在本书创作过程中，我们除了采用古代圣贤和近代之前国学名家的大量典籍资料以外，还参考了现当代相关的大量资料，有些作者我们已经进行了联系和沟通，但由于出版时间所限，以及有些作者的信息资料不太详细，截至出版之日，我们仍未能联系上这些作者，还请这些作者多多海涵，并在见到本书后及时与我们联系。

　　联系方式：457735190@qq.com

本书编委会